LIMOGES

D'APRÈS

SES ANCIENS PLANS

PAR

PAUL DUCOURTIEUX

MEMBRE DE LA SOCIÉTÉ ARCHÉOLOGIQUE ET HISTORIQUE
DU LIMOUSIN

OUVRAGE
accompagné de quatre Reproductions d'anciens Plans

LIMOGES
LIBRAIRIE LIMOUSINE
Vᵉ H. DUCOURTIEUX, LIBRAIRE-ÉDITEUR
7, RUE DES ARÈNES, 7

1884

LIMOGES

D'APRÈS SES ANCIENS PLANS

LIMOGES

D'APRÈS

SES ANCIENS PLANS

PAR

PAUL DUCOURTIEUX

MEMBRE DE LA SOCIÉTÉ ARCHÉOLOGIQUE ET HISTORIQUE
DU LIMOUSIN

OUVRAGE
accompagné de quatre Reproductions d'anciens Plans

LIMOGES

Mme Ve H. DUCOURTIEUX, LIBRAIRE-ÉDITEUR

7, rue des Arènes, 7

1884

LIMOGES

D'APRÈS SES ANCIENS PLANS

I

BIBLIOGRAPHIE

Les anciens plans de Limoges n'ont pas fait encore, à notre connaissance, l'objet d'une étude particulière. Tripon (1) s'est contenté de donner trois ou quatre plans, sans faire sur eux un travail d'ensemble.

Cependant quels secours les plans ne rendent-ils pas à l'historien ! Comment sans eux étudier la topographie d'une ville, et suivre ses développements ou ses transformations époque par époque ? Mais pour cela il faut réunir tous les plans connus de cette ville, en commençant par le plus ancien, ce qui est assez difficultueux. Une fois ce premier résultat obtenu, il faut s'assurer des dates de ces plans, de leur auteur, et choisir l'édition la meilleure lorsqu'ils en ont eu plusieurs, ce qui demande souvent une étude longue et difficile.

C'est pour guider dans ce travail ceux qui voudront faire l'histoire topographique de Limoges que nous avons entrepris cet essai bibliographique sur les anciens plans. Nous dirons d'abord ce que nous avons recueilli sur la date, l'auteur et les différentes éditions de chacun d'eux, puis nous examinerons leur impor-

(1) *Historique monumental de l'ancienne province du Limousin.......*, dédié à M. Germeau, préfet du département de la Haute-Vienne, par J.-B. Tripon, auteur du plan topographique de la ville de Limoges publié en 1834. — *Limoges*, imp. Martial Darde, 1837 ; un volume grand in-4°, et 136 planches, dont deux plans in-f° plano.

tance historique et l'authenticité de leurs indications. Dans un *Appendice*, nous donnerons la liste des plans que nous avons consultés, en indiquant les noms des dépôts où ils se trouvent, ou le nom des propriétaires pour les plans manuscrits.

Un travail analogue au nôtre a déjà été fait dans plusieurs départements. En dernier lieu, M. Edmond Cabié, de la *Société Archéologique du midi de la France*, a publié ses *Recherches sur les plans de la ville de Toulouse au* XVIIe *siècle*. Nous aurons plus loin l'occasion de citer cet excellent travail, qui a beaucoup facilité notre tâche (1).

Comme M. Cabié, car notre situation est la même que la sienne, nous dirons qu' « on pourrait, sans beaucoup d'études ou d'éru-
» dition, recueillir les divers éléments qui permettraient de
» satisfaire les exigences des critiques et la légitime curiosité des
» amateurs de nos antiquités limousines; mais pour cela il
» faudrait disposer de ressources bibliographiques spéciales, qui
» manquent ou ne se trouvent que tronquées dans la biblio-
» thèque de notre ville et dans nos collections privées ; il faudrait
» pouvoir consulter les grands recueils d'estampes et de cartes
» qui ne sont guère réunis que dans les dépôts publics de Paris ;
» il faudrait être familier avec les études générales faites sur ces
» matières, et qui, si elles ne s'arrêtent pas sur Limoges, offrent
» du moins des vues d'ensemble, des rapprochements lumineux
» ou indispensables pour réduire bien des questions particulières ;
» enfin, pour éviter les erreurs qu'un travail pressé et plus ou
» moins gêné dans sa marche entraîne avec lui, il serait bon,
» sinon d'être le conservateur de tous ces documents, du moins
» d'être assez favorisé pour avoir leur libre manipulation, afin de
» se livrer avec lui à de nombreuses confrontations de détails à
» peu près impossibles lorsqu'on est réduit, dans les établis-
» sements publics, aux simples communications de droit commun.
» Ne nous trouvant pas dans ces conditions privilégiées, notre
» étude laisse fort à désirer : aussi n'avons-nous d'autres préten-
» tions que de poser les jalons d'un travail plus complet. »

Avant d'entrer en matière, qu'il nous soit permis de remercier toutes les personnes qui ont bien voulu nous aider dans nos

---

(1) *Mémoires de la Société Archéologique du midi de la France*, T. XI, 7e et 8e livraisons. — *Toulouse*, 1880, in-4°.

recherches et nous faciliter la consultation des plans qu'elles possèdent, et en particulier MM. L. Guibert, Leroux et Nivet-Fontaubert.

Le plus ancien plan de Limoges connu, et encore ne comprend-il qu'une fraction de notre ville, l'enceinte du château, est celui de Jean Fayen, médecin. Il se trouve dans le coin supérieur, à droite, de la carte du Limousin portant ce titre :

Totius Lemovici et confinium provinciarum quantum ad diœcesin Lemovicensen spectant. — Novissima et fidisima descriptio. Aut. Jo. Fayano. M. L., Cæsaroduni Turonum, in ædibus Mauricii Boqueraldii. Anno 1594.

Au-dessous de la légende se trouvent les quatre vers latins que Jean de Beaubreuil, avocat, adresse au lecteur :

Cui non doctrinæ finis non termin. ull.,
Huic facile est fines scribere Lemovicum
Quin ut particulam Fayan. scribere terræ
Sydera sic potuit cuncta notare manu.

Dans le coin inférieur à droite, les armes de Limoges surmontent la dédicace à Anne de Lévis, duc de Ventadour, alors gouverneur et sénéchal du Haut et Bas-Limousin.

Ce plan a onze centimètres de hauteur sur treize de largeur. Sa date est connue; son auteur a sa page dans la *Biographie des hommes illustres du Limousin,* par MM. Auguste Du Boys et l'abbé Arbellot (1). Nous nous contenterons d'ajouter à la notice de cet excellent ouvrage, malheureusement inachevé, la note suivante, extraite des papiers de M. Bosvieux :

« Florimond de Rémond, au livre VII, ch. IX, de la naissance des évêques, rapporte que Fayen, médecin à Limoges, ayant été nourri toute sa vie dedans le calvinisme, étant tombé malade grièvement, et arrivé au dernier période de sa vie au sortir d'un assoupissement que la fièvre lui avoit donné, dit qu'un ange lui étoit apparu, prononçant sentence de damnation éternelle s'il n'abjuroit son hérésie; ce fait, demanda des hommes de lettres,

---

(1) Aug. Du Boys et l'abbé Arbellot, *Biographie des hommes illustres de l'ancienne province du Limousin,* T. I (seul paru), p. 252. — *Limoges,* Ardillier fils, 1854, in-8°.

surtout des Pères Jésuites, conféra avec eux pendant trois ou quatre jours que la mort lui donna de relâche, puis fit abjuration de son erreur, condamna lui-même au feu les livres qu'il avoit écrits contre l'Eglise catholique. » (Mss Bosvieux, extrait des mss des Robert.)

Examinons quelle est la valeur des éditions multiples de ce plan.

Le P. Lelong nous donne à ce sujet les indications suivantes (1) : « Le Limosin, par François Fayan (lisez Jean Fayen), Cæsarodumi Turonum, 1594; Antuerpiæ, Ortelii, 1598, 1603; Amstelodami, Hondii, 1603, 1609, 1619; ibidem, Guillelmi Blaeu (Paris, Le Clerc), in-f°. »

La première édition du plan de Fayen, parue à Tours en 1594, n'existe plus. Parmi les ouvrages qui l'ont reproduit, et qui sont assez rares aujourd'hui, quelques-uns de ceux auxquels la *Bibliothèque historique* renvoie ne contiennent pas la carte de Fayen, comme par exemple Ortelius, édition de 1598 et 1603 (2). L'édition de 1603 que possède la Bibliothèque nationale contient une carte de la Narbonnaise et une autre du Berry, sur laquelle on a indiqué un tout petit coin de la Marche limousine; mais la carte de Fayen ne s'y trouve pas.

La carte reproduite par Guillaume et Jean Blaeu (3) diffère sensiblement de l'édition originale. Son titre est : « Lemovicum, auctore J. Faïano, M. L ». Elle porte les armes de Limoges sans plan de ville, plus un texte sur deux colonnes, très peu intéressant, ayant pour titre : « Lemovicum ». Sur la même feuille se trouve un plan de la Limagne d'Auvergne.

Les éditions de Mercator, revues par Hondius (4), au contraire, nous paraissent se rapprocher le plus de l'édition imprimée à

---

(1) P. Jacques Lelong, *Bibliothèque historique de la France,* T. I, p. 94, nouvelle édition revue par M. Fevret de Fontette. — *Paris,* Jean-Thomas Hérissant, 1768, vol. in-f°.

(2) Abr. Ortelius, *Theatrum orbis terrarum. tabulis aliquot novis vitaque auctoris illustratum. — Antuerpiæ,* J.-B. Vrintius, 1603, gr. in-fol.

(3) Blaeu (Guillaume et Jean), *Description générale de la France* (2e partie de leur atlas). — *Amsterdam,* 1638, in-fol. La même augmentée, dans le 14e livre de la 2e partie de l'atlas de Jean Blaeu. — *Amsterdam,* 1660, in-fol.

(4) Mercator (Gerardus), *Atlas sive cosmographicæ meditationes de fabrica mundi et fabricati figura* denuo auctus studio J. Hondii. — *Amstelodami,* sumptibus et typis æneis Henri Hondii, 1607, grand in-fol.

Tours en 1594. Le P. Lelong nous indique les éditions de 1603, 1609 et 1619 de cet ouvrage. Brunet, dans son *Manuel du Libraire,* ne mentionne que deux éditions, celle de 1607 (la deuxième), et celle de 1629 (la cinquième), la meilleure d'après lui.

La Bibliothèque nationale possède un exemplaire en très bon état de l'édition de 1607 (1), dans lequel on trouve à la page 135 la carte de Jean Fayen, non coloriée. Elle porte au verso une notice sur le *Pays de Limosin,* dont voici le sommaire : « Pays, nom, situation ; — qualité du terroir ; — villes ; — fleuves ; — mœurs ». A la suite, se trouvent quarante-huit vers latins de Jean Puncteius, sur l'origine des Limosins, que terminent les trois vers bien connus de la Chiche (2). Cette notice a-t-elle été ajoutée par les géographes hollandais ? nous serions tenté de le croire, en constatant que le texte des éditions françaises de la carte de Fayen est bien différent.

On dut faire à cette époque (de 1600 à 1630), à Amsterdam, de nombreux tirages à part de cette carte, comme en témoigne l'existence de plusieurs exemplaires avec ou sans texte au verso, ni trace d'onglets. Ces tirages se vendaient séparément, ou bien faisaient corps en temps voulu avec les différentes éditions de Mercator : alors on imprimait au verso, avec un folio et un caractère en rapport avec ceux de l'édition, la notice sur le *Pays de Limosin.*

Nous en avons la preuve par l'exemplaire que nous possédons. Bien que la rédaction de la notice soit la même que dans l'édition de 1607, elle est imprimée en caractères plus gros et moins bien gravés ; la hauteur de la page et la longueur des lignes ne sont plus les mêmes ; au lieu du folio 135, elle porte le folio 257, qui correspond à celui des éditions de l'*Atlas terrestre* (3) du même auteur, imprimé à la même époque. Dans le cartouche au-dessous du titre, on lit : *Petrus Kœrius cœlavit.*

Ce qui date surtout les premières éditions de cette carte, ce sont les ornements d'une sobriété toute germanique des cartouches

(1) La Bibliothèque communale de Limoges possède un exemplaire de la même édition, mais il est incomplet et en mauvais état.

(2) Voir la notice sur la Chiche au *Bulletin de la Société Archéologique du Limousin,* T. Ier, p. 62.

(3) MERCATOR (Gerardus), *Atlas terrestre ou représentation du monde universel et des parties d'icelui.* — *Amsterdam,* H. Hondius, 1600 et 1638.

du titre, du plan de Limoges et de la dédicace. La forme des caractères ne trompe guère non plus : les graveurs des éditions postérieures faisaient des lettres droites sans crochets.

En 1633, toujours à Amsterdam, Janson publia une nouvelle édition de l'*Atlas terrestre*. Dans celle-ci, la carte du Limousin conserve le même folio 257 que dans Mercator ; mais le plan de Limoges est loin d'être reproduit avec la même fidélité que par ce dernier. Il est à une plus petite échelle, et mesure 8 1/2 de hauteur sur 9 1/2 de largeur. Par suite, certains détails intéressants ont disparu ; la physionomie des édifices n'est plus la même ; les croix des carrefours sont moins nombreuses ; enfin le plan a perdu de son originalité.

L'élan imprimé aux ouvrages de géographie par les graveurs hollandais provoqua bientôt en France l'apparition de nombreux atlas. La carte de Fayen, qui, de Tours, avait fait le voyage d'Amsterdam, revînt en France. On la trouve d'abord dans le *Théâtre géographique de la France* publié en 1621 par Jean Le Clerc, et réédité en 1626 par sa veuve ; puis dans le *Théâtre des Gaules* publié par Jean Boisseau, en 1642.

Les éditions françaises ressemblent aux éditions de Janson, et on peut leur appliquer les mêmes critiques qu'à ces dernières ; elles font naître les remarques suivantes :

1° La notice sur le *Pays de Limosin* n'est pas reproduite au verso, ou elle l'est avec une rédaction très différente, sans l'addition des vers de Puncteius ;

2° Le titre porte en dernière ligne : « Anno 1594. E. F. » ;

3° Au-dessous de l'échelle, se trouvent les six vers élogieux de Joachim Blanchon (1) :

Homère, Démosthène et Archimède ensemble,
Lymoges a nourris où la vertu s'assemble,
Muret, Dorat, Fayen, trois excellents esprits :
Muret, son Démosthène, et Dorat, son Homère ;
Fayen, son Archimède, ayant sa ville mère,
Sa province et son plan heureusement compris.

(1) La *Biographie des hommes illustres du Limousin* cite une édition de la carte de Fayen au verso de laquelle se trouve une pièce de vers où Blanchon fait plus longuement l'éloge du docteur-géographe. Nous n'avons pu trouver cette édition.

4° Enfin la dédicace à Anne de Lévis, duc de Ventadour, est surmontée des armes de cette famille; elle se termine par ces mots : « Vale Lemovicæ, 4ᵉ id. febr. an. 1594 ».

5° Les maisons sont isolées les unes des autres; le jardin de l'hôpital Saint-Martial est désigné par le mot *Jardrin*, au lieu de *Jardin*.

Il est à regretter que les éditions françaises n'aient pas conservé au plan de Fayen ses premières proportions : pour cette raison, nous pensons qu'on doit leur préférer les éditions de Mercator-Hondius, de 1600 à 1630.

Dans le *Guide de l'étranger* (p. 102) (1), M. Maurice Ardant signale « un plan du milieu du XVIᵉ siècle, découvert par lui aux archives du département, fait et signé par un de nos plus habiles peintres en émail, Jehan Court dit Vigier, et ordonné par le juge Petiot (2). L'enceinte de la ville telle qu'elle était alors avait la forme d'un cœur dont la pointe serait la porte Boucherie, et l'ouverture un angle rentrant vers les Arènes. La Cité avait la figure d'un carré irrégulier ». A la page 418 du même ouvrage, M. Ardant revient sur ce plan : « Les archives départementales possèdent trois plans faits par Jehan Court dit Vigier : sur l'un il a esquissé l'enceinte de la ville de Limoges, ce qui donne une idée de la forme extérieure de la Cité et de la Ville, du Château (Castri) au temps où le plan fut fait, c'est-à-dire vers 1563 ou 1564. »

Nous nous sommes informé près de M. Leroux, archiviste, s'il avait connaissance de ces plans. Il nous a répondu que ni lui ni ses prédécesseurs depuis M. Ardant n'avaient pu les retrouver. Il est très regrettable que des pièces de cette importance soient égarées. C'était le premier plan de Limoges contenant à la fois le Château et la Cité, et à ce titre il devait contenir des indications très précieuses. Peut-être ne perdons-nous pas grand'chose si les

---

(1) *Haute-Vienne. Limoges et le Limousin.* Guide de l'étranger. — *Limoges*, Martial Ardant frères, 1865.

(2) « Ce fut le juge et consul Petiot qui fit dresser vers cette époque le plan » de Limoges, signé de *Jehan Court* dit *Vigier*, peintre en émail, qui repré- » sente bien l'enceinte de la ville d'alors. On y voit les clochers de Saint- » Martial, de Saint-Michel, de Saint-Pierre, le fort Saint-Martin avec son pont- » levis et trois vieux donjons sur le chemin qui conduisait à l'église de Saint- » Martin. (Archives du département.) Je dus, dans le temps, la connaissance de » ce document à mon bien regretté et savant ami Maurice Ardant. » MARVAUD, *Histoire des Vicomtes et de la Vicomté de Limoges*, T. II, p. 315, en note.

trois plans en question ressemblent à celui qui a été reproduit dans le *Congrès scientifique* (1) sous le titre : Plan de 1557. On ne peut pas donner le nom de plan à une image aussi fantaisiste.

M. Maurice Ardant aura pris pour un plan une de ces esquisses de la Cité et du Château qui accompagnaient souvent les plans des villages de la banlieue pour mieux fixer leur position.

Les archives départementales (H. 3406 du classem. provis.) possèdent un plan portant une cote du XVIIIe siècle ainsi conçue : « Plan et figure de Juilhac, Fougeyras et autres lieux voisins, » depuis la porte de Saint-Maurice en la Cité de Limoges ». Ce plan semble avoir été fait à la fin du XVIe siècle, à l'occasion d'un procès intenté aux habitants des villages situés de ce côté de la Cité par le monastère de Saint-Augustin, qui leur réclamait le paiement des redevances en retard. C'est ce qui paraît ressortir d'une liève de Saint-Augustin de 1591 (Archives dép., H, 104). La Cité et le Château, placés à la gauche du plan des villages, n'en sont qu'un accessoire. Autant les villages de Fougeras, Juilhac, Les Audoynes, le Carrier, sont dessinés avec un soin méticuleux, autant la Cité et le Château manquent de précision. Nous notons cependant quelque détails intéressants sur lesquels nous reviendrons plus loin.

Il faut nous transporter à un siècle plus tard avant de rencontrer un autre plan de Limoges, celui-ci comprenant le Château, la Cité et leurs faubourgs. C'est celui de Jouvin de Rochefort, plus connu sous le nom de *Plan des Trésoriers de France,* à cause de sa dédicace. Voici son titre :

LIMOGES, dédié à Mrs les Présidens Tresoriers de France, Généraux des Finances et Grands Voyers en la Généralité de Limoges, Chevaliers, Conseillers du Roy, Juges et Directeurs du domaine, par A. Jouvin de Rochefort, Trésorier de France.

Ce titre est au milieu d'une couronne dont chaque branche supporte un écusson aux armes des vingt-cinq trésoriers de la généralité. Voici leurs noms par ordre alphabétique : C. Dalesme, J. Darche, M. Aubusson, P. Bardoulat, J. Beau-

(1) *Congrès scientifique de France;* XXVIe session, tenue à Limoges en septembre 1859. — Limoges, Chapoulaud frères, 1860, 2 vol. in-8°.

breuil, Ad. du Roy, J. Blondeau, F. Brunet, P. Chastagnac, C. Clary, J. de Creil, P. A. de Fusenbert, J. Guillaume, P. Jarrige, A Jouvin, J. Lasudrerie, J. Léonard, G. Mailhot, M. Maleden de Laborie, P. Maleden Hardy, J. du Peirat, M. du Peirat, Pr du Roy; P. Petiot, A. Phénix (lisez Fénis), G. Picon, G. Verthamont.

Dans le coin inférieur à gauche, au-dessous de la rose des vents, on lit : *A Limoges,* proche les Perres Jesuittes. *A Paris,* sur le Quay de l'Horloge, aux Trois Etoilles et à la Spherre Royalle.

Dans le coin supérieur à droite, un personnage allégorique couronné soutient de la main droite les armes de Limoges, et de la gauche les armes de France. Le mot Lymoges est inscrit sur une banderole flottant sur le tout.

Le plan mesure 48 centimètres de hauteur sur 59 centimètres de largeur ; quelques exemplaires sont bordés dans le sens de la hauteur par les lettres de l'alphabet jusqu'au T, et dans la largeur par les chiffres 1 à 23.

Ce plan n'est pas daté, et on sait peu de choses sur son auteur. Mais un plan porte toujours sa date de quelque manière : les monuments qu'il indique, sa dédicace et une foule de détails permettent de lui assigner une date très approximative.

D'après l'abbé Nadaud, qui cite plusieurs fois le plan de Jouvin dans le *Nobiliaire de la généralité de Limoges,* il serait de 1597; et, comme son nom faisait autorité en matière d'histoire locale, presque tous les écrivains limousins l'ont copié sans le contrôler. Les abbés Legros et Vitrac notamment, s'appuyant sur Nadaud, assurent que le plan de Jouvin est bien de la fin du xvie siècle. M. Maurice Ardant est encore plus affirmatif (*Congrès scientifique,* T. II, p. 291) : il dit avoir vu un exemplaire daté de 1597.

Le seul auteur qui nous fournisse un renseignement exact est le regretté secrétaire général de notre Société, M. Emile Ruben. On lit en effet dans son *Catalogue d'ouvrages sur le Limousin* (manuscrit déposé à la Bibliothèque communale) :

« Le plan de Limoges par Jouvin est de la fin du xviie siècle, » le plan de Paris du même auteur étant de 1676 et son *Voyage* » *en France* de 1672 ».

Ce qu'un bibliographe aussi savant que M. Ruben découvrait sur la date du plan de Jouvin pouvait être bien mieux déterminé par un historien comme Nadaud. Comment celui-ci, dans ce

Nobiliaire, où il assigne en plusieurs endroits la date de 1597 au plan en question, ne s'est-il par reporté aux indications qu'il donne lui-même sur les trésoriers de France auxquels le plan est dédié, dont plusieurs vivaient au commencement du XVIIIe siècle? D'après les notes que nous avons recueillies Léonard, de Beaubreuil vivait en 1691, G. Mailhot en 1700, Jean de Creil en 1712, enfin Joseph du Peirat est mort en 1731 (1).

---

(1) Voici ce que nous avons trouvé sur chacun des trésoriers auxquels le plan est dédié dans le *Nobiliaire du Limousin* et autres ouvrages :

C. DALESME porte : *d'azur au chevron mi-parti d'or et de gueules, accompagné de deux étoiles d'or en chef et d'un croissant d'argent en pointe.*

C. Dalesme devait appartenir à la famille qui a donné plusieurs jurisconsultes, dont le berceau était à Noblac près Saint-Léonard (*Biographie des hommes illustres*, p. 9). M. Roy de Pierrefitte nous dit, sans désigner de date, que plusieurs Dalesme de Rigoulène ont été trésoriers de France (*Nobil.*, I, 179). Les variantes des armes ci-dessus avec celles indiquées par cet auteur distinguaient la branche des Dalesme de Rigoulène des autres branches.

J. DARCHE porte : *d'azur à l'arche d'argent, flottant sur une mer de même, mouvante de la pointe de l'écu, portant une colombe d'argent, tenant dans son bec une branche d'olivier de même.*

Le *Dict. héraldique*, par Grandmaison, indique les armes de la famille Larche : *d'azur à l'arche de Noé d'or, flottante sur un déluge d'argent; en chef, une colombe volante du même, portant en son bec un rameau d'olivier, du second émail.* Limosin.

J. Darche devait être parent de Jean d'Arche, procureur général à la cour des Aydes de Bordeaux, le 2 mars 1643. Tous les membres de cette famille occupaient des charges de finances. (*Nob.*, I, 190.)

M. AUBUSSON porte : *coupé au premier, fascé d'or et de gueules de six pièces; au second, d'or au soleil figuré d'argent.*

Il ne s'agit pas ici d'un membre de la grande famille d'Aubusson, mais d'une famille d'Aubusson (de Bourganeuf). Martial d'Aubusson, seigneur du Verger et du Masneuf, était fils de Jeanne de Verthamon, famille où la charge de trésorier de France était héréditaire. Il épousa : 1° Jeanne de Douhet, le 2 février 1645; 2° Anne de Chavaille. (*Nob.*, I, 100.)

P. BARDOULAT porte : *d'argent à la rose tigée de sinople, hissant d'un croissant de gueules, surmontée de trois étoiles d'azur en chef.*

Pierre Bardoulat avait acheté sa charge à François-Martial de Verthamon, le 21 octobre 1652, moyennant la somme de 43,000 livres (acte reçu par Villemoutiès, notaire et tabellion royal de Limoges). Il fut pourvu à la place le 30 novembre 1652, et reçu le 21 juillet 1653. (*Nob.*, IV, 632.)

J. BEAUBREUIL porte : *de gueules au chevron d'argent, accompagné de deux yeux de même en chef, et un pigeon aussi de même en pointe, au chef cousu d'azur chargé d'un soleil figuré d'or.*

Comment M. Maurice Ardant, auquel on doit un *Guide de l'étranger à Limoges,* dans lequel il parle de la fondation de tous les édifices de notre ville, ne s'est-il pas aperçu que le plan de Jouvin indique les suivants :

Léonard de Beaubreuil, avocat du roi au bureau des finances de Limoges, baron de Sussac, épousa Marie du Peyrat de Thouron, qui testa le 8 janvier 1691, demandant à être inhumée à Saint-Pierre-du-Queyroix de Limoges, et qui mourut sans hoirs. (*Nob.*, I, 167.) Ce serait par erreur que le plan porte *J* comme initiale du prénom. — La *Biographie des hommes illustres* d'après les *Armoiries limousines*, ms. de 1655, par Lamy, pharmacien, indique ainsi les armes de la famille Beaubreuil : *de gueules au chevron d'or, accompagné de deux yeux d'argent en chef, au pigeon en pointe de même, au chef d'azur chargé d'un soleil d'or.*

J. Blondeau porte : *d'azur au lion rampant d'or.*

Jean Blondeau, chevalier, seigneur du Chambon, paroisse de Condat, de Ventadour et Combas, trésorier de France en 1639, maître d'hôtel de la reine en 1643, conseiller d'Etat en 1652, et reçu conseiller au présidial de Limoges en 1669, eut une commission pour les ponts-et-chaussées en 1672. Il avait été aussi lieutenant en la grande prévôté. Il testa le 2 septembre 1676, et aussi par acte reçu Gadault, le 13 juin 1680. On l'inhuma à Saint-Michel-des-Lions. (*Nob.*, I, 217.)

F. Brunet porte : *d'azur au léopard d'or passant, surmonté en chef d'une étoile d'or, accostée de deux croissants d'argent.*

François Brunet, trésorier de France, épousa Barbe de Chavailles, dont il eut : 1° Jeanne, baptisée à Saint-Jean de Limoges, le 1er avril 1655; 2° Jacques, baptisé dans la même église, le 19 avril 1656. (*Nob.*, I, 273.)

P. Chastagnac porte : *d'or au châtaignier de sinople, hissant d'une montagne de même, accosté de deux lions de gueules, rampants et adossés.*

Pierre Chastaignac, trésorier de France, est nommé dans un arrêt du Conseil d'Etat de 1690, mentionné dans la table chronologique civile de Legros, ms. Les *Poésies diverses*, attribuées à G. Mailhot, et imprimées en 1700, contiennent une épitaphe de ce trésorier.

C. Clary porte : *d'azur au chevron d'argent, sommé d'un croissant d'or et accosté de deux clés d'argent en chef et d'un soleil d'or figuré en pointe.*

Noble Charles de Clary, conseiller, trésorier au bureau des finances, baron de Saint-Angel, mourut, âgé de soixante-dix ans, le 15 décembre 1679, à Uzerche, où il fut enterré au milieu du chœur de l'église Saint-Nicolas, dont il était bienfaiteur. Il est qualifié de « très digne trésorier de la généralité de Limoges » par le P. Bonaventure (T. II, p. 255). Il avait épousé, vers 1645, Catherine de Malden. (*Nob.*, I, 459, et IV, 299.)

J. de Creil porte : *d'azur au chevron d'or, accompagné de trois clous de la Passion, de même, deux en chef et un en pointe.*

Le *Nobiliaire* (I, 92), citant le P. Anselme (*Hist. généal.*, t. VII, 344, D), parle d'un Jean de Creil, seigneur de Soisy, maître des requêtes ordinaires de l'hôtel

Les bâtiments de l'abbaye de la Règle (aujourd'hui le grand-séminaire) qui bordent la rue de la Règle, construits pendant que Jeanne de Verthamon était abbesse : ses armes surmontent le millésime 1659, comme on peut le voir encore aujourd'hui ;

---

du Roy, puis intendant de Rouen, marié avec Catherine Betaud de Ché. Sa fille, Marie-Elisabeth, épousa Charles-Nicolas de Hautefort, marquis de Saint-Chamans, qui vivait de 1660 à 1712. Serait-ce notre trésorier ?

P. A. de Fusenbert porte : *d'argent au fusain de sinople, au chef d'azur chargé de trois étoiles d'argent.*

Le *Nobiliaire* ne donne aucun renseignement sur ce trésorier. D'après le P. Anselme (t. III, 842, D), cette famille semble originaire de Metz. N'est-ce pas à tort qu'on attribue à G. Mailhot les *Poésies diverses* signées L. D. S. E. Q. V., imprimées à Paris, chez Jean Anel, rue Saint-Jacques, en 1700? Les armes de la famille Fusenbert figurent sur le titre de cet ouvrage.

J. Guillaume porte : *d'azur au chevron d'or, accompagné de deux roses d'argent en chef et d'un croissant de même en pointe.*

Le *Nobiliaire* (II, 398) se borne à donner les armes de cette famille telles que nous les indiquons.

Jean Guillaume, écuyer, seigneur de La Grange, conseiller du Roi, vivait le 23 mai 1682. (Liv. des contrats des Ursulines de Limoges, ms.)

P. Jarrige porte : *d'azur au chevron d'or, sommé d'une croisette de même, accompagné en tête de deux palmes d'argent, et en pointe d'une tour d'argent maçonnée de sable.*

Dans le *Nobiliaire* (II, 549), comme dans la notice sur la famille de Jarriges, à la suite du *Journal de Pierre de Jarriges,* édité par M. de Montégut (p. 108), on lit que ce sont les armes d'Hélie de Jarriges qui accompagnent le plan de Jouvin de Rochefort, malgré l'initiale P indiquée par ce plan. C'est l'incertitude sur la date véritable du plan qui est la cause de cette erreur. Contrairement à ce qu'a écrit M. de Montégut, nous pensons que l'initiale P désigne Paul de Jarriges, fils d'Hélie, qui succéda à son père dans la charge de trésorier. Le *Nobiliaire* (II, 550) indique ainsi ce dernier : « VI. Paul de Jarriges de Lamorelie, » seigneur dudit lieu, Le Chastaing et autres places, conseiller du roi, pré- » sident trésorier général de France sur démission de son père (IIIe du nom). » Epousa Françoise-Aymeric des Blancs, dont il eut : 1° Marie-Marguerite, qui » épousa, en 1668, Antoine de Lasteyrie du Saillant ; 2° Françoise, mariée à » Pierre-Julien du Mas, marquis de Paysac. »

A Jouvin porte : ***d'azur au chevron de gueules, accompagné de deux tours d'argent maçonnées de sable en chef, et d'une coquille d'argent en pointe.***

Le *Nobiliaire* (II, 593) nous dit : « A. Jouvin de Rochefort était trésorier de » France en 1597 ». Il donne ses armes d'après le « plan de la ville de Limoges » dédié à MM. les trésoriers (1597) ». Nous avons fait justice de ces deux dates, antérieures de près de cent ans à celle où le plan fut exécuté.

J. Lasudrerie porte : *écartelé au premier d'argent à deux pals alésés de gueules, au deuxième d'azur au croissant d'argent, au troisième d'azur à une coquille d'argent, au quatrième d'or à une branche feuillée.*

Le couvent de la Providence, reconstruit en 1660;

La maison des Clairettes, à l'entrée de la rue de ce nom, construite en 1661;

L'hôpital général, achevé en 1661;

Ce trésorier devait être le père de « Madeleine de La Sudrie, qui épousa, par » contrat du 6 septembre 1663, Jean Gourdin, fils d'Etienne et de Marguerite » Prévereaud ». (*Nob.*, IV. 175.) Le même ouvrage nous indique plus loin une alliance de cette famille avec celle de Douhet, qui était alliée elle-même avec celles d'autres trésoriers de France.

J. LÉONARD porte : *d'or à la branche de rosier tigée d'argent, affrontée de deux lions rampants d'azur, sommée d'un croissant de gueules.*

« Jean Léonard, trésorier de France en 1678, chevalier, seigneur de Fressanges, paroisse de Vicq, épousa Anne ou Catherine Decubes, fille de feu François, seigneur du Ferrant, docteur en médecine de l'agrégation de Limoges, et Valérie Barbarin, 1690, dont Pierre-Joseph, baptisé, le jour de sa naissance, à Saint-Jean de Limoges, le 10 avril 1694, et qui succéda à son père dans la charge de trésorier de France. » (*Nob.*, IV, 74.)

On trouve dans les registres paroissiaux du Dorat que Jean Léonard, seigneur de Saint-Cyr, président-trésorier au bureau de la généralité de Limoges, vivait en 1704.

G. MAILHOT porte : *d'azur au chevron mi-parti d'or, mi-parti de gueules, accompagné de trois maillets d'or, deux en chef et un en pointe.*

D'après le *Nobiliaire* (IV, 295) et l'abbé Vitrac (*Annales de la Haute-Vienne*, 3e année, 1812), Grégoire Mailhot, trésorier de France, a publié en 1700 un volume de poésies. Nous en copions le titre sur l'exemplaire appartenant à M. le chanoine Tandeau de Marsac : « *Poésies diverses*, par L. D. S. E. Q. V., seconde édition, revue, corrigée et augmentée. — *A Paris*, chez Jean Anel, imprimeur, rue Saint-Jacques, 1700. » 1 vol. in-8o. Contrairement à l'opinion émise par Nadaud et Vitrac, nous pensons que ce livre devrait être attribué avec plus de raison au trésorier de France de Fusenbert, dont les armes figurent sur le titre de l'ouvrage en question, et qui vivait à la même époque. Notons que le livre est imprimé à Paris, et non à Limoges, ce qui semble indiquer que l'auteur vivait dans cette première ville et n'appartenait pas à une famille du Limousin, comme nous le disons plus haut. Nous relevons les titres des pièces suivantes : Epitaphes de Bernard Bardon de Brun, prêtre; de Pierre Chastaignac, trésorier de France ; de François de La Fayette, évêque de Limoges; de Pierre Mercier, official de Limoges. — Sur les offres d'un avocat aux officiers du Présidial. — Sur l'insulte faite par ces derniers à ceux du Bureau, le 26 janvier 1681. — Sur le bruit du mariage d'un homme d'épée avec Mme Hardy (veuve d'un trésorier), dont le mérite et le bien la faisaient rechercher par divers officiers de justice et de finance. — Sur ce que le Père Périère ne prêcha pas aux Bénédictins en l'année 1670, le jour des Innocents, quoique ce fût la coutume. — Sur l'enlèvement des bancs dans les églises de Saint-Pierre et de Saint-Michel, arrivé le 2 avril 1671. — Sur le procès intenté par l'hôpital général contre les PP. de Saint-Gérald, pour raison de leur fontaine.

La maison et l'église des PP. de la Mission, achevées en 1664;
Le Séminaire des Ordinands, érigé en 1666;
Enfin la maison et la chapelle des Ursulines, achevées en 1674?
A l'exemple de M. Emile Ruben, nous avons essayé de réunir

M. MALEDEN DE LABORIE porte : *d'azur aux trois lions léopardés d'or, lampassés de gueules l'un sur l'autre.* La famille Audier avait les mêmes armes. C'est par erreur que Nadaud (*Nob.*, IV, p. 301) fait mourir Martial Maleden en 1650. En 1653, il logeait chez lui ses deux petites-filles, dont l'une, Anne-Marie, devait être plus tard la Mère du Calvaire, réformatrice des Clairettes. Il vivait encore en 1658, au moment où cette même Anne-Marie fut enlevée par Joseph Dupeyrat, baron de Thouron, trésorier de France. (LAFOREST, *Limoges au XVII*e *siècle*, p. 522.) En 1672, il fut nommé consul de Limoges. (*Registres consulaires*, C.)

P. MALEDEN HARDY porte : *coupé au premier d'azur à l'aigle éployé d'argent, au deuxième d'azur aux trois lions léopardés d'or, l'un sur l'autre.*

C'était peut-être le fils de Mathieu de Maleden, seigneur de Meilhac et de Savignac, trésorier de France, qui avait épousé, par contrat du 24 janvier 1604, Peyronne Benoît, fille de Martial Benoît, trésorier de France, seigneur de Compreignac et du Mas-de-l'Age, et de Jeanne de Douhet. Le *Nobiliaire* (IV, 302) donne les armes de M. Maleden de Laborie et de P. Maleden Hardy d'après le plan de Jouvin de Rochefort.

J. DU PEIRAT porte : *d'azur au château d'argent, aux trois tours donjonnées et maçonnées de sable.*

Jean du Peyrat, seigneur de Thouron, doyen des trésoriers de France de la généralité de Limoges, mourut à l'âge de quatre-vingt-dix-sept ans, le 20 juin 1731, et fut enterré à Saint-Martial de Limoges. Il avait épousé Marguerite Desmaisons, dont il eut : 1° Louis; 2° Catherine, née le 15 avril 1667; 3° Joseph, né le 17 janvier 1683; 4° Léonard; 5° Jacques, né le 12 juillet 1685, et tonsuré en 1705; 6° Thérèse, qui se fit religieuse de Sainte-Claire en 1702. (*Nob.*, II, 28.)

M. DU PEIRAT porte : *d'azur au château d'argent, aux trois tours donjonnées et maçonnées de sable.*

Michel Dupeyrat, seigneur du Masjambost et des Vaseys, procureur du roi au bureau des finances de la généralité de Limoges, épousa....., dont il eut : 1° Jean, lieutenant dans le régiment de Normandie, et qui fit, le 8 février 1684, à Limoges, son testament, signé Boudet; 2° Michel, seigneur de la Lande; 3° Pierre, seigneur du Chatevaud. (*Nob.*, II, 28.)

P. PETIOT porte : *d'azur au chevron mi-parti d'or, mi-parti de gueules, accompagné de trois étoiles d'argent, deux en chef et une en pointe, au chef cousu de gueules, chargé de trois pigeons d'argent.*

« Pierre Petiot, écuyer, seigneur du Masboucher, trésorier général de France en 1678. » (*Nob.*, III, 320.) « Quelques-unes des branches de cette famille ont changé la place et les émaux des pièces contenues dans ses armes. » (*Nob.*, IV, 534.) Pierre Petiot vivait le 20 avril 1699. (Registre de Saint-Jean-en-Saint-Etienne.)

les éléments d'une notice biographique sur Jouvin de Rochefort.

Nous avions dans la *Bibliothèque historique* du P. Lelong les titres des plans et des ouvrages de Jouvin, que nous reproduisons ci-dessous (1). D'autre part, le hasard nous a fait

---

A. PHÉNIX [Fénis] porte : *d'azur au phénix d'or sur un bûcher de gueules, sommé d'un soleil figuré d'or.*

Le nom est mal écrit sur le plan. On doit lire Fénis, nom d'une famille du Bas-Limousin, dont plusieurs membres occupèrent des fonctions élevées dans le clergé et la magistrature. On lit à la page 119, t. II, du *Nobiliaire,* que noble Antoine de Fénis, seigneur du Tourondel, paroisse de Saint-Augustin, épousa Catherine de Bar..., qui mourut à vingt ans, le 27 septembre 1659, et fut inhumée dans l'église de Saint-Augustin. Cette date s'accorde bien avec l'époque où vivait A. Fénis, trésorier de France. Les armes des Fénis se voient encore sur une plaque de cheminée d'une maison (n° 19) de la rue Lansecot, à Limoges.

G. PICON porte : *d'azur au dextrochère armé d'argent, tenant une pique en pal de même, au chef cousu de gueules, chargé de trois couronnes d'or.*

Jean Picon, écuyer, seigneur des Lèzes et de Chasseneuil, conseiller du roi, président-trésorier de France au bureau des finances, de la paroisse de Saint-Michel-des-Lions, épousa dans l'église de Neuvic, près Châteauneuf, le 9 juin 1688, Marguerite de Chastagnac, demoiselle de Neuvic, de la même paroisse de Saint-Michel, fille de Charles-Joseph, grand-prévôt de la maréchaussée du Limousin, et de Anne Lespicier. (*Nob.*, III, 226.)

G. VERTHAMON porte : *écartelé au premier de gueules au lion rampant (qui est de Verthamon), au deuxième et troisième, cinq points d'or équipolés à quatre d'azur, au quatrième de gueules.*

Guillaume de Verthamon, deuxième du nom, chevalier, baron de Chalucet par l'acquisition qu'il fit de cette terre de François-Michel de Verthamon, seigneur de la Ville-aux-Clers, son frère, en 1683, fut trésorier de France à Limoges, conseiller du roi, juge au siège présidial de Limoges en 1682. Il avait épousé Catherine de Romanet, dont il eut six enfants. (*Nob.*, IV, 640.) Il mourut le 8 juin 1683. (Reg. de Saint-Jean-en-Saint-Etienne.)

D'après la table chronologique civile de Legros, dont M. le chanoine Tandeau de Marsac a bien voulu nous prêter les extraits qu'il en a faits, Martial Aubusson, Pierre Chastaignac, Joseph Blondeau, Guillaume Verthamon, Martial Maleden, Pierre Petiot, tous portés sur le plan de Jouvin, sont nommés dans un arrêt du conseil d'Etat de 1690.

(1) « *Plan de l'archevêché de Paris.* — Ce plan avait été dédié originairement par M. Jouvin de Rochefort à Mgr l'archevêque de Harlai, mort en 1695 ;

» *Plan de Paris.* — Paris, 1676, in-fol ;

» *Plan de Tolose* (Toulouse). — Ce plan n'est pas exact, il est gravé à rebours ;

» *Plan de Limoges*, dédié à MM. les Présidens Trésoriers de France. — Limoges, sans date, in-fol. plano ;

» *Le Voyageur de l'Europe.* — Paris, 1672, 6 vol. in-12. Le tome Ier a pour

découvrir dans les *Mémoires de la Société Archéologique du midi de la France* la notice de M. Edmond Cabié sur les plans de Toulouse et la reproduction du plan de cette ville par Jouvin de Rochefort. Ce plan est attribué à l'année 1680, et, chose digne de remarque, il se vendait à Paris chez le même marchand de cartes que le plan de Limoges : « A Paris, chez De Fer, sur le quay de l'Orloge, dans l'Isle du Palais, *à la spherre Royalle*. M. Cabié ne partage pas l'opinion du P. Lelong au sujet du plan de Toulouse : il trouve au contraire « qu'il est le plus intéressant des plans de Toulouse... ; qu'il offre dans ses dispositions toutes les apparences d'une représentation précise et mesurée ; enfin que M. du Mège a démontré l'authenticité de ses indications en même temps que son importance ». Nous en disons autant pour le plan de Limoges.

M. Cortambert, conservateur de la section des cartes et plans à la Bibliothèque nationale, nous a montré les plans de Jouvin cités par le P. Lelong, et nous avons pu nous convaincre qu'il n'en existait pas d'autres.

C'est dans l'ouvrage écrit par Jouvin de Rochefort que nous espérions trouver des indications sur lui-même. Cet ouvrage a eu plusieurs éditions (1). Voici les observations que M. Guibert a bien voulu relever sur celle qu'il a consultée à la Bibliothèque nationale :

« Le titre exact de l'ouvrage est : *Le Voyageur d'Europe,* où sont les voyages de France, d'Italie et de Malthe, d'Espagne et de Portugal, des Pays-Bas, d'Allemagne et de Cologne, d'Angleterre, de Danemarck et de Suède, par M. A. Jouvin, de Rochefort. Dédié à M. de Pompone, secrétaire d'Etat. — *A Paris,* chez Denis Thierry, rue Saint-Jacques, à l'enseigne de la *Ville de Paris*. 1672. Avec privilège du roy.

» L'édition de 1672 est la première, puisque le livre lui-même

---

titre : *Voyage de France;* les autres volumes renferment aussi des descriptions de diverses parties de la France, par où il sort et rentre dans ses voyages aux pays étrangers, depuis Paris et jusqu'à cette ville;

» *Voyage des Pays-Bas*. — C'est la dernière partie du tome II de son *Voyageur de l'Europe*. — *Paris,* Billaine, 1672, in-12, 6 vol. (p. 347-697). »

(1) Brunet, *Manuel du Libraire :* — 19,948. *Le Voyageur d'Europe,* où est le voyage de Turquie, qui comprend la Terre-Sainte et l'Egypte, par Ant. Jouvin. — *Paris,* Barbin, 1676. Aussi chez Pepie, 1684, in-12.

l'indique; elle fut achevée en octobre 1672. Le privilège pour l'impression est daté du 16 février de la même année. Il n'indique pas la qualité ou la profession ni le domicile de Jouvin.

» L'épitre dédicatoire, qui est assez longue, et très élogieuse pour Armand de Pompone, qu'il félicite de sa récente nomination de secrétaire d'Etat, ne donne aucun renseignement sur l'auteur. Elle est signée : A Jouvin, de Rochefort. Jouvin avait lui-même fait ses voyages, puisqu'il parle au lecteur de sa « passion de voyager ». Il dit : « Mon dessein, au commencement, étoit seu-
» lement de voir et de marquer sur mes tablettes, avec exacti-
» tude, les choses qui me sembleroient les plus particulières,
» pour m'en ressouvenir plus facilement à mon retour; mais
» enfin je ne fus pas sitôt arrivé au pays natal, que mes amis...
» me prièrent et me forcèrent même d'en faire part au public ».

» Chaque voyage est accompagné de cartes « par l'auteur du voyage ». Ce sont : 1° l'Europe, 2° la France, 3° l'Italie et Malthe, 4° l'Espagne et le Portugal, 5° l'Allemagne et la Pologne, 6° les dix-sept provinces des Pays-Bas, 7° les royaumes du Nord. Elles sont très nettes et paraissent bien faites. Elles sont gravées par Lapointe. Ces voyages renferment des notes assez curieuses sur chaque ville. Jouvin est le véritable précurseur des *Guides* d'aujourd'hui. Il ne donne pas seulement la description des lieux et certaines notes historiques, il y ajoute des conseils pour le change, etc., une notice des monnaies et un dialogue de quelques pages en français et en italien, anglais, etc., selon le voyage, les deux textes en regard.

» Il décrit minutieusement. Ainsi, à Toulouse, il compte le nombre de pas qu'il y a entre chaque porte, et dit, en résumé, que l'on peut faire le tour de la ville et de ses faubourgs en trois heures de chemin, « pourvu qu'on chemine un peu gaillardement ». Mais rien ne donne à entendre qu'il l'ait habité. »

Un voyageur dont la renommée lui avait valu l'honneur réservé aux grands personnages, celui de vénérer le chef de saint Martial lors de son passage à Limoges, dont les voyages ont eu plusieurs éditions, auquel on est redevable de quatre plans remarquables, avait droit, pensions-nous, à une mention particulière dans l'ouvrage de Gironcourt sur les Trésoriers de France (1).

---

(1) Gironcourt, *Traite Historique de l'état des Trésoriers de France*, avec les preuves de la supériorité de ces offices. — *Nancy*, Vve Leclerc, 1776, in-4o.

Nous nous sommes trompé. M. Guibert, qui a bien voulu parcourir cet ouvrage, nous dit que, « dans la deuxième partie (p. 315), on trouve des notices sur quelques hommes célèbres parmi les Trésoriers de France et généraux des finances, mais Jouvin de Rochefort n'y figure pas. Dans tout l'ouvrage il n'est fait mention ni de Jouvin de Rochefort, ni des Bureaux des finances de Limoges et de Toulouse.

Notre auteur devait s'appeler Jouvin tout court, comme les titres de ses ouvrages semblent l'indiquer. Il ne devait ajouter de Rochefort, nom probable de sa ville natale, que pour se distinguer d'autres Jouvin littérateurs, qui vivaient à la même époque.

Il dut acheter la charge de trésorier de France à Limoges au retour de ses voyages, de 1676 à 1680, et pour cela, il devait jouir d'une certaine fortune, car cette charge, dans une généralité aussi importante que la nôtre, rapportait 3,000 livres de revenus (1). C'est à cette époque qu'il exécuta le plan qui nous occupe; car si nous y voyons figurer les nouveaux bâtiments des Ursulines, achevés en 1674, nous n'y voyons pas la maison des Sœurs de la Croix, qui s'établirent à Limoges, place de la Cité, en 1687.

Le plan de Jouvin est-il un plan original, ou n'est-il, comme celui de Toulouse, qu'une reproduction d'un plan plus ancien? Bien qu'il ait été plus facile pour un étranger de se servir d'un plan antérieur que d'en faire un lui-même, nous pensons que celui de Jouvin est un plan original. Il renferme quelques inexactitudes de détails qui n'auraient pas échappé à un *Limogeau;* mais il faut aussi tenir compte de l'enfance de la topographie en 1680, et des difficultés sans nombre que l'exécution d'un plan présentait à cette époque.

Une réduction du plan de Jouvin de Rochefort a été reproduite dans le tome II, page 307, d'un ouvrage du commencement du XVIIIe siècle que nous n'avons pu découvrir, un *Voyage en France* très probablement. Cette reproduction a pour titre : *Plan de la ville de Limoges, capitale du Limousin.* Echelle de 150 toises. Au-dessous se trouve une liste numérotée, de 1 à 40, de tous les édifices de notre ville. Le plan mesure 20 centimètres

(1) *Mémoires sur la généralité de Limoges*, par M. de Bernage, intendant, 1698; ms.

sur 14. Il se trouve dans le Recueil factice sur la topographie de France, département de la Haute-Vienne, à la section des Estampes de la Bibliothèque nationale.

Il faut traverser une période assez longue avant de trouver un troisième plan, bientôt suivi de plusieurs autres.

L'année 1768 en a vu éclore quatre pour sa part. C'est d'abord le plan de Trésaguet, ingénieur en chef de la généralité de Limoges, exécuté de 1765 à 1768, par M. Alluaud, ingénieur, sur l'ordre de Turgot.

Les officiers chargés de donner les alignements des maisons, au fur et à mesure de leur construction ou reconstruction, ne s'acquittant pas bien de leur tâche, M. d'Aine, successeur de Turgot, fit ordonner par le Roi : « que le plan des directions et » alignements des rues et places de la ville, faubourgs et cité de » Limoges, levé par le sieur Trésaguet, sur l'ordre du sieur » Turgot, intendant, et remis aux officiers du bureau des » finances, serait exécuté suivant sa forme et teneur ».

Cet arrêté est du 22 décembre 1775 (1), et l'ordonnance de mise à exécution de M. d'Aine est du 12 janvier 1776 (enregistrée au bureau des finances de la généralité le 22 janvier suivant).

---

(1) 22 décembre 1775. — Extrait des registres du conseil d'Etat du Roy :

« Le Roy, étant informé que, les rues de la ville de Limoges étant fort étroites et sinueuses, le commerce et la circulation des voitures en reçoivent de grands inconvénients, que la salubrité de l'air en est altérée au point que les maladies populaires et épidémiques qui y faisaient annuellement des ravages n'ont commencé à diminuer et devenir plus rares que depuis que les anciennes tours et portes de ladite ville ont été démolies, et que leur suppression a laissé un passage plus libre à l'air et aux rayons du soleil; qu'il y a lieu de présumer que l'habitation de ladite ville, dont la population et l'industrie font des progrès, deviendrait de plus en plus salubre, en même temps que plus commode, si l'on parvenait à donner à ses rues les largeurs et directions convenables; que le sieur Turgot, précédemment intendant et commissaire départy dans la généralité de Limoges, en ayant concerté les moyens avec les officiers du bureau des finances, il aurait été reconnu que les soins que lesdits officiers ont pris en différents temps pour parvenir à cet objet ne l'ont pas rempli, et qu'il était impossible qu'il le fût jamais par la variété des idées de ceux qui sont préposés pour donner l'alignement des maisons à mesure de leur construction; que d'un autre côté, y en ayant un grand nombre en vétusté, il était impossible de ne pas perdre ce moment pour s'occuper des moyens de procurer à la ville la salubrité, la commodité et la décoration dont elle est suscep-

C'est à cause de la date de l'ordonnance royale que l'on croit ce plan de 1775, lorsqu'il remonte en réalité à 1768 (1).

Mais, avant de parler du plan de Trésaguet, il convient de dire un mot de son auteur. M. Trésaguet, comme toutes les notices sur Turgot s'accordent à le dire, fut pour ce bienfaiteur de notre pays un collaborateur très précieux et très dévoué. C'est à lui que nous devons le tracé des routes ordonnées par Turgot, et il eut le mérite d'en assurer l'entretien par un règlement qui fait l'admiration des hommes de l'art. C'est lui, et non l'anglais Mac-Adam, qui est l'inventeur du système d'empierrement auquel on a donné le nom de macadam. Son règlement a pour titre : *Mémoire sur la construction et l'entretien des chemins faits en rachat de corvée dans la généralité de Limoges, 1775.* Il fut imprimé quelques années après la mort de Trésaguet dans les *Annales des Ponts-et-Chaussées* (2). On lui doit aussi le projet des casernes que Turgot voulait faire construire sur l'empla-

---

tible, à quoi on ne pourrait parvenir que par la confection d'un plan général auquel on conformerait tous les alignements qui se donneront par la suite; que le sieur Turgot en aurait en conséquence fait lever un par le sieur Trésaguet, ingénieur en chef de la province, sur lequel ont été désignées les directions les plus convenables à donner aux rues de la ville et cité de Limoges; que ces directions ont été examinées avec soin par ledit sieur intendant et par les officiers du bureau des finances, qu'il en a été donné connaissance aux maire et échevins, qu'il est résulté des conférences et examens un vœu unanime pour l'exécution dudit plan, sur lequel les changements à faire sur les directions actuelles des rues et places de ladite ville sont marqués par un trait de couleur rouge, les parties à supprimer par un lavis de couleur jaune et celles à avancer par un de couleur rouge; que ledit sieur Turgot aurait fait remettre une copie dudit plan aux officiers du bureau des finances, en les invitant à s'y conformer dans les alignements qu'ils seraient dans le cas de donner, mais que l'exécution parfaite dudit plan ne peut être assurée pour toujours qu'autant qu'elle sera ordonnée par Sa Majesté et qu'il lui aura plu statuer sur tout ce qui y a rapport; à quoi voulant pourvoir, vu ledit plan et l'avis du sieur d'Aine, intendant et commissaire départi dans la généralité de Limoges; ouï le rapport du sieur Turgot, conseiller ordinaire et au conseil, a ordonné et ordonne que le plan des directions et alignements des rues et places de la ville, faubourgs et cité de Limoges, levé par le sieur Trésaguet, ingénieur en chef de ladite généralité, par ordre du sieur intendant, et remis aux officiers du bureau des finances, sera exécuté selon sa forme et teneur..... »

(1) La feuille 3, aux Archives de la Haute-Vienne, porte : « Copié sur les feuilles 11, 12, 18, 19, 20 et 21 du plan de 1768 déposé à la Mairie ».

(2) On en a fait une brochure spéciale. — *Paris*, de l'imprimerie de Faine, 1832, in-8º de 16 pages.

cement du Chapeau-Rouge, route de Paris, un peu au-dessus des Augustins, et la fontaine des Fantaisies, qui devait porter son nom dans le principe. Cette fontaine était placée à l'angle de la rue des Augustins et de l'avenue du Crucifix, près de la maison que Trésaguet habitait. L'ouverture de l'avenue du Crucifix la fit disparaître en 1854.

Trésaguet suivit Turgot à Paris, où il fut nommé inspecteur général des ponts-et-chaussées, et où il est mort en 1794 (1).

Le plan de Trésaguet est à l'échelle de 1 à 432 = 0,001 pour 043, ou deux lignes pour une toise. Il se compose de dix-neuf feuilles de diverses grandeurs, dont l'original (papier) et la minute (collée sur toile) se trouvent aux archives du département. Chacune des feuilles de la minute, qui fut faite en exécution de l'ordonnance de 1775, porte la mention : « DE VOYON, procureur du roi : *ne varietur;* » et plus loin : « Vu par nous, intendant de la généralité de Limoges, pour être conforme à l'original, D'AINE ».

L'hôtel-de-ville en possède une copie reliée en atlas, portant pour titre : *Plan d'alignement de la ville de Limoges, 1775.* Cette copie a été corrigée quelques années plus tard, car on lit feuille 39, sur l'emplacement de la mairie : « Bâtiment construit en 1783 ». L'atlas renferme cinquante-deux feuilles, plus une carte d'assemblage et une « table des rues qui désignent les » feuilles où elles se trouvent, ainsi que les paroisses, collèges, » communautés, hôpitaux, séminaires, confréries de pénitents, » édifices remarquables, juridictions, fontaines et places ». Cette copie a moins de prix que celle des Archives, en ce qu'elle ne donne aucun nom de voie ni de propriétaires. Elle n'indique pas non plus les projets d'édifices et d'établissements élaborés par Turgot.

Une copie réduite de ce plan fut exécutée, vers 1785, par M. Morancy, ingénieur. Les Archives du département (série C, 64) possèdent cette copie, qui est collée sur toile et mesure $1^{m}08$ de hauteur sur $0^{m}95$ de largeur. En voici le titre : « Plan de la Ville, Cité et Faubourgs de Limoges, avec ses projets, levé par le s[r] Alluaud, ingén[r] géogr[e] du Roy, en 1768, sur une échelle de 2 lignes par toise, et celui-cy réduit et dessiné par le s[r] J.-B.

(1) QUÉRARD, *France littéraire.* — Paris, 1838.

Morancy, ing^{r} géogr^{o}, sur une échelle de demi-ligne par toise; les projets des redressements des rues sont lavés en couleurs rouge et jaune ». Il paraît qu'en 1776 M. Cajon, architecte, se servit du plan de M. Alluaud pour en livrer un au public qui contenait la division par îles, avec numéros et noms des propriétaires. C'est ce qui ressort de lettres échangées entre MM. Alluaud et Cajon, reproduites dans les numéros 51 de 1776 et 1 de 1777 de la *Feuille hebdomadaire*, lettres que nous donnons en note (1).

---

(1) Lettre de M. Alluaud, ingénieur-géographe, au Rédacteur de *la Feuille.*

« Du 10 décembre 1776.

» Je ne puis vous exprimer, Monsieur, quel a été mon étonnement, lorsque, à mon arrivée à Limoges, j'ai lu, dans le 48e numéro de vos *Feuilles,* qu'on se propose de donner au public un *Terrier général de Limoges et de ses faubourgs, Terrier dans lequel « seront contenus les plans de chaque isle qui » renferme les maisons et autres fonds sur lesquels est assise chaque Directe » par numéros et conformément à ceux du* PLAN *Topographique de la Ville, » levé par le sieur Cajon, architecte* ». J'applaudis de bon cœur aux vues des auteurs de cet ouvrage ; s'il est bien exécuté, il sera d'une très grande utilité pour les habitants de Limoges. Ce qui m'étonne n'est donc pas le projet lui-même. Ma surprise a une autre cause : l'annonce du Plan Topographique l'a fait naître. Il est de notoriété publique que je suis l'auteur de ce plan. Tous les hommes de l'art qui habitent la ville savent qu'en 1765 je fus chargé, par M. Turgot, de la confection de cet ouvrage. Distrait par une foule d'autres travaux, je ne pus le finir qu'en 1769. Il n'existe que quatre exemplaires de mon Plan Topographique : 1o la minute, qu'on trouve au bureau des Ponts-et-Chaussées; 2o le dessin au net, sur neuf feuilles, qui fut déposé dans un des bureaux de l'Intendance; 3o une copie en registre, qui fut donnée à l'Hôtel-de-Ville; 4o le Plan général, sur lequel sont écrits les noms anciens et modernes des rues, et qui fut remis à M. Turgot. Ce sont là les seuls exemplaires que j'avoue. On en trouve, il est vrai, un cinquième au bureau des Finances; mais j'ignore qui en est le copiste. Tout ce que je sais, c'est que je n'en garantis point l'exactitude. C'est vraisemblablement d'après cette copie que M. Cajon se propose de dresser le Plan-Terrier annoncé au public. Quoi qu'il en soit, le vrai Plan Topographique de Limoges est mon ouvrage; c'est moi qui l'ai levé. J'ai donc droit de le réclamer : mes prétentions sont justes et bien fondées. Je crois les avoir exposées d'une manière honnête. J'espère que vous voudrez les consigner dans vos *Feuilles.*

» Je suis, etc. » ALLUAUD. »

(*Feuille hebdomadaire* du 8 décembre 1776, no 51.)

L'annonce dont il est question, et qui se trouve au no 48 de la feuille, ne

Nous n'avons pu retrouver le plan de Cajon, qui peut-être est resté manuscrit. Quant à l'ouvrage anonyme sur Limoges auquel ce dernier dit avoir fait des emprunts, nous supposons que c'est celui de Legros, qui avait fait un excellent plan manuscrit de Limoges en 1774, dont nous allons dire un mot plus loin.

La même année 1768, Beauménil, s'inspirant probablement de celui de Trésaguet, dessinait un plan dont nous ne connaissons que des copies, portant pour titre : « Plan de la ville, de la cité et des environs de Limoges, tels qu'ils étaient en 1768, dessiné par le sieur de Beaumeny (copié par moi, M[1] Maury, en 1842, sans échelle ni orientement) ». Ce plan a 30 cent. de hauteur sur 40 de largeur. Pour compléter ce que Tripon a dit de Beauménil, nous reproduisons le jugement porté sur lui par l'abbé Legros, avec lequel il avait entretenu d'excellentes relations :

---

renferme d'autres indications sur le plan de Cajon que les mots reproduits en italiques dans la lettre ci-dessus.

Lettre de M. Cajon, architecte, au Rédacteur de la *Feuille*, en réponse à celle de M. Alluaud, ingénieur-géographe, consignée dans le n° 51 de 1776. (N° 1, 1er janvier 1877.) (Lettre sans date. Rubrique : *Nouvelles particulières.*)

« Je suis fort étonné, Monsieur, qu'on veuille me contester un ouvrage dont je suis l'auteur. Il est de fait que j'ai levé le plan topographique de la ville et des faubourgs de Limoges. Je l'ai divisé par isles et par numéros, d'une manière analogue au cadastre féodal des cens et rentes assignés sur les maisons de Limoges, et ce cadastre doit paraître incessamment. Le prétexte dont on se sert pour m'enlever le fruit de mon travail est admirable : il a paru un plan de Limoges, levé par M. Alluaud en 1765, et de là on conclut que je n'en ai pas levé un autre en *1765* (*sic*). On avouera que cette manière de raisonner n'est pas trop concluante.

» Je sais que cet ingénieur-géographe a des talents. Je n'ignore pas qu'il fut chargé par M. Turgot de lever le plan de la ville. Je ne lui conteste pas la gloire d'avoir rempli sa mission avec beaucoup de soins, et j'avoue que son plan divisé par isles, *sans numéros*, a été fait avec beaucoup de soin; mais il n'en a pas été moins vrai que celui que j'ai levé en 1776 (*sic*) est aussi fort exact, quoiqu'il dérive d'un autre principe. Je l'ai formé de parties divisées, que j'ai réunies en un seul et même corps pour faciliter les opérations du plan de l'auteur du terrier. Mon plan est extrait d'un ouvrage anonyme et contient les numéros de toutes les maisons de Limoges. Voilà ce qui les (*sic*) distingue réellement de celui de M. Alluaud, etc., etc. (*sic*) ».

« L'auteur de cette réponse, ajoute le Rédacteur, met sans doute beaucoup d'honnêteté dans sa réclamation; mais il ne sera pas fâché que nous n'insérions point ici la fin de sa lettre : elle ne fait rien à la cause ».

« Pierre Beauménil, comédien, est mort le 20 mars 1787, à l'âge de soixante-quatre ans. Il a été enterré à Saint-Michel-de-Pistorie. Ce savant artiste excellait dans l'art de dessiner l'antique; mais les observations qu'il joignait à ses dessins n'étaient ni pures, ni correctes, ni souvent judicieuses. Le priapisme était son goût favori : il y rapportait toutes ses recherches. Sa collection d'antiques était immense. Il en avait fait passer une grande partie à l'Académie des Inscriptions et Belles-Lettres dont il était membre. » (*Continuation des Annales*, p. 327.)

M. Devalois, ancien directeur de l'école communale de la Monnaie, possède un petit plan de Limoges ms., sans nom d'auteur, de 30 centimètres carrés, qui a dû être fait à la même époque que les trois qui précèdent. Comme dans le plan de Trésaguet, on y voit figurer, teintées en jaune, plusieurs maisons que le tracé de la place d'Aine et du boulevard de la Poste-aux-Chevaux firent disparaître.

Nous arrivons au magnifique plan manuscrit de l'abbé Legros, qui appartient à M. Nivet-Fontaubert. Il a pour titre : « Plan de la ville de Limoges, de la Cité et d'une partie de leurs environs, avec les noms des rues, routes, chemins, églises, etc. A Limoges, par Martial Legros, prêtre, 1774. Echelle de 300 pieds. » Il mesure $1^{m}07$ de hauteur sur $1^{m}16$ de largeur. C'est un plan parfaitement fait; son exactitude est rigoureuse. Il est le seul qui donne les limites de chacune des paroisses, et, au point de vue ecclésiastique, il est très précieux. Nous renvoyons le lecteur à l'excellente notice sur l'abbé Legros, par MM. Roy de Pierrefitte et Lecler, reproduite dans le tome Ier du *Nobiliaire de la Généralité de Limoges*, par Nadaud (1).

Le dernier plan dont nous ayons à dire un mot est celui qui est collé sur une liste des électeurs du département en 1830, grand in-folio imprimé, appartenant à M. Balmet. C'est une copie, sur une plus petite échelle, de la réduction du plan de Trésaguet faite par M. Morancy, avec quelques variantes faites après l'année 1785, comme l'indique le titre : « Plan de la ville,

---

(1) *Nobiliaire du diocèse et de la généralité de Limoges*, par l'abbé Joseph Nadaud, curé de Teyjac, publié sous les auspices de la Société Archéologique et Historique du Limousin, par l'abbé Lecler. — *Limoges*, Ve H. Ducourtieux, 4 vol. in-8°.

faubourgs et Cité de Limoges, après la démolition de ses murs, portes et tours, effectuée en 1765 et 1766 (celle du Verdurier en 1785). Echelle de 1500 pieds. » Il a 30 centimètres carrés. Dans l'angle droit on lit : « Ce plan avait été fait par M. Trésaguet, ingénieur à Limoges, en 1776 (voyez plus haut au sujet de cette date) sans date indiquée, mais ce que la plantation des arbres du tour de ville désigne ». Dans l'autre angle, se trouve une notice de peu d'importance sur l'origine des trois villes : la ville gallo-romaine, la Cité et le Château.

Ici se termine la première partie de notre tâche. Dans une période de trois cents ans, nous avons constaté que les trois premiers plans de Limoges connus s'échelonnent à près d'un siècle d'intervalle les uns des autres, entre les dates de 1594, 1680 et 1785. Bien qu'ils aient été publiés tous les trois, ils sont assez rares aujourd'hui. Nous avons cru bien faire en les publiant de nouveau avec la description qui les concerne.

APPENDICE

LISTE DES PLANS DE LIMOGES (1).

I. — Plan du Château de Limoges, par Jean Fayen, médecin, Tours, 1594, reproduit dans l'angle supérieur de la carte du Limousin du même auteur. Indépendamment des nombreux tirages à part, avec ou sans texte, cette carte est reproduite dans les ouvrages suivants :

1° Mercator (Gerardus), Atlas, sive cosmographicæ meditationes de fabrica mundi et fabricati figura, denuo auctus studio J. Hondii. — *Amstelodami,* sumptibus et typis æneis H. Hondii.

(1) Nous ne donnons ici que le résultat de nos recherches, sans prétendre que les plans indiqués ne se trouvent pas dans d'autres recueils ou qu'il n'en existe pas d'autres que ceux que nous mentionnons.

Gr. in-folio. Edit. de 1607 (la deuxième) et de 1623 (la cinquième, plus complète que les précédentes, d'après Brunet). La carte du Limousin porte le folio 135.

2° Mercator (Gerardus), Atlas ou Représentation du monde universel et des parties d'icelui. — *Amsterdam,* H. Hondius, 1630 et 1638. 2 vol. gr. in-folio. La carte du Limousin porte le folio 257.

3° Mercator (Gerardus), Atlas terrestre ou Représentation du monde universel et des parties d'icelui, faictes en tables et descriptions très amples et exactes, divisé en deux tomes, édition nouvelle, augmentée d'un appendice, de plusieurs nouvelles tables et descriptions de diverses régions d'Allemaigne, France, Pays-Bas, Italie et de l'une et l'autre Inde, le tout mis en son ordre. — *A Amsterdam,* chez Jean Janson, demeurant sur l'Eau, à la Carte marine, 1633 et 1644; 2 vol. gr. in-folio.

4° Théâtre géographique du royaume de France, contenant les cartes et descriptions particulières d'iceluy. Œuvre nouvellement mise en lumière, avec une table où sont les noms de toutes les cartes de chacune desdites provinces. — *A Paris,* chez Jean Le Clerc, MDCXXI. In-folio. La carte de Fayen occupe le n° 35 de cet ouvrage.

5° Même ouvrage. — A *Paris,* chez la veuve de Jean Le Clerc, rue Saint-Jean-de-Latran, à la Sallamandre royale. MDCXXVI. (Bibl. nat., n° 60.)

6° Théâtre des Gaules ou Descriptions générales et particulières de toutes les provinces du Royaume de France, avec les provinces et estats circonvoisins. — A *Paris,* chez Jean Boisseau, enlumineur du roi pour les cartes marines et géographiques, en l'Isle du Palais, sur le quai qui regarde la mégisserie, à la Fontaine de Jouvence Royalle, MDCXLII. (Bibl. nat., n° 61.)

7° Recueil factice de cartes de divers auteurs. (Bibl. nat., n° 132.) Ce recueil contient la même carte que dans les trois ouvrages ci-dessus, sans texte. La dédicace à Anne de Lévis, duc de Ventadour, est datée de Limoges, 4 des ides de février 1594.

8° Copie manuscrite, agrandie, signée : « Cajon scripsit. 1796. » Au grand-séminaire de Limoges.

9° Historique monumental de l'ancienne province du Limousin, par J.-B. Tripon. — *Limoges,* Martial Darde, 1837, 1 vol. gr. in-4° et 1 atlas de 130 planches, dont 2 plans in-fol. plano. Le plan de Fayen a pour titre : Plan n° 1, enceinte de la ville de Limoges au XVe [lisez XVIe] siècle.

10° L'émail des peintres, par Claudius Popelin. — *Paris*, A. Lévy, 1866, in-8°, p. 32. Cette reproduction, d'après l'atlas de Janson (1633) est surmontée d'un blason portant : *de gueules à un écu d'hermine en abîme ;* peut-être le blason d'une corporation d'émailleurs.

II. — Limoges, dédié à M^rs^ les Présidens Tresoriers de France et Grands-Voyers en la Généralité de Limoges, Chevaliers, Conseillers du Roi, Juges et Directeurs du domaine, par A. JOUVIN de Rochefort, trésorier de France. — A *Limoges*, proche les Perres Jesuittes. — A *Paris*, sur le quay de l'Horloge, aux Trois-Etoiles et à la Spherre Royalle [1680].

Indépendamment des tirages à part, ce plan se trouve :

1° Dans l'Atlas géographique, contenant les cartes des provinces et généralités d'Orléans, de Tours, de Bretagne, de Poitiers, de La Rochelle, de Limoges, de Bourges, de Moulins, de Lyonnois, de Dauphiné, de Provence, du..., et la principauté d'Orange, du Languedoc, de l'Auvergne, de la Guyenne et Gascogne et du Roussillon, tome IX. — Suivant la collection du sieur de BEAURAIN, géographe ordinaire du Roi, quay des Augustins, au coin de la rue Pavée. — *Paris*, MDCCXLIX. (Bibl. nat.) Cet atlas contient la carte de la généralité de Limoges par B. Jaillot.

2° Dans un recueil factice portant le n° B 2389 de la Bibliothèque nationale.

On le trouve aussi à la Bibliothèque communale de Limoges, à la Société Archéologique et Historique du Limousin, chez MM. Nivet-Fontaubert, Raymondaud et Dessalles.

III. — Plan des directions et alignements des rues et places de la ville, faubourgs et cité de Limoges, par le sieur Trésaguet, ingénieur en chef de la généralité de Limoges, 1768, ms. Dix-neuf feuilles in-plano de diverses grandeurs. — L'original papier et la minute collée sur toile appartiennent aux Archives départementales. Les feuilles 12, 13 et 15 de l'original papier et la feuille 15 de la minute collée sur toile manquent. Nous pensons que le n° 15, que nous ne trouvons dans aucune des copies, a peut-être été retiré du temps de Turgot, pour l'étude du pont que celui-ci se proposait de faire construire sur l'emplacement du pont Neuf actuel. Il devait comprendre du reste une partie inhabitée et peu intéressante, le bord de la Vienne, entre l'embouchure du ruisseau de Joumart et l'écluse en aval actuelle.

L'Hôtel-de-Ville de Limoges (bureau des travaux publics) possède une copie, sur cinquante-deux feuilles, du plan de Trésaguet, plus une carte d'assemblage et une table des rues, formant un atlas sous le titre : *Plan d'alignement de la ville de Limoges, 1775.*

Une réduction du plan de Trésaguet a été reproduite par Tripon dans son *Historique monumental de l'ancienne province du Limousin* (*Limoges,* Martial Darde, 1837), sous le titre erroné : Plan n° 2, Limoges en 1750.

IV. — Plan de la ville, cité et faubourgs de Limoges, avec ses projets, levé par le sieur Alluaud, ingénieur-géographe du Roy, en 1768, sur une échelle de 2 lignes par toise, et celui-cy réduit et dessiné par le sieur J.-B. Morancy, ingénieur-géographe, sur une échelle de 2 lignes par toise. — Les projets des redressements des rues sont lavés en couleur rouge et jaune. Ms. aux Archives du département de la Haute-Vienne (série C, 64).

V. — Plan topographique de la ville, levé par le sieur Cajon, architecte, accompagnant le terrier général de Limoges et ses faubourgs; terrier dans lequel sont contenus les plans de chaque isle qui renferme les maisons et autres fonds sur lesquels est assise chaque directe, par numéros et conformément à ceux du plan.

Nous n'avons pu trouver ce plan, qui peut-être n'a jamais vu le jour.

VI. — Plan de la ville, de la cité et des environs de Limoges, tels qu'ils étaient en 1768. Dessiné par le sieur de Beaumeny, ms. Il n'existe que des copies de ce plan faites d'après celle de Mr Maury en 1842. Au grand-séminaire de Limoges, et chez MM. Nivet-Fontaubert, Balmet et Ducourtieux.

VII. — Plan de Limoges [de 1768], sans date ni nom d'auteur, ms; possesseur : M. Devalois, ancien directeur de l'école communale de la Monnaie à Limoges.

VIII. — Plan de la ville de Limoges, de la cité et d'une partie de leurs environs..., par Martial Legros, prêtre, 1774, ms. Echelle de 300 pieds. Possesseur : M. Nivet-Fontaubert.

IX. — Plan de la ville, faubourgs et cité de Limoges après la démolition de ses murs, portes et tours, effectuée en 1765 et 1766, celle du Verd[urier] en 1785 ; ms. C'est une copie du plan de Trésaguet, faite vingt ans plus tard. Possesseur : M. Balmet.

Nous pensons être utile au public en ajoutant à cette liste celle des plans manuscrits de différentes parties de Limoges que possèdent les Archives départementales. Ce sont :

1° Plan de l'abbaye et de l'église Saint-Martial, avec un projet des rues à tracer sur leur emplacement, signé : Cajon, architecte, 1776.

2° Plan de l'abbaye de Saint-Martial et des rues avoisinantes, avec les projets des rues à tracer sur son emplacement. Fin du XVIIIe siècle.

3° « Plan général des terreins de l'évêché, avec les nouvelles acquisitions faites en vertu des lettres-patentes du mois de février 1771. » On lit au bas : « Tous les terreins marqués par les lettres A B C D E F G, teints en jaune clair, sont ceux désignés dans le contrat d'arrentement du 6 décembre 1756, passé entre Mgr Jean-Gilles du Coëtlosquet, lors évêque, et MM. les chanoines et chapitre de l'église cathédrale dudit Limoges ». Ce plan porte les initiales de l'évêque.

4° Plan général des bâtiments et jardins de l'évêché à construire à Limoges. Fin du XVIIIe siècle.

5° Plan des ponts Saint-Martial et Saint-Etienne, en deux feuilles. Fin du XVIIIe siècle.

II

LIMOGES JUSQU'AU XIIIe SIÈCLE

Nous nous sommes proposé de faire ressortir l'importance historique des anciens plans de Limoges et l'authenticité de leurs indications.

Si les anciens plans ne présentent pas la clarté et l'exactitude mathématique des plans modernes, ils nous donnent, en revanche, la physionomie réelle d'une ville ; ils tiennent davantage de l'estampe : ce sont des vues cavalières plutôt que des plans, et c'est ce qui ajoute à leur intérêt. Il est seulement regrettable que Limoges, moins favorisé que d'autres villes, ne possède pas de plan plus ancien que celui de 1594, qui lui-même ne nous donne que le Château, c'est-à-dire le tiers de la superficie totale de la ville.

Avant d'entreprendre l'examen comparatif de chacun des

plans, on nous permettra de dire un mot sur les origines de Limoges.

A l'époque gauloise, la ville de Limoges, si florissante aujourd'hui, n'était qu'une chétive bourgade ou *oppidum* placée sur une éminence qui commandait le cours de la Vienne, en face du gué (1) auquel elle devait son premier nom : *Rita* (aujourd'hui la Roche-au-Gô). Fortifiée d'abord par la nature, peut-être entourée, à la façon gauloise, de poutres et de pierres cyclopéennes superposées, c'est dans cette enceinte qu'au premier cri de guerre la tribu des Lémovikes, désertant ses cabanes, courait se renfermer avec ses troupeaux, ses meubles et ses trésors (2).

Après la conquête romaine, Limoges, entraînée par l'exemple des autres villes, se consacra doublement à César, en prenant le nom d'*Augustoritum* (par contraction *Ausritum*). Fécondée par la civilisation intellectuelle et matérielle de l'Italie, la ville prit une certaine importance. Assise sur les deux rives de la Vienne, un peu en amont de son ancienne position, mise en communication par un pont en pierre qui prit plus tard le nom de Saint-Martial, elle présentait un développement de constructions en amphithéâtre qui ne rappelaient plus les cabanes rondes, construites de poteaux et de claies, couvertes de paille hachée pétrie dans l'argile, des premiers Lémovikes. Des jardins, étagés en terrasse et soutenus par des murs en petit appareil, dont on retrouve encore de nombreux vestiges, prêtaient leur ombrage discret aux voluptueux patriciens. La cité gallo-romaine, dont l'heureuse position avait frappé les conquérants, était devenue le centre des grandes voies qui se dirigeaient de Lyon sur Bordeaux, de Saintes à Clermont-Ferrand, à Bourges et à Poitiers. Des temples, des palais, des théâtres, des bains, des aqueducs, un amphithéâtre,

---

(1) Gué, du celtique *rith* (*Dictionnaire celtique*, par Ogé). Plus tard on désigna le gué par le mot patois *go*, *ga* ou *gua*.

(2) D'autres bourgades couvraient le territoire, et c'est surtout dans les endroits élevés, à pente rapide et escarpée, au confluent des cours d'eau, qu'on en retrouverait plus aisément la trace. Condat, du celtique *ken-daish* (confluent); Saint-Priest-Taurion, de *thov* (lieu de défense, *oppidum*), furent fondés par les Lémovikes. L'inscription de Rancon établit qu'un clan du nom d'*Andecamulenses* (littéralement : *hommes d'un courage redoutable*) occupa ce territoire avant la conquête romaine.

récompensèrent sa fidélité à la foi jurée, son respect pour la hache des licteurs.

D'après le peu de documents que nous possédons sur cette période de l'histoire de notre ville, mais surtout d'après les découvertes que les terrassements ont amenées et les différences de niveau assez sensibles que l'on observe sur plusieurs points (1), il est permis de supposer que l'enceinte de la ville gallo-romaine, si elle en avait une, était semi-circulaire. La corde de l'arc longeait le bord de la Vienne, depuis la Roche-au-Gô jusqu'aux Vimières, et l'espace renfermé englobait le clos Orphéroux, le clos Mascoussy et la Croix-Verte, c'est-à-dire tout le flanc du coteau qui regarde la Vienne en prenant l'emplacement de l'Hôtel-de-Ville comme point extrême. La ville s'étendait bien au-delà de ces limites, car on a trouvé une foule de vestiges romains en remontant vers l'amphithéâtre (place d'Orsay actuelle), et jusque vers le temple placé au point culminant et dédié à Jupiter, suivant l'usage. C'est le *mons Jovis* dont on fit plus tard le *mons Gaudii* après le miracle des *Ardents* (994) (2). Le cimetière de la ville gallo-romaine couvrait l'emplacement que l'abbaye de Saint-Martial occupa plus tard (place Royale actuelle).

En remontant le cours de la Vienne, on rencontrait le Naveix (*navigium*), qui était l'un des principaux faubourgs de la ville gallo-romaine, et près duquel allait s'élever plus tard la Cité du moyen âge. Ce faubourg, ou *suburbium,* devait être traversé par une voie romaine, comme semble l'indiquer la borne milliaire de la rue de la Règle, et le monument funéraire romain placé derrière l'abside de la cathédrale, que nous voyons aujourd'hui.

Après les ravages causés par les invasions des Barbares, vers le IVe siècle, les habitants de la cité gallo-romaine, ne voyant que des ruines autour d'eux et sentant le besoin d'une protection plus en harmonie avec les besoins de l'époque, se groupèrent autour de la basilique de Saint-Etienne, construite sur l'emplacement d'un ancien temple. Ce fut le premier noyau de la Cité

---

(1) Nous faisons ressortir plus loin, au sujet de l'enceinte du Château du Xe siècle, l'importance que l'on doit attacher à ces différences de niveau.

(2) Voy. le *Bull. de la Société archéologique du Limousin,* T. III, p. 105, et *Annales manuscrites,* p. 26.

(*civitas*) placée sous l'autorité du personnage le plus important du municipe, l'évêque, qui prenait alors le beau nom de « défenseur de la cité » (*defensor civitatis*) (1).

Les habitants de cette deuxième agglomération se fortifièrent; mais on ignore quelles furent les limites de la première enceinte de la Cité, qui se borna peut-être aux habitations groupées autour de la basilique de Saint-Etienne, comme plus tard l'enceinte du château de Saint-Martial (*castrum S. Martialis*) ne comprit d'abord que les quelques habitations qui entouraient le monastère de Saint-Martial.

La ville gallo-romaine resta privée de murailles, mais elle fut toujours le centre d'une agglomération considérable. Les Chroniques de Saint-Martial la désignent fréquemment sous le nom de : *Ville du Pont-Saint-Martial.*

Les *Annales manuscrites* (2), qui, sur bien des points, sont la traduction des différentes Chroniques de Saint-Martial, le P. Bonaventure et les manuscrits de l'abbé Legros, nous disent que vers le VIe siècle l'enceinte de la Cité comprenait « despuis la » rivière de Vienne, où [est] le pont Saint-Estienne et le Naveix, » tirant de la Porte-Panet et de là à Saint-Maurice, puis traversant » entre le faubourg Boucherie et la porte qu'on entroit venant » du faubourg Manigne, et tout le longt des murs jusques à la » porte qui est jougnant l'abbaye de la Règle [la porte du » Chêne], laquelle abbaye était fermée de murs jusques à la

(1) « Au IVe siècle, les inquiétudes et les désastres devinrent tels que chaque ville songea à se créer une défense, dont jusque-là le besoin ne s'était pas fait sentir d'une manière aussi impérieuse. La population de chaque ville renversa ses plus beaux monuments pour bâtir des murs d'enceinte. Les tombeaux mêmes furent arrachés de leur base, pour être employés, avec les matériaux provenant des temples, des bains, des prétoires, à construire des murs de défense, devenus *le premier besoin, la première condition d'existence.....* Il fallut alors condenser les villes, il fallut restreindre le périmètre de l'enceinte à la partie la plus facile à défendre, à une étendue qui pût, avec les matériaux que l'on possédait, être promptement entourée de murailles. On pourrait citer diverses enceintes murales renfermant seulement neuf à dix hectares, tandis que les villes qui les ont construites en occupaient deux cents dans les temps de tranquillité ». DE CAUMONT, *Abécédaire d'Archéologie,* Ère gallo-romaine, p. 617 et suiv.

(2) *Annales manuscrites de Limoges,* dites Manuscrit de 1638, éditées par MM. E. Ruben, F. Achard et P. Ducourtieux, p. 71. — P. BONAVENTURE DE SAINT-AMABLE, *Histoire de S. Martial,* t. III, p. 124 et 196.

» rivière ». Nous pensons que les *Annales* se contredisent elles-mêmes (p. 114 et 122) sur la date de l'agrandissement du périmètre de la Cité. C'est plutôt au xe siècle, après les invasions des Normands, qu'il faut faire remonter cette deuxième enceinte de la Cité, qui coïncide avec la construction de l'enceinte du Château de Saint-Martial. Le pont Saint-Etienne fut reconstruit au XIIIe siècle, en même temps que le pont Saint-Martial, qui avait été détruit par Henri II Plantagenet : l'architecture de ces deux ponts, qui subsistent encore aujourd'hui, est bien du XIIIe siècle.

Les édifices renfermés dans cette enceinte étaient : la basilique de Saint-Etienne, la maison épiscopale, l'abbaye de la Règle, dont une partie des clôtures était commune avec celles de la Cité, les petites églises de Saint-Domnolet, Saint-André, Sainte-Affre, Saint-Jean, Saint-Genès, Saint-Maurice et la chapelle de Notre-Dame du Puy-en-Velay.

Plusieurs passages des Chroniques de Saint-Martial (1) viennent appuyer le dire des *Annales*. Aussi n'est-ce point sur les limites de l'enceinte et sur les édifices qu'elle comprenait que les écrivains limousins sont en désaccord : c'est sur le nombre des portes de la Cité, leur position et leur nom.

M. Maurice Ardant, dans le travail qu'il présenta au Congrès scientifique, en 1858 (2), crut qu'il était facile de contenter tout le monde en assignant une place à tous les noms de porte qui lui étaient passés sous les yeux. Sans s'inquiéter si la même porte n'avait pas porté plusieurs noms, sans se demander si l'état des lieux permettait d'ouvrir une porte aux endroits qu'il indique, il ajouta aux cinq portes mentionnées par le plan de Jouvin de Rochefort, en 1680, et qui sont les portes Panet, Saint-Maurice, Scutari, Traboreu et du Chêne, quatre portes de plus (les portes Fermée, las Vigeiras, Escuronne et las Cossas) ; ce qui faisait un total de neuf portes, séparées par des intervalles d'une centaine de mètres. C'était vraiment abuser des portes.

Nous pensons que, avant de se prononcer sur cette question, il fallait prendre la Cité à une époque déterminée, étudier le système de défense de cette époque, et recueillir les quelques ren-

---

(1) *Chroniques de Saint-Martial*, publiées d'après les manuscrits originaux, pour la Société d'histoire de France, par H. Duplès-Agier.

(2) *Congrès scientifique de France*, 26e session, t. II, p. 273 et suiv.

seignements que nous ont laissés les chroniqueurs contemporains ou plus anciens.

C'est ce que nous avons essayé de faire en observant la Cité à la fin du XIIIe siècle, époque où elle était le plus prospère, avant que le roi n'eût enlevé le droit de justice à ses consuls (1) pour le partager avec l'évêque.

M. de Caumont (2) nous dit qu'au XIVe siècle les enceintes urbaines étaient très élevées et couronnées de créneaux. Les fossés étaient profonds et souvent remplis d'eau. A l'intérieur de la muraille régnait un chemin de ronde, qui permettait de porter secours aux divers points du rempart. Les tours, élevées et assez nombreuses, affectaient tantôt la forme ronde, tantôt la forme carrée, souvent aussi la forme semi-circulaire à l'extérieur et carrée à l'intérieur, de manière à présenter peu de saillie sur le rempart. Les portes s'ouvraient entre deux tours, ou bien elles étaient pratiquées dans des tours carrées et faisaient saillie sur le mur. Au-dessus de ces portes se trouvait la chambre du guet, où l'on faisait manœuvrer le pont-levis. Quand la rivière passait en dehors des murs et qu'on avait pu l'utiliser pour la défense, les ponts avaient à leur extrémité des tours ou deux forteresses, l'une pour défendre l'entrée du pont, l'autre pour arrêter la troupe qui aurait pu le franchir.

Le pont Saint-Etienne devait être forcément rattaché à l'enceinte de la Cité, depuis le Xe siècle.

Au moyen âge, la première arche du pont Saint-Etienne n'était pas à sec, comme aujourd'hui. Il existait en amont du pont une digue ou écluse, qui traversait la Vienne en diagonale depuis l'extrémité du ramier actuel, jusqu'à la première arche du côté de la Cité (3). Cette écluse alimentait les moulins situés sous les murs de la Cité, qui appartenaient aux chanoines de Saint-Etienne en vertu de la donation qui leur en avait été faite par le vicomte Adémar, en 1028 (4).

La muraille montait derrière les maisons qui bordent la rue du

---

(1) Ordonnances des rois de la troisième race, T. VII, p. 205.

(2) De Caumont, *Abécédaire d'Archéologie*, Architecture civile et militaire.

(3) *Plan des ponts Saint-Etienne et Saint-Martial* en deux feuilles, aux *Archives départementales*.

(4) *Bulletin de la Société Archéologique*, T. VIII, p. 42.

Pont, jusqu'à l'endroit où cette rue tourne à angle droit. Là, elle rencontrait la tour Aleresia, placée à peu près à égale distance de la tête du pont et de la porte Panet, qu'elle était appelée à protéger.

D'après les *Annales manuscrites*, c'est de cette tour qu'aurait été lancée la pierre qui blessa mortellement Henri le Jeune, en 1182 (1). C'est la même tour qu'aurait fait miner le prince de Galles en 1370, et c'est sur ses ruines que les Anglais seraient entrés dans la Cité (2).

C'est à tort, pensons-nous, que l'on a pris cette tour pour une porte. Les récits des deux faits historiques cités plus haut ne laissent aucun doute à ce sujet. Du reste, une porte aussi rapprochée de la porte Panet et du pont n'aurait pas eu sa raison d'être. La direction des voies qui conduisaient les habitants du Naveix vers la Cité nous le prouve. Le plan des villages de Fougeras, les Audoynes, du XVIe siècle, et le plan de Jouvin de Rochefort, nous montrent que ces voies se dirigeaient toutes vers la rivière ou la porte Panet, et non vers un point intermédiaire.

La *Chronique* de Froissart (3) est muette sur la partie de la muraille qui fut minée et par laquelle entrèrent les Anglais; mais le nom de *rue de la Mine* (4), conservé encore au siècle

---

(1) « Estant à Lymoges, fist assaillir la Cité en divers endroits; mais ceux de » dedans se prindrent à tirer des pierres sur lui et ses gens, [tellement] que » plusieurs y furent tués et blessés, mesme lui [Henri le Jeune], assailliant une » tour, nommée *Aleresias*, assize près le Naveix ». (*Annales manuscrites*, p. 167.)

(2) « Le prince [de Galles] ayant veu la situation de la place de la Cité, par » l'advis de son conseil, fist venir ses hurons, gens bien expers pour miner, » lesquellz mist en besogne du côsté du Naveix, à l'endroit d'une tour appelée » de *La Resia*, où la muraille estoit bastie sur le tus [tuf] et non sur le roc. » Ce faict, les hurons et pionniers ayant miné et appuyé le mur sur des pilotis » de bois ensouffrés, ils firent tant par leur labeur qu'ils vindrent à bout du » dessaingt de leur ouvrage, laquelle contenait cent coudées de murailles, sans » comprendre ladite tour de l'*Arresia* ». (*Ibidem*, p. 272.)

(3) Au sujet de cette *Chronique*, l'édition qu'en a donnée Mme de Witt, née Guizot (Paris, Hachette, 1880, p. 367), contient une gravure extraite d'un manuscrit du XIVe siècle, appartenant à la Bibliothèque nationale. Cette gravure, qui représente l'entrée des Anglais dans la Cité, est aussi fantaisiste que le récit de Froissart est exagéré.

(4) *Archives départementales*, fonds des Carmes déchaussés. — La rue de la Mine, aujourd'hui fermée par un portail, se trouve à main droite en montant la rue du Pont-Saint-Etienne, à l'endroit où cette dernière fait un coude très brusque pour rejoindre la rue des Petits-Carmes.

dernier à une petite rue, vient confirmer le texte des *Annales manuscrites,* et fixer l'endroit précis où la tour s'élevait.

La porte *Panet* était quelquefois désignée « de Saint-André de Panet » à cause de sa position près de la petite église dédiée à saint André, qui était honoré près des portes de plusieurs autres villes (1), ou encore porte du Naveix. Elle mettait en communication avec la Cité les habitants du Naveix, de Saint-Augustin, des paroisses de Saint-Christophe et Saint-Julien. C'est la seule porte que le croquis de la Cité, à gauche du plan des villages de Fougeras, les Audoynes, nous donne. Elle paraît s'ouvrir entre deux tours semi-circulaires. En 1370, les Anglais, entrant par la brèche de la tour Aleresia placée au-dessous de cette porte, coururent l'ouvrir au reste de l'armée du prince de Galles.

La porte *Saint-Maurice,* située au sommet du plateau, devait son nom à la petite église paroissiale près de laquelle elle s'appuyait. Les habitants de la paroisse Saint-Paul-Saint-Laurent et du faubourg Saint-Martin entraient par cette porte.

La porte *Scudari* ou *Scutari* était située à l'entrée de la rue Haute-Cité actuelle. Elle devait son nom au quartier des monnayeurs, *ad scutarios,* près duquel elle s'ouvrait. Sa proximité de l'enceinte du Château en avait fait la principale porte. C'est devant elle qu'eut lieu l'acte de soumission de la Cité au roi de France, entre les mains du duc de Berry, le 24 août 1370 (2).

La porte *Traboreu,* située à peu près dans l'axe du clocher de Saint-Etienne, servait d'accès dans la Cité aux habitants groupés autour de Saint-Michel-de-Pistorie et de Saint-Gérald et au populeux faubourg Manigne.

A partir de ce point, la muraille traversait les jardins de l'évêché actuel, pour aboutir à la porte *du Chêne* (*dô Rouvei*), située au bout de la rue de la Règle, près de l'entrée de cette abbaye. Cette porte était protégée par deux grosses tours placées tout auprès, à la hauteur de l'ancienne maison épiscopale. Un ancien chemin, que la construction du quai actuel a fait disparaître, amenait à la Cité, par cette porte, les habitants du Pont-Saint-Martial. De ce point, la muraille, qui était commune avec celle de l'abbaye, descendait directement à la Vienne, où elle tournait

(1) *Congrès scientifique de France,* 26e session, T. I, p. 261.
(2) Cet acte est reproduit dans l'*Almanach Limousin* de 1869, p. 9.

à angle droit, pour rejoindre la tête du pont Saint-Etienne en longeant le bord de l'eau.

Lorsqu'on entrait dans la Cité par le pont Saint-Etienne, on trouvait à gauche la rue de l'Abbessaille actuelle, et en face de soi la rue si rapide qui formait comme la prolongation du pont. Par sa position, cette rue devait être la plus animée et la plus commerçante par conséquent. Elle tournait brusquement, après une cinquantaine de mètres, pour aboutir à l'église Saint-André. Presque en face de cette église, débouchait la petite rue qui conduisait à Saint-Domnolet et au quartier le plus pauvre de la Cité, que dominaient les hautes murailles de l'abbaye de la Règle.

En face de la porte Panet se trouvait la rue du Canal, qui montait vers la basilique de Saint-Etienne et l'église Saint-Jean; elle devait son nom au ruisseau qui s'échappait de la *fontaine de la Cave,* placée à sa partie supérieure. En face de celle-ci, s'établit après 1307 le Pariage, tribunal du roi et de l'évêque, situé derrière le chevet de la cathédrale, à l'angle de la rue qui conduisait à l'entrée de la Règle et à la porte du Chêne. Les maisons canoniales bordaient cette rue. Les armes du chapitre se voient encore aujourd'hui sur l'une d'elles. Derrière ces maisons se trouvait la tour de Maulmont, construite par Gérard de Maulmont en 1272 (1), et achetée à ses héritiers par l'évêque Raynaud de La Porte, en 1307. C'est dans cette tour que se seraient réfugiés les trois chevaliers défenseurs de la Cité, lors du siège de 1370.

Ce n'est pas la seule tour que l'on observait dans la Cité à cette époque, car M. Leymarie cite les tours Estoumiau, près le cimetière Saint-Domnolet, Saint-Martin et Amblard, qui appartenaient à des bourgeois (2).

En entrant par la porte Saint-Maurice, on trouvait, d'un côté, l'église Saint-Maurice et, de l'autre, l'hôpital Saint-Maurice, fondé par Jean Roche en 1318, derrière lequel se trouvaient les prisons de la Cité. La rue tournait à droite, entre les ruines de l'église Saint-Genès et la petite chapelle de Notre-Dame du Puy,

---

(1) «... Et fist bastir dans la Citté de Lymoges, près le Pallais de l'évêque, » une forte tour carrée, qui depuis fust apellée tour de Maumont ». (*Annales manuscrites,* p. 216, 224 et 273.)

(2) Leymarie, *Histoire du Limousin,* la Bourgeoisie, T. I, p. 322. Il renvoie au terrier du fonds de Saint-Martin et aux répertoires de titres : *O Domina* et *Ac singularem,* aux Archives départementales, série G, fonds de l'évêché.

pour aboutir à la place des Bancs-Charniers de la Cité (rue Haute-Cité actuelle). A gauche, elle contournait le verger des prêtres de Saint-Maurice, pour aller rejoindre le chemin de ronde au bout duquel était construit le prieuré-cure de Sainte-Affre.

A la porte Scudari ou Scutari se soudait une rue qui, après une trentaine de mètres, se dirigeait, à gauche, vers la place des Bancs-Charniers, et à droite, vers la basilique de Saint-Etienne et la porte Traboreu (aujourd'hui rue de la Vieille-Poste).

D'après le plan du Château de 1594, les vergers occupaient les deux-tiers de sa superficie. Il est donc permis de supposer que, « même dans une ville fermée et aussi étroitement contenue que » le fut la Cité », l'espace occupé par les vergers était considérable. Le plan de Fayen vient confirmer pour nous l'existence dans la Cité du XIVe siècle, comme aujourd'hui, de deux vastes emplacements inhabités (1). D'un côté se trouvait les dépendances de l'évêque, et de l'autre, l'espace compris entre les églises Saint-Genès, Saint-Maurice, Sainte-Affre et Saint-Jean. Trois de ces églises avaient leur cimetière sur cet emplacement, et les prêtres de Saint-Maurice y possédaient un verger. Le chapitre possédait aussi un jardin assez grand derrière l'église Saint-Genès. L'absence de rue sur ces deux points est une preuve de plus que les habitations, s'il y en avait, devaient être bien clairsemées.

Les historiens limousins n'ont pas assez tenu compte de la position particulière de ce dernier emplacement, enclavé entre quatre églises, et, d'autre part, ils ont oublié qu'il fut le théâtre des combats désastreux de 1105 et 1182. C'est ce qui leur a fait attribuer au prince de Galles la ruine d'un quartier qui n'a probablement jamais existé sur cet emplacement (2).

Une troisième agglomération commença à se former vers le VIe siècle autour du tombeau de saint Martial : c'est le Château ou ville proprement dite, qui par son importance devait plus tard absorber la Cité et la ville du Pont-Saint-Martial.

Le corps de saint Martial reposait dans le cimetière de la ville gallo-romaine, sur l'emplacement du théâtre actuel. On avait construit sur son tombeau une petite église appelée Saint-Pierre-

---

(1) *Bulletin de la Société Archéologique*, T. XXV, p. 309.
(2) *Id., Ibid.*, p, 319 et suiv.

du-Sépulcre, et on avait institué des gardiens de ce tombeau. Ces gardiens se transformèrent en chapitre, et ce chapitre en abbaye au milieu du IXe siècle (848).

Le nombre considérable des pèlerins qui venaient s'agenouiller devant le tombeau de saint Martial ne tarda pas à grouper autour du monastère de nombreuses habitations, dont les abbés se dirent les seigneurs, en vertu de la donation du Château de Limoges (*castrum Lemovicense*) (1) faite à Saint-Martial par Louis le Débonnaire. Il paraît donc bien naturel que, lorsque les villes eurent un blason, le Château de Limoges ait mis dans le sien le buste de celui auquel il devait sa naissance.

Le Château ne comprenait autre chose à l'origine que le monastère de Saint-Martial et les habitations groupées autour de lui dont nous venons de parler. C'était le *Castellum Sancti Martialis,* comme le désignent presque toujours les *Chroniques de Saint-Martial.*

Mais les moines de Saint-Martial, qui avaient été obligés de transporter le corps de leur saint à Solignac, puis à Turenne, pour échapper aux dévastations des Normands, en 848 et 895, ne voulaient plus s'exposer à une ruine complète. Les abbés, usant donc de leurs droits seigneuriaux, poussèrent ceux qui habitaient autour de l'abbaye à se fortifier. Il ne faut pas croire que cette première enceinte consistât dans de hautes et puissantes murailles, flanquées de nombreuses tours.

« Du Xe au XIe siècle, nous dit M. Viollet-le-Duc (2), les éta-
» blissements militaires devaient ressembler à des camps fortifiés,
» entourés de palissades, de fossés et de quelques talus de terre.
» Le bois jouait un grand rôle dans les fortifications du moyen
» âge. Le sol de la ville était plus élevé que celui du dehors et
» presque au niveau du chemin de ronde ». D'après M. de Caumont (3), beaucoup de villes de cette époque étaient entourées d'un rempart de terre sans maçonnerie, qui devait être surmonté de palissades en bois, et dont l'approche était défendue par un fossé plus ou moins profond.

---

(1) *Chroniques de Saint-Martial,* publiées, pour la Société d'histoire de France, par M. Duplès-Agier. — *Paris,* imp. Nation., 1874.

(2) VIOLLET-LE-DUC, *Dictionnaire d'architecture :* Architecture militaire, T. Ier.

(3) DE CAUMONT, *Abécédaire d'Archéologie :* Architecture militaire, p. 392 et suiv.

Les indications de ces deux savants archéologues sont confirmées par les *Chroniques de Saint-Martial :*

Dans la chronique d'Adémar de Chabannes, du XIe siècle, nous lisons : « Avant 936, l'abbé Etienne, qui avait fait placer sur l'autel de la basilique de Saint-Sauveur un tabernacle d'or, de pierreries et d'argent, appelé *munera,* fit construire deux portes dans le Château de Saint-Martial, la porte Orgolet, du côté du quartier des monnayeurs, et la porte Fustinie, du côté des Arènes. Il voulut même donner son nom au Château de Saint-Martial, et l'appeler *Stephanopolis* ou ville d'Etienne (1).

Un peu plus loin, dans la Chronique de Bernard Itier, du XIIIe siècle, nous trouvons :

« En 902, mourut Fulbert, auquel succéda Etienne, pendant » dix-sept ans, et il fit la palissade (*morenam*), et la tour de la » Courtine, et la maison *aus eschausiers* » (2).

C'est probablement parce que l'abbé Etienne paraît terminer les fortifications sur certains points, que l'auteur des *Annales manuscrites* lui attribue la construction de l'enceinte entière.

On nous objectera que c'est à tort que nous traduisons *morenam* par palissade, sachant que l'abbé Etienne a fait placer sur l'autel de Saint-Sauveur le tabernacle, *munera* désigné par le mot *morena* dans un autre passage où Bernard Itier donne la nomenclature des moines qui ont fait des dons au monastère de

---

(1) *Chroniques de Saint-Martial,* publiées d'après les manuscrits originaux pour la Société d'histoire de France, par M. Duplès-Agier, p. 3 : « Septimus abbas Stephanus prefuit annis XVII : obiit XVIII kalendas decembris. Hic composuit super altare Salvatoris ecclesiam ex auro et gemmis et argento, quam vocavit Muneram. Hic turres in castello Marcialis duas fecit, unam contra Scutarios, nomine Orgoletum, alteram contra Arenas, nomine Fustiniam....., et ex nomine suo ipsum castellum nominavit Stenopolim. (A), quasi Stephani civitatem. »

(A) « In catalogo Gallico eorumdem S. Martialis abbatum emendatius dicitur *Stephanopolis,* et portæ dicuntur, non turres. » (Note de Labbe.)

(2) *Chroniques de Saint-Martial*, p. 40 : « Anno gracie D. CCCC. ij, obiit Ful- » bertus, cui successit Stephanus, annos xvij, et fecit *morenam* et turrem de » cortina et domum *aus eschausiers......* ». Il résulte de la transaction passée entre le vicomte Gui VI et l'abbé de Saint-Martial (29 août 1245), que la maison *aus eschausiers,* plus tard l'*Echauserie,* était située entre la maison de Pierre Paba, jusqu'à celle d'Aymeri Galan, chevalier, dans la rue de Beauvoir. (*Arch. de Pau, F. de la vicomté de Limoges,* reproduit par MARVAUD, *Histoire des vicomtes et de la vicomté de Limoges,* T I, p. 304.)

Saint-Martial (1); qu'il s'agit d'une seule et même chose, le tabernacle.

D'abord, l'abbé Etienne pouvait très bien faire construire en même temps le tabernacle et la palissade. C'est ainsi que Du Cange l'a compris, et nous pensons qu'il a raison pour les motifs suivants (2) :

Dans les deux passages cités, il est à remarquer que *muneram* appartient au XIe siècle et *morenam* au XIIIe siècle. Ces deux mots sont les mêmes pour le sens comme pour l'étymologie. Du Cange définit *munera* (féminin) : *Ciborium quo altare tegebatur*. C'est le tabernacle avec ses différentes formes, et le verbe *munerare*, formé de *munera*, est défini par lui : *Munire, instruere*. Avec le verbe *munerare*, nous retrouvons le sens de *munera*, pluriel neutre de *munus* : bâtiment, construction, édifice, temple (DU THEIL). *Munera*, pluriel neutre, est devenu, dans la basse-latinité, *munera*, féminin se déclinant sur *rosa*, puisque le latin vulgaire confondait le plus souvent la terminaison *a* du pluriel neutre avec celle des noms féminins (*granam*, grain; *pecoram* et *pecoras*).

Passons à *morena*. D'après la définition de Du Cange, *morena* signifie : *Contextus et series palorum vel materiatura*, une palissade ou toute autre construction qu'indique *materiatura*; le sens de *murena* et de *morena* est donc le même, et ces deux mots doivent être rapprochés du pluriel neutre de *munus*, *munera*. Reste à établir la transformation de *muneram* en *morenam* : *ù* accentué de *muneram* s'est renforcé en *o*, comme dans

---

(1) *Chron. de Saint-Martial*, p. 287 : « Stephanus abbas fecit *la Morena* ».

(2) DU CANGE, *Glossarium mediæ et infimæ latinitatis*, T. IV. (Paris, Didot, 1845) :

MORENA, Contextus ni fallor, et series palorum vel materiatura, Gall. *Charpente*.

Vide *Morrenum*. Vetus Chron. S. Martialis Lemovic. ms. : *Anno 902 obiit Fulbertus* (abbas S. Martialis) *et successit Stephanus anno* XVII *et fecit Morenam et turrem de cortine*. Vide mox *Morenare*. Chroniques de Saint-Martial, Chronicon B. Iterii, p. 40.)

MUNERA, [Ciborium, quo altare tegebatur. Vide in hac voce.] Ademarus Cabanensis, in Abbatibus S. Martialis Lemovic., de Abbate Stephano : *Hic composuit super altare Salvatoris Ecclesiam ex auro et argento, quam vocant Muneram*. Chroniques de Saint-Martial, *Commemoratio Abbatum*, p. 3.

MUNERARE, Munire, instruere.

MORENARE, Palos ligno transverso munire, ligare. (Charta ann. 1347, T. I.)

undam, onde ; *Murocinctum*, Morsan (Eure) (voy. Bailly, *Phonétique*). En même temps le fait régulier de la métathèse s'est produit pour la liquide *r*, qui a passé avant la voyelle qu'elle suivait, comme dans *pro*, devenu pour ; *Derventum*, Drevant (Cher), et nous retrouvons ainsi dans *morenam* la transformation de *muneram* avant de devenir dans la langue romane *la morena*, la palissade de la courtine : « Stephanus abbas fecit *la morena* ».

Le mot français sorti de *morena* sera *morne*, nom donné aux montagnes des Antilles qui s'avancent dans la mer et servent à la côte de véritable défense, comme dans le travail de la courtine.

Mais ce qui vient renforcer notre opinion, que le mot *morena* a désigné à la fois la palissade de la courtine comme le tabernacle, c'est la forme de ces tabernacles à l'époque même de celui qui est en question. Le *Dictionnaire du Mobilier* (1) nous apprend en effet que les tabernacles du vi^e au xe siècles avaient la forme de tours ou de *dais encourtinés*, et il cite plusieurs exemples. On ne s'étonnera donc plus que le mot *morena*, pris dans le sens de courtine, ait désigné tout à la fois la courtine de pieux et le tabernacle, qui en était l'image, la reproduction. L'abbé Etienne aura probablement donné un tabernacle rappelant par sa forme la courtine qu'il venait de faire construire.

Avant 986, le roi Lothaire, étant à Limoges, ordonna à l'abbé Gui de faire construire les murs du Château (2).

Avant 1040, l'abbé Odolric racheta deux églises aliénées, et fit rebâtir les murs et le château. C'est la traduction que donne la chronique de Geoffroy de Vigeois des mots : *Redemit duas ecclesias, muros et castellum*. L'abbé Nadaud explique qu'il racheta la propriété du Château de Limoges, que le vicomte Gui avait vendu à son frère, l'évêque Gérald (3).

Avant 1045, l'abbé Auterius fait réparer l'*agger*, ou chaussée défensive qui entourait le château de Saint-Martial (4).

Avant 1048, l'abbé Pierre aurait fait construire la porte Mont-

---

(1) Viollet-le-Duc, *Dictionnaire du Mobilier*, T. I, p. 244.

(2) *Chroniques de Saint-Martial*, p. 5 : « Hujus decimo anno, rex Lotharius » Lemovicas venit, precepitque abbati ut edificaret muros castri ».

(3) Roy de Pierrefitte, *Monastères du Limousin*, Saint-Martial, p. 28.

(4) *Chroniques de Saint-Martial*, p. 286 : « Iste [Auterius] reparavit aggerem quo munitum est castellum Sancti-Marcialis ».

mailler; M. Duplès-Agier, en mettant cette indication entre crochets, s'est appuyé sur les abbés Nadaud et Legros. Ceux-ci ajoutent, d'après un titre de 1388, que l'abbé Pierre aurait fait entourer de murailles le verger de l'abbaye, *Villas Claus,* dont on a fait plus tard *Viraclaud* (1). Malheureusement le titre invoqué ne désigne l'abbé qui a fait construire la porte Montmailler que par l'initiale P., ce qui est bien vague. Aussi ne peut-on guère s'appuyer sur cette donnée. Les *Annales manuscrites* disent qu'il fit faire le portail de Montmailler pour reclôre le quartier des Combes dans la ville. (*Ann. mss.*, p. 142.)

Enfin avant 1143, l'abbé Amblard ordonne aux consuls de faire construire les murs et les fossés du Château (2).

Ces citations des *Chroniques de Saint-Martial* nous montrent que les travaux de défense étaient l'objet d'une préoccupation constante pendant cette période tourmentée de l'histoire de notre ville ; elles nous montrent aussi que les abbés s'occupaient exclusivement des fortifications du Château, dont ils étaient à cette époque les seigneurs incontestés. Les consuls dont il est fait mention au sujet de l'abbé Amblard, en 1144, sont soumis à l'obéissance de l'abbé.

Quelles étaient les limites de l'enceinte du xe siècle ? Les *Annales manuscrites* nous disent (3) : « La muraille d'icelle » nouvelle clôture comprenait l'abbaye de Saint-Martial, laquelle, » du côté d'orient, outre le mur, estoit recluse d'un estangt, » jusques au pont Hérisson, joignant l'hôpital de Saint-Martial, » tirant la fosse vers la fontaine d'Enjoumard, laquelle fontaine » est de présant au couvent des religieuses de Notre-Dame [place » Fontaine-des-Barres actuelle], et de la fontaine susdite tiroit au » portal Nimbert, auquel estoient pour lors les prisons, puis à la » porte Sustine [Fustinie] près où est à présant Saint-Michel-des- » Lions, et par la Motte descendoit à la porte Poulaillère [Orgolet], » y comprenant le cimetière et monastère de Saint-Martial, cin- » quiesme partie du cerne, par quoy l'abbé payoit le cinquiesme » des murs et réparation des fossés ».

Bien que le plan de Fayen ne nous indique qu'un seul point

---

(1) *Chroniques de Saint-Martial*, p. 9.

(2) *Ibid.*, p. 11. — En marge, on lit : « Qui precepit consulibus ut facerent » muros et fossata castri Lemovicensis ».

(3) *Annales manuscrites*, p. 124.

de l'enceinte du xᵉ siècle, la porte Poulaillère, au milieu du carrefour formé par les rues des Taules, Fourie, Poulaillère et du Consulat actuelles, nous pensons que l'on peut s'appuyer assez sûrement sur lui pour la déterminer. En effet, ce plan nous montre deux catégories de rues circulaires bien distinctes : les premières, parallèles à la première enceinte, sont séparées de celles qui limitent la seconde par une série de rues et de places convergentes qui forment comme les rayons d'une roue autour de son moyeu.

Que l'on prenne pour point de départ le ruisseau d'Enjoumard, qui formait d'un côté la limite naturelle de l'enceinte du xᵉ siècle, on verra aboutir à cette enceinte les rues des Combes, du Portail-Imbert, Froment et des Ecoles actuelles ; du côté de la place de la Motte, les anciennes rues des Arènes et du Puy d'Eygoulène ; puis la place des Bancs, les rues Cruche-d'Or, Poulaillère et du Collège actuelles, enfin la place Saint-Pierre-du-Queyroix et la rue qui conduisait à l'ancienne porte Mirebœuf. Toutes les rues ci-dessus sont indiquées par les *Annales manuscrites* parmi celles englobées dans la deuxième enceinte en 1182 (1).

Il existe encore un moyen de déterminer les limites de la première enceinte : c'est par l'observation des différences de niveau du sol de la ville du xᵉ siècle avec celui de l'extérieur. On sait que M. Viollet-le-Duc a remarqué ces différences pour d'autres villes. A Limoges, elles sont tellement apparentes sur certains points qu'il est impossible de leur refuser l'importance qu'elles ont dans la question. Toutes les maisons construites sur la limite de la première enceinte sont adossées au sol et se trouvent en contre-bas de deux à huit mètres du niveau de celles construites derrière elles.

Le même fait se produisit en 1765, lorsque Turgot fit abattre les murailles de la deuxième enceinte. Les habitants construisirent le long des anciens fossés transformés en boulevards, et leurs maisons, adossées au sol des anciens chemins de ronde, prirent la place même des murailles. C'est ainsi que certaines maisons du boulevard Sainte-Catherine, du côté de la ville, ont une différence de niveau de près de dix mètres avec celles construites par derrière.

---

(1) *Annales manuscrites*, p. 164.

Il dut en être de même au XIIe siècle, et le sol ne s'est pas tellement modifié que l'on ne puisse s'en assurer aujourd'hui. Que l'on examine le plan coté de Limoges actuel en suivant les limites indiquées plus haut, et l'on fera les remarques suivantes :

Du côté du cimetière de l'abbaye de Saint-Martial (place Royale actuelle), le ruisseau de Joumart, qui formait la limite naturelle de ce côté, coulait à découvert dans un fossé de cinq mètres de profondeur, cotes 269 à 264, niveau du boulevard de la Pyramide actuel. De l'ancienne rue de Guain (1), partant du pont Hérisson pour passer au-dessous de l'ancienne église des Récollets-de-Saint-François et rejoindre le Portail-Imbert et le Breuil, que la muraille contournait, différence huit mètres (284-276). Du Breuil à l'angle de la rue Pennevayre, presque en droite ligne, différence 3 à 4 mètres (287-283). De l'intervalle entre les rues du Temple et du Consulat et le sol de cette dernière rue, différence constante de trois mètres, avec les cotes de 285-282 dans le haut de la rue et 274-271 dans le bas. De la rue Fourie, qui formait limite, avec le niveau de la rue Rafilhoux, différence deux mètres (271-269). De l'ancienne place Sous-les-Arbres à la place Saint-Pierre, différence, deux mètres (268-266).

Il y a là, nous pensons, une indication sérieuse qui ne se rencontre pas dans les rues avoisinantes.

Ainsi on remarque que les rues du Clocher et du Temple, qui sont parallèles à la rue du Consulat, et qui toutes deux étaient comprises dans l'enceinte du Xe siècle, sont au même niveau, tandis que les maisons du côté gauche en descendant la rue du Consulat sont toutes adossées au sol à trois mètres en contre-bas du niveau des cours intérieures. La porte Poulaillère se trouvant au bas de cette rue, les maisons ont donc pris la place de la muraille qui venait se souder à cette porte.

Les *Chroniques de Saint-Martial* et les *Annales manuscrites* ne nous ont conservé les noms que des trois portes du Château suivantes :

La porte *Orgolet* (2), *ad Scutarios,* que nous traduisons « près des fabricants d'écus ou monnayeurs », c'est-à-dire près du quar-

---

(1) Désignée par rue du Fossé, au XIIIe siècle, dans le *Premier Registre consulaire* ms., appartenant aux Archives communales de Limoges.

(2) *Chroniques de Saint-Martial,* p. 3.

tier Vieille-Monnaie, qui touchait à cette porte. C'est probablement en raison de ce voisinage que la porte de la Cité située en face de ce quartier s'appelait *Scutari* et plus tard *Scudari*. La porte Orgolet a changé plusieurs fois de noms ; elle est désignée à des époques plus rapprochées de nous : *Peyssonnieyra* (1), *Guallinaria* (2), et enfin Poulaillère. Ces derniers noms furent donnés à cette porte parce que c'est près d'elle que se tenait le marché aux poissons et à la volaille, avant qu'il fût transporté au Gras du Queyroix (*ad Gradum de Quadruvio*) (3).

La porte *Fustinie* (4), près des étangs d'Aigoulène et regardant les Arènes, était située entre le Breuil et Saint-Michel-des-Lions, dans l'axe de la rue des Prisons actuelle, suivant le dire des *Annales* (5). Ce qui vient appuyer cette indication, c'est l'angle rentrant que la deuxième enceinte formait en face de cette porte, angle qui semblait isoler le quartier des Combes, relevant de l'abbé de Saint-Martial, du reste du Château.

Le portail Nimbert ou Imbert (6) a dû porter un nom plus ancien à l'origine. C'était bien une porte de la première enceinte, car les *Annales* nous en parlent à diverses reprises et nous disent que les prisons étaient situées à côté. Il servait d'accès dans le Château aux habitants des Combes, qui y arrivaient par la rue de Beuveyr ou de Beauvoir (*de Bellovidere*), au bas de laquelle se trouvait la fontaine *Serveira* (7).

Les possessions de l'abbaye de Saint-Martial couvraient le tiers de la superficie de l'ancien Château de Saint-Martial ; elles s'étendaient même au dehors, car leur verger couvrait le coteau derrière les maisons de la rue des Combes : cette dernière rue fut même entourée d'une enceinte particulière au XIIe siècle, et fermée par la porte Montmailler, comme on l'a vu plus haut.

Dans l'intérieur de l'enceinte, l'abbaye comprenait d'abord la basilique de Saint-Sauveur, construite vers le IXe siècle, et dont le transept nord s'appuyait sur la petite église primitive de Saint-

---

(1) *Chroniques de Saint-Martial*, p. 141.
(2) *Ibid.*, p. 201.
(3) *Ibid.*, p. 141.
(4) *Ibid.*, p. 3.
(5) *Annales manuscrites*, p. 124.
(6) *Ibid.*
(7) *Chroniques de Saint-Martial*, p. 300.

Pierre-du-Sépulcre. Du côté sud de la basilique se trouvait le cloître, au milieu duquel s'élevait la fontaine désignée par *fontaine de la Claustre,* encadrée par les bâtiments du monastère, dont un côté était parallèle à la courtine. La courtine se rattachait d'un côté à la porte Orgolet, et de l'autre à la tour *de la Courtine* ou *de l'Abbé,* située à peu près dans l'axe de la rue Dalesme actuelle, près de la maison de l'abbé (1). Cette tour paraissait protéger la muraille, en face du carrefour du Queyroix. Dans l'un des angles du cloître, derrière la tour ci-dessus, se trouvait la petite chapelle de la Courtine. De ce point, l'enceinte du monastère, et de la ville en même temps, contournait la place Sous-les-Arbres (2), derrière la basilique de Saint-Sauveur ; elle décrivait ensuite une seconde courbe pour embrasser le cimetière et le jardin de l'abbaye jusqu'au pont Hérisson, et de là revenir à la basilique, en longeant la rue Pont-Hérisson actuelle.

L'édifice le plus considérable du Château de Saint-Martial était la basilique de Saint-Sauveur. C'était une église romane du IXe siècle aux vastes proportions, dont la forme affectait celle d'une croix. Les moines avaient été autorisés, en 801, par Louis le Débonnaire, à se servir des matériaux de l'Amphithéâtre pour sa construction. La basilique fut consacrée une première fois, en 1028, par l'évêque Jourdain, et une seconde fois, en 1095, par le pape Urbain II (3). La description complète de la basilique de Saint-Sauveur sortirait de notre cadre ; et, du reste, cette tâche a été bien mieux remplie que nous ne saurions le faire par plusieurs écrivains (4) ; il nous suffira de dire que la basilique occupait l'emplacement où se trouvent aujourd'hui le théâtre, la rue Saint-Martial et une partie des maisons entre cette rue et la rue de la Courtine. Le clocher se trouvait dans l'axe de la rue du Clocher actuelle, qui lui doit son nom ; près de sa base, et longeant la rue des Taules, se trouvaient les trois

---

(1) *Chroniques de Saint-Martial,* p. 40.

(2) La petite chapelle de Notre-Dame-Sous-les-Arbres, construite derrière le chevet de la basilique de Saint-Sauveur, s'ouvrait sur cette place.

(3) *Chroniques de Saint-Martial,* p. 46 et 49.

(4) DESMARETS, *Ephémérides de 1765 ;* — TEXIER, *Traité de la dévotion des anciens. Chrétiens à saint Martial ;* — ROY DE PIERREFITTE, *Monastères du Limousin ;* — P. LAFOREST, *Limoges au* XVIIe *siècle.* M. Emile Molinier, ancien élève de l'Ecole des Chartes, prépare en ce moment un travail considérable sur l'abbaye de Saint-Martial.

portes de l'église, surmontées des statues de saint Martial, de sainte Valérie et du duc Etienne.

Un dessin à la plume du XVIIe siècle, inséré dans le Recueil factice de la topographie de la France, Haute-Vienne, à la section des Estampes de la Bibliothèque nationale, nous montre la physionomie du chœur de la basilique. La Société Archéologique du Limousin possède aussi dans ses cartons un curieux dessin des fontaines de la ville au XVe siècle, où nous remarquons les détails de construction du clocher et du premier cloître, celui du Xe siècle, placé du côté sud de la basilique. Au commencement du XIIIe siècle, après l'agrandissement de l'enceinte, ce cloître, ainsi que les bâtiments de l'abbaye, furent construits du côté nord, probablement afin de les mieux isoler du reste du Château par la basilique de Saint-Sauveur.

C'est sous les voûtes de la basilique de Saint-Sauveur, et par les mains de l'évêque de Limoges, que, suivant un antique usage, les ducs d'Aquitaine se faisaient couronner (1).

L'enceinte du Xe siècle contenait aussi l'église de Saint-Michel-des-Lions. Cette église n'était primitivement qu'une chapelle placée dans le cimetière du Château, établi sur la hauteur par les moines, pour l'éloigner du centre de leurs possessions (2).

Dès la construction de l'enceinte du Xe siècle, les faubourgs qui entouraient cette enceinte devaient être populeux, car, moins de trois cents ans après, les habitants de ces faubourgs en construisirent une seconde qui englobait une superficie trois fois plus grande que la première : c'étaient le Queyroix (*quadruvium*), qui entourait Saint-Pierre-du-Queyroix ; *Vieille* Boucherie et *Vieille* Monnaie (entre les rues du Collège et Manigne actuelles); *Vieux* Marché (qui occupait le versant du coteau, de la rue Manigne à la rue de la Boucherie actuelles) ; Lansecot (qui comprenait de la rue de la Boucherie actuelle à la Motte). Ces qualificatifs *vieux* et *vieille*, déjà appliqués à ces quartiers au XIIIe siècle, sont une preuve de leur existence reculée.

C'est sur la Motte, dont le nom caractéristique s'est perpétué

---

(1) BESLY, *Histoire des comtes de Poitou et ducs de Guyenne*, p. 16-17. — GODEFROI, *Cérémonial de France*. — D. BOUQUET, *Collection des historiens de France*, T. XII, p. 451. — *Annales manuscrites*, p. 236.

(2) NADAUD, *Pouillé du diocèse*, ms. au Grand-Séminaire de Limoges.

jusqu'à nous, point culminant de l'agglomération, que s'élevait le château du vicomte, remplacé plus tard par des maisons (1). D'après les *Annales manuscrites* (p. 158) reproduites par Marvaud (*Histoire des vicomtes et de la vicomté de Limoges*, T. I, p. 201), ce château aurait été construit par Adémar V vers 1157, alors que, appuyé par Henri II, il serait parvenu à se faire reconnaître comme vicomte par les bourgeois. La construction de ce château est évidemment postérieure à l'enceinte du xe siècle qui paraît n'entourer que les possessions incontestées de l'abbé de Saint-Martial. Au contraire, les quartiers englobés par l'enceinte du xiie siècle, sauf celui des Combes, relevaient du vicomte et non de l'abbé. C'est du moins l'opinion exprimée par M. Leymarie (2), et nous nous y rangeons en présence des deux faits suivants, mentionnés par les *Chroniques de Saint-Martial* (3) : en 1287, les gens du vicomte font transporter sur la place Saint-Michel-des-Lions, *près* des lions de pierre, les fruits et autres denrées qui se vendaient d'habitude dans le cloître de l'abbaye de Saint-Martial ; en 1305, le vendredi après l'octave de la Pentecôte, nouveau changement du même genre : les gens du vicomte font transporter au Gras du Queyroix la vente du poisson qui se faisait à la porte Poissonnière. Deux fois dans l'espace de dix-huit ans, le vicomte, pour mieux lever à son profit les droits sur les denrées qui se vendaient sur le territoire de l'abbé, l'ancien château de Saint-Martial du xe siècle, transfère le marché sur des points de la ville qui relèvent de lui, au Gras du

(1) Il est question de ce château et des possessions du vicomte dans une charte de Charles VII (Allou, p. 156) et dans le procès entre les consuls et le roi de Navarre, reproduit dans les *Registres consulaires* (T. I, p. 378, et T. II, p. 305. — « 43 maisons sur la *Motte*, où était construit jadis le château ». (*Archives des Basses-Pyrénées*, liasse B. 1819, citée dans *la Vicomté de Limoges :* géographie et statistique féodales, par M. G. Clément-Simon. — *Périgueux*, Cassard frères, 1873.)

(2) Leymarie, *Histoire du Limousin*, la Bourgeoisie.

(3) « Anno Domini M° CC° octogesimo sexto, mercenaria fructuum et aliarum mercium que vendebantur in Claustro Lemovicensi fuerunt mutata per gentes vicecomitis Lemovicensis ad plateam Sancti Michaelis de Leonibus, circa leones lapideos. » (*Chroniques de Saint-Martial*, p. 136.)

« Item nota quod die veneris post octabas Penthecostes, anno Domini M° CCC° quinto, vendicio piscium, qui solebant vendi ad portam Peyssonnieyra, fuit mutata ad Gradum de Quadruvio per gentes vicecomitis Lemovicensis. » (*Chroniques de Saint-Martial*, p. 141.)

Queyroix et place Saint-Michel-des-Lions, *près* des lions de pierre. Cette dernière place se trouvait même sur ses possessions personnelles, car, après la disparition de l'enceinte du xe siècle, la place de Saint-Michel-des-Lions devait s'étendre jusqu'à la Motte (1).

La commune de Limoges, dont l'importance grandissait sans cesse au XIIIe siècle, ne tarda pas à s'approprier la Motte et à substituer des maisons au château des vicomtes, très peu habité par eux, puisqu'ils ne séjournaient jamais à Limoges et qu'ils étaient presque toujours en guerre ouverte contre les bourgeois. Nous voyons que la vicomtesse Marguerite, lorsqu'elle parvint à se faire reconnaître comme telle par les bourgeois du Château, grâce à l'intervention du roi de France, en 1275, réclama la possession des « *moulins, maisons et édifices bâtis en la place de la Motte* ». Dans la charte que Charles V accorda aux habitants de Limoges en 1371, il est dit que le roi leur laisse à perpétuité le château et châtellenie, toutes ses appartenances et dépendances, avec la juridiction haute, moyenne et basse, et de plus les cens, rentes, revenus, péages, les *maisons, moulins et la Motte de dessus les étangs.*

Les étangs de la Motte, comme les étangs de Joumart sur un autre point, remplissaient les fossés de l'enceinte du xe siècle, et lui servaient de défense. Après la disparition de cette enceinte, les consuls songèrent à leur faire un réservoir divisé en deux par une chaussée. Puis, à la suite de l'incendie de 1244 ou 1252, ils firent établir quatre canaux qui menaient l'eau des étangs sur tous les points de la ville. Le travail de 1244 ne fut que le développement des aqueducs qui existaient déjà, une répartition des eaux mieux entendue. Il est possible que le sénéchal Audier ait contribué pour une part à ce travail ; mais les *Annales* (2) se trompent en lui attribuant exclusivement la construction des réservoirs de la Motte, l'établissement de la fontaine d'Aigoulène et surtout l'aqueduc depuis la source (à La Borie) jusqu'aux

---

(1) Tous les écrivains limousins ont dit leur mot sur la présence des lions de pierre en divers endroits du Château : nous pensons qu'ils marquaient les limites de la juridiction du vicomte ; les vicomtes d'alors appartenaient à la maison de Comborn, qui portait trois lions dans ses armes.

(2) *Annales manuscrites*, p. 189.

étangs. Cet aqueduc remonte à l'époque romaine et conduisait les eaux d'Aigoulène à l'amphithéâtre des Arènes (1).

Aussi loin que l'on puisse remonter dans l'histoire de la formation du Château, il est fait mention du quartier des Combes. C'est en effet par le ravin auquel ce quartier doit son nom, qu'arrivaient les pèlerins du haut pays vers le tombeau de saint Martial, ravin sur les bords duquel s'établirent les premières habitations du Château. Son origine explique donc pourquoi il formait une prévôté relevant de l'abbaye de Saint-Martial. On a vu que, d'après les *Annales manuscrites,* l'abbé Pierre Albert aurait donné une enceinte particulière à ce quartier : c'est pour cette raison qu'il fut le premier englobé dans l'enceinte de 1183, qui, au lieu de lui être particulière, fut commune avec celle du Château, comme l'était celle de l'abbaye elle-même.

La rareté des documents et la prudence qu'il faut garder vis-à-vis des annalistes du XVIIe siècle nous forcent à terminer ici la description du Château de Saint-Martial au Xe siècle.

Dans l'intervalle qui sépare les enceintes du Xe et du XIIe siècles, il se produisit une grande révolution dans les esprits. Les vicomtes de Limoges prétendaient que, moyennant l'hommage et le serment de fidélité à l'abbé de Saint-Martial pour le château, la châtellenie et la monnaie de Limoges, ils étaient dégagés de tout hommage et de toute sujétion envers le duc de Guyenne et le roi de France. De leur côté, les bourgeois du Château refusaient de reconnaître l'abbé comme seigneur et de prêter le serment de fidélité auquel le vicomte avait droit comme seigneur suzerain et justicier. Pour échapper à l'autorité du vicomte, les bourgeois n'entendaient prêter le serment de fidélité qu'au roi de France ou au roi d'Angleterre, en sa qualité de duc de Guyenne. C'est la raison de tous les tiraillements que nous observons pendant les XIe et XIIe siècles.

La *Chronique de Geoffroy de Vigeois* (2) nous montre l'esprit d'indépendance qui animait les habitants. Elle nous fait assister aux vicissitudes de cette première enceinte, qui fut détruite et relevée trois fois dans l'espace de trente ans, de 1154 à 1184 (3).

---

(1) *Bulletin de la Société Archéologique,* T. III et IV.

(2) *Chronique de Geoffroy de Vigeois,* traduite par Bonnélye, p. 86, 121, 140, 158, 160 et 170. — *Tulle.*

(3) En 1154, Henri le Vieux vint à Limoges pendant l'automne, et y fut reçu

A cette dernière date, au moment où les fils d'Henri le Vieux se disputent l'Aquitaine, « les bourgeois, par l'ordre du vicomte Aymard, se réunissent dans l'église de Saint-Pierre-du-Queyroix et jurent fidélité à Henri le Jeune. Ils fortifient le Château, relèvent les murailles, creusent des fossés très profonds, construisent des tours, des machines de bois, pour défendre les murs du Château, ruinent entièrement le jardin de Saint-Martial, rempli d'arbres de diverses espèces qui s'élevaient tout autour du Château, et les arrachent jusqu'à la racine. Mais pourquoi m'amuser à parler d'arbres? L'église de la Vierge-Marie [des Arènes], la basilique de l'hôpital Saint-Géraud, la maison de sainte Valérie, l'église de Sainte-Valérie et plusieurs autres, furent détruites, sans que le respect du lieu divin pût les arrêter un moment; et, pour comble de douleur, ils brûlent le dôme de bois de l'église, et les statues de saint Martin sont entièrement livrées aux flammes. La tour en pierre du clocher, les murailles, les officines, le monastère et le bourg adjacent sont détruits de fond en comble. On détruisit aussi le faubourg avec l'église de Saint-Symphorien-du-Pont et quelques autres églises. Les habitants du Château, aussi bien que ceux de la Cité,

---

avec allégresse, comme duc d'Aquitaine, dans la capitale de son duché; il se rendit ensuite à Saint-Martial, où il fut reçu en procession par les moines et le peuple. Depuis ce temps-là, il n'entra plus dans le Château ou monastère. Une altercation élevée entre les bourgeois et les étrangers excita la colère de ce duc. Il fit abattre les murailles du château, qu'on avait *bâties depuis peu,* et fit même rompre le pont. »

« En 1176, les bourgeois, voyant Henri le Vieux en guerre contre ses fils, pressèrent l'abbé de Saint-Martial, Pierre du Barri, de faire relever *une partie* des murailles, afin que le duc Richard, une fois la paix faite, ne puisse s'y opposer, *ce qui arriva plus tard.* Comme l'abbé ne pouvait faire exécuter rapidement un ouvrage aussi pressant, les bourgeois rompirent le conduit de la fontaine qui fournit de l'eau à la ville. Ils prirent et maltraitèrent les serviteurs de l'abbé. »

« En 1181, le jour de saint Jean-Baptiste, Richard ordonna aux habitants de Limoges d'abattre leurs murailles, *ce qui fut exécuté aussitôt.* »

« En 1182, les bourgeois se réunissent dans l'église de Saint-Pierre-du-Queyroix et jurent fidélité à Henri le Jeune. Ils *fortifient* le Château, relèvent les murailles, creusent des fossés profonds, construisent des tours, des machines de bois pour défendre les murs..... »

« En 1183, Henri le Vieux, maître du Château, en fit *raser* les murailles et combler les fossés; il envoya même son sénéchal pour en presser la destruction. »

concourent à cette destruction ; et, si l'ennemi du roi ne s'y fut opposé, les bourgeois auraient fait la barbe du grand pontife saint Augustin avec le même rasoir dont ils avaient rasé saint Martin. »

Les *Annales manuscrites* (p. 164) et la Chronique extraite des mss Robert ajoutent que les bourgeois enfermèrent dans la nouvelle enceinte : « les Combes, le Pont, *alias* l'arbre d'Eigoulène, les Bancz, rue Torte, Vieux-Marché, Ban-Léger, les Pousses, Manigne, Cruchadors, Rafilhoux, Boucherie et tout le queyroys où est l'église Saint-Pierre » (1).

C'est donc dans les dernières années du XIIe siècle que le Château reçut l'enceinte qu'il devait conserver jusqu'au milieu du XVIIIe siècle, et dont les boulevards actuels nous donnent la limite, d'après de nombreux passages des *Chroniques de Saint-Martial* dans lesquels nous trouvons la date de construction de quelques portes et tours.

Mais ces nouvelles murailles vont protéger cette fois la commune franche : elles ne relèvent plus de l'abbaye. Les bourgeois, enrichis par le commerce, soutenus par les princes anglais, s'efforcent de s'affranchir de la tutelle de l'abbé et du vicomte (2) ;

---

(1) D'après la chronique manuscrite, intitulée *Fondation de Limoges, etc.*, extraite par M. Robert, (T. n° 31, p. 371), et que Collin semble avoir aussi copié, cet accroissement de Limoges eut lieu pendant la guerre de Henri le Vieux et de ses fils, en 1182, après le combat de Naugeat. Ces princes, dit la chronique «.... se retirèrent dans le chasteau de Lymoges, duquel les murailles avoient » estées auparavant abbattues, par ordonnance dudit Henri le Vieux, et com- » mencèrent à faire de grands fossés et puissantes murailles, ornées de » grosses tours, faisant leur ville de la grandeur qu'elle est à présent ; car » enfermèrent dans le circuit d'icelle *les Combes, l'Arbre d'Esgoulène, Pousses,* » *Magninie et Boucherie*, et desmolirent un jardin de plaisance appartenant à » l'abbé de Saint-Martial, nommé *le Jardin des moynes*, scitué au lieu appelé » à présent *Vieillas-Claud* (Viraclau). Aussi fist abbattre l'esglize et grand » clocher de Notre-Dame, esdifiée au petit cimittière des Aresnes, et l'esglize et » couvent et hospital de Saint-Gérald. » On détruisit de même les églises de Saint-Maurice, Saint-Martin, etc. Tout le quartier du Pont-Saint-Martial fut incendié. (ALLOU, *Description des monuments des différents âges*, p. 120.)

(2) En 1269, Louis IX mettait pour condition au mariage de son fils Robert, avec Marie, fille du vicomte Gui VI, que le Château reconnaîtrait l'autorité de la jeune vicomtesse.

« Les consulz firent responce qu'ilz feroient telz homages, qu'il désireroit, » mais non comme estant chef ny partie de la vicomté, car le chasteau de » Lymoges, c'est-à-dire la ville de Lymoges, ilz la tenoient nueument du duc

ils entendent nommer leurs consuls, voter les impôts, diriger la milice et administrer la justice. Lorsque, en 1202, cent coudées de la muraille tombent dans le fossé par la faute des Baglagers (1), ils exigent de l'abbé sa participation dans les frais de reconstruction. L'abbé Hugues II se refusant à accéder à leur demande, il s'ensuivit un procès qui ne se termina que dix ans après, par la sentence arbitrale du 12 décembre 1212 (2). L'abbé s'engagea à donner annuellement aux consuls dix livres à prélever sur le mas de Saint-Martial, près l'église de Sainte-Valérie, et cette rente le dispensait de toute réparation des murs et des fossés » (3). La *Coutume de Limoges,* que M. Leymarie fait remonter aux premières années du XIIIe siècle, rappelle l'accord intervenu entre les consuls et l'abbé (4).

Il est à croire que, sans l'appui des Plantagenets, les bourgeois de Limoges, malgré leur énergie et leur amour de la chose publique, ne se seraient affranchis que plus tard de la sujétion où les abbés et les vicomtes prétendaient les tenir. A partir du XIIIe siècle, tout en conservant une piété sincère et une grande déférence pour les abbés de Saint-Martial, nous les voyons lutter courageusement pour la défense de leurs franchises et de leur liberté.

III

LE CHATEAU DE LIMOGES AU XVIe SIÈCLE

Le plan du Château de Limoges en 1594, par Fayen, nous montre la physionomie de la ville au moment où le consulat, jouissant de tous les droits seigneuriaux, va disparaître peu à peu devant les empiètements du pouvoir central.

Dans les siècles précédents, il avait suffi aux consuls de

» de Guienne, et non du vicomte de Ségur, exhibant pour contre preuves leurs » anciennes coustumes..... » (*Annales manuscrites,* p. 202.)

(1) *Chroniques de Saint-Martial,* p. 68, 192, 194.

(2) Leymarie, *Limousin historique,* p. 511 et 512.

(3) Roy de Pierrefitte, *Monastères du Limousin, Abbaye de Saint-Martial,* p. 49.

(4) Leymarie, *Limousin historique,* p. 592.

montrer de la fermeté et de la persévérance dans leurs luttes contre les abbés de Saint-Martial ou les vicomtes de Limoges, pour sortir victorieux de ces luttes; mais en 1544, lorsque Henri d'Albret revendiqua ses droits sur la vicomté de Limoges devant le Parlement de Paris, les consuls eurent le dessous.

La justice, que la perte de ce procès enleva aux consuls, ne tarda pas à passer entre les mains du roi, qui créa le présidial en 1551. La commune obtint cependant la nomination des juges de la Bourse en 1564, et des juges de la police en 1572 (1). Le bureau des finances, établi à Limoges en 1558, enleva encore aux consuls leurs prérogatives en matière de taxe et de voirie.

Le mode d'élection des consuls ne fut pas changé pendant le XVIe siècle; mais ce dernier vestige des libertés communales ne devait pas survivre longtemps. Dès 1602, le roi s'interpose dans les élections, et la commune va perdre peu à peu son autonomie (2).

Le XVIe siècle, qui fut une époque désastreuse pour la France, éprouva cruellement Limoges. D'une part, les luttes religieuses, avec les horreurs de la guerre civile (3), la ruine de l'agriculture et du commerce, et, d'autre part, la peste, qui faisait de trop fréquentes apparitions dans nos murs (4). Ces deux fléaux entraînaient la disette et la misère, que les impôts écrasants ordonnés par le roi n'étaient pas faits pour diminuer.

---

(1) *Registres consulaires*, T. II, p. 274 et 325.

(2) Les habitants de Limoges sentirent bien durement la main du roi en 1548, à l'occasion des troubles pour la gabelle. Ils furent désarmés; on ouvrit une brèche dans la muraille, et on descendit les cloches. Cette punition dura trois ans, après lesquels le roi se laissa fléchir par les prières des habitants, et leur accorda leur grâce moyennant un don de 7,000 livres. (*Reg. cons.*, T. I, p. 447, et *Ann. mss.*, p. 331.)

(3) Les *Annales manuscrites* (p. 364) nous donnent le récit des batailles livrées dans les rues de Limoges en 1559, entre les ligueurs et ceux qui tenaient pour le roi.

(4) *Registres consulaires*, T. I, p. 198, 201, 213, 430, 432; — T. II, p. 258, 478. — *Annales manuscrites*, p. 321, 330, 334, 348, 361, 362. En 1516, l'élection de l'évêque se fait à Saint-Léonard, à cause de la peste qui régnait à Limoges. (LEGROS, *Lim. ecclés.*, p. 62.) En 1547, la peste fait mourir à Limoges de 6 à 7,000 personnes; les ostensions sont retardées pour cette raison, l'élection des consuls a lieu sur la place Dessous-les-Arbres. En 1563, elle fait mourir de 5 à 6,000 personnes. Plus de mille maisons étaient infectées; la peste s'étendit à quatre ou cinq lieues autour de la ville. En 1585, elle reparaît de nouveau avec une grande intensité, malgré les mesures préventives prises par les consuls de l'année 1581.

Telle était la situation de Limoges au moment où Jean Fayen fit le plan du Château qui nous occupe, et dont nous avons hâte de parler. Nous nous bornerons à faire une description de ce plan, sans avoir d'autre prétention que celle d'en montrer l'importance historique.

Une chose frappe tout d'abord lorsqu'on examine le plan de 1594 : c'est la diversité de forme des tours et des portes de l'enceinte. On entrevoit les nombreux remaniements apportés à cette enceinte à différentes époques et les changements introduits dans la défense par l'emploi des bouches à feu. Les murailles de Limoges subissaient de si fréquentes réparations, que l'on peut dire qu'elles se trouvaient entièrement reconstruites au bout d'un certain temps, non par suite des attaques qu'elles avaient eu à soutenir, mais à cause de leur vice de construction. Elles n'étaient pas assez épaisses pour soutenir le poids des terres des chemins de ronde, ou bien elles étaient minées par les eaux, dont l'écoulement était mal compris.

Comment se seraient comportées ces fragiles murailles, si elles avaient eu à supporter un siège en règle ? Nous n'osons le penser. Heureusement pour la ville, qu'elle n'eut que des alertes, dont elle fut quitte pour la peur (1).

L'emploi des bouches à feu avait totalement changé l'ancien système de défense, et, malgré cela, « les villes tenaient à leurs » vieux murs et ne pouvaient s'habituer à les regarder comme des » obstacles à peu près nuls. Si la nécessité exigeait qu'on les » modifiât, c'était presque toujours par des ouvrages qui avaient » un caractère provisoire..... Telle était la force des traditions » féodales, qu'on ne pouvait rompre brusquement avec elles, et » qu'on les continuait encore malgré l'expérience des inconvé- » nients attachés à la fortification du moyen âge en face de l'ar- » tillerie à feu. C'est ainsi qu'on voit longtemps encore, et jusque » pendant le XVIe siècle, les machicoulis employés concuremment » avec les batteries couvertes, bien que les machicoulis ne fussent » plus que d'une défense nulle devant du canon (2) ». Cette opinion de M. Viollet-le-Duc est en tous points justifiée par ce

(1) En 1523, 1544, 1562, 1567 et 1580 : *Reg. cons.*, T. I, p. 119, 128, 387 ; — T. II, p. 237, 344, 450. — *Ann. mss.*, p. 319, 329, 342, 350, 360.

(2) VIOLLET-LE-DUC, *Dictionnaire raisonné de l'Architecture française du* XIe *au* XVIe *siècle*, p. 413 et 426.

que nous apprennent les *Registres consulaires*. C'est bien à ces raisons qu'il faut attribuer le retard dans les transformations de l'enceinte de Limoges par rapport aux autres villes. On n'a pas connu à Limoges les *fausses braies* flanquées, les *retirades*, les *remparts claionnés* de contrescarpe, les *bastilles* isolées en avant des murailles, les *orillons*, etc., etc. Du reste, notre ville, par sa position, n'était pas considérée comme un point stratégique, et les consuls disposaient de ressources si faibles, qu'elles leur permettaient tout au plus de faire l'indispensable.

Pour ne parler que du XVIe siècle, les réparations de l'enceinte du château préoccupent constamment les consuls. Il ne se passe guère d'années où ces derniers ne fassent relever telle ou telle portion de la muraille (1). Il paraît même qu'en 1567, au plus fort des troubles religieux, l'enceinte fut entièrement mise en état de défense et réparée par les soins des seigneurs des Cars et de La Vauguyon. En 1569, au moment où les Allemands, sous la conduite du duc des Deux-Ponts, s'approchaient de Limoges, les ouvriers de la ville étaient aidés dans les réparations de l'enceinte par les soldats du duc d'Anjou, chef de l'armée royale (2).

L'impôt du *souchet* (3), dont personne n'était exempt, accordé spécialement pour subvenir aux réparations et à la garde des murailles ne pouvait suffire à couvrir les dépenses. Les consuls endettaient la commune, et souvent payaient de leurs deniers (4). Ils se remboursèrent cependant en 1562, par la vente des objets précieux des églises de Limoges qu'ils avaient été autorisés à prendre en vertu de l'édit général de Charles IX (5). C'est en vain qu'ils demandèrent, en 1570, que l'on établît un impôt sur les protestants, pour les réparations de la muraille et les frais de garde (6).

L'enceinte du XIIe siècle avait pour limites la ceinture de nos boulevards actuels, sauf du côté de la place d'Aine. Sur ce point,

---

(1) *Registres consulaires*, T. I, p. 129, 188, 213, 243, 244, 255, 276, 294, 362, 418; — T. II, p. 137, 175, 181, 201, 225, 238, 293, 345, 360, 361, 434, 446, 449, 450, 452, 471.

(2) P. Bonavent., T. III, p. 788.

(3) *Annales manuscrites*, p. 278.

(4) *Registres consulaires*, T. I, p. 336, 355; — T. II, p. 220, 360.

(5) *Ibid.*, T. II, p. 249: Livre ms. de la confrairie du Saint-Sacrement de Saint-Pierre, f° 46, v°, reproduit dans les *Annales manuscrites*, p. 344.

(6) *Registres consulaires*, T. II, p. 361.

la muraille formait un angle rentrant, ayant pour sommet l'ancien emplacement de la porte Fustinie, un peu en arrière du point de rencontre des rues du Balcon et Monte-à-Regret actuelles. Sauf cette dépression, l'enceinte avait à peu près la forme circulaire, dont la *maison de ville,* située rue Font-Grauleu (rue du Consulat actuelle), formait le centre, et dont le circuit mesurait quinze cents mètres (1).

D'après plusieurs pièces, et notamment un procès-verbal d'état de lieu de la tour de la Chaufferette, vendue en 1661 à l'architecte Broussaud (2), et l'arbitrage de l'abbé Jean Cluzeau, prêtre communaliste de Saint-Michel-des-Lions, ingénieur et architecte, appelé par les consuls de 1718 pour déterminer les causes de l'écroulement de la muraille entre la porte Boucherie et la tour du Canard (3), on sait que les murailles se composaient d'une suite de piles soutenant des arceaux d'environ six pieds d'ouvertures. Elles avaient une hauteur moyenne de six toises ou trente-six pieds, et une épaisseur de six pieds. On voit encore aujourd'hui la disposition de la muraille dans les parties conservées qui soutiennent les jardins du boulevard des Ursulines.

La muraille était crénelée, et garnie de machicoulis sur certains points. A l'intérieur régnait un chemin de ronde de neuf pieds, dont un article de la *Coutume de Limoges* faisait une obligation. Depuis l'emploi des bouches à feu, ce chemin de ronde avait été terrassé et exhaussé à la hauteur du parapet pour permettre de placer du canon. Les anciens créneaux avaient été remplacés par des embrasures pour les canons. Il existait, de dizaine en dizaine de brasses, des échelles correspondant à une embrasure de canon ou *canonnière,* par lesquelles on montait sur le chemin de ronde (4).

En 1562, dans la crainte d'une surprise de la part des protestants, les consuls firent entourer de fossés et fermer la base

(1) *Annales manuscrites,* p. 389.

(2) *Archives du département,* Série D, Fonds du Collège, reproduit par M. Leymarie dans *l'Histoire du Limousin,* la Bourgeoisie, T. I, p. 325.

(3) *Registres consulaires,* D, f° 179, aux *Archives communales de Limoges.*

(4) *Registres consulaires,* T. I, p. 363; — T. II, p. 137. « Nous avons faict » faire et réparer pendant nostre annee [1557] les murettes gardiennes, vulgai- » rement appelez les machicolis, depuis la porte de l'Arrenne jusques à la » porte Montmailler, icelles reformant, y faisant faire des canonieres de dix en » dix brasses, des fenestres à repoz, visans dans les fossez. »

des échelles du chemin de ronde, afin d'empêcher ceux qui n'étaient pas de garde de monter sur la muraille (1).

Le plan de Fayen ne nous indique ni les créneaux, ni les échelles ; la muraille paraît entourée d'une ceinture d'embrasures au niveau du chemin de ronde, destinées à recevoir les batteries à feux plongeants.

Les fossés avaient environ 20 mètres de largeur sur 7 de profondeur. Ceux de la partie supérieure de la ville étaient presque toujours à sec. Les consuls y nourrissaient des cerfs, qu'ils offraient aux grands personnages. Ils en offrirent un au gouverneur Galiot de Las Tours en 1524, et un autre au gouverneur de Montchenu, en 1532 (2). Dans la partie inférieure de la ville, entre le fort Saint-Martin et la tour Puy-Vieille-Monnaie, les fossés étaient toujours pleins d'eau et obstrués par les immondices. C'est entre ces tours que s'écoulait le trop-plein de plusieurs fontaines, le ruisseau de Joumart et les égoûts du Château. Les portails par lesquels sortaient les eaux étaient garnies de râteaux pour retenir les immondices, et de grilles de fer pour empêcher de sortir ou d'entrer dans le Château par ces ouvertures. C'est dans cette partie des fossés que se trouvait le vivier, dans lequel les consuls conservaient le poisson « dont ils usaient à volonté », disent *les Coutumes*. Des portes pleines existaient près de la porte Montmailler pour l'entrée des conduites d'eau qui alimentaient les fontaines des Barres, du Chevalet et de l'abbaye de Saint-Martial.

Les portes, primitivement au nombre de neuf, se réduisaient à quatre depuis 1373. Elles étaient pratiquées tantôt dans des tours carrées, garnies d'un rang de machicoulis très saillants, afin d'écraser ceux qui se présentaient au-dessous ; tantôt entre deux tours. La plate-forme était dallée et garnie d'un parapet avec embrasures. Au-dessous se trouvaient deux chambres : l'une où se tenait le guet et où l'on faisait manœuvrer le pont-levis, l'autre qui servait d'arsenal. Chaque porte possédait sa cloche, qui pesait environ de trois à quatre cents livres (3). La herse ou *trébuchet* était attachée à un câble qui glissait sur des poulies en bronze. Le pont-levis s'appuyait sur un parapet en

---

(1) *Registres consulaires*, T. II, p. 238.
(2) *Ibid.*, T. I, p. 155 et 218.
(3) *Ibid.*, T. I, p. 15, et T. II, p. 421.

pierre, au-delà duquel se trouvait le boulevard. Au XVIe siècle, l'importance qu'on attachait à la défense des abords des portes fit remplacer les anciennes barbacanes, beaucoup trop étroites pour recevoir du canon, par des boulevards remparés, terrassés et entourés d'une claie de pieux. On retardait ainsi le moment où les assiégeants pourraient placer une batterie afin de renverser la porte.

Le plan de Fayen nous représente les portes des Arènes et Manigne accostées de deux tours, et les portes Montmailler et Boucherie s'ouvrant dans une tour carrée. Cependant l'esquisse du Château qui accompagne le plan des villages de Fougeras, les Audoynes, donne à toutes les portes deux tours d'accompagnement. Nous pensons que c'est le plan de Fayen qui est dans le vrai. Les portes, comme les tours, n'ont pas été construites à la même date ; quelques-unes ont été reconstruites à différentes époques. La porte Montmailler devait être la plus ancienne porte du Château ; c'était celle qui primitivement fermait le quartier des Combes avant de servir de porte au Château. Pour cette raison, elle devait avoir la forme carrée beaucoup plus facile à construire. D'après M. de Caumont, beaucoup de localités avaient préféré les portes en saillie dans des tours carrées, parce qu'il était impossible d'ouvrir une porte dans un mur hémisphérique, et parce qu'on trouvait avantage et économie en évitant, par ce système, les tours d'accompagnement (1). Le plan des fontaines du Château, du XVe siècle, donne à la porte Montmailler la forme ronde sans tour d'accompagnement. C'est donc à tort que M. Leymarie présente les portes comme étant toutes défendues par deux donjons qui renfermaient l'arsenal (2).

Les consuls attachaient une si grande importance à la garde des portes, qu'ils ne confiaient les fonctions de garde-porte qu'à des hommes dont l'honorabilité était sans tache. On peut voir, par les nombreuses nominations que les *Registres consulaires* nous ont conservées, combien ils étaient prudents dans leurs choix, et quelles garanties ils exigeaient des titulaires.

Au sujet du nombre des portes, on doit remarquer que les cinq petites portes murées en 1373 étaient toutes du côté de l'ancienne

---

(1) De Caumont, *Abécéd. d'Arch.,* Archit. milit., p. 602.
(2) Leymarie, *Histoire du Limousin,* la Bourgeoisie, T. I, p. 326.

ville gallo-romaine, c'est-à-dire la cité et la ville du pont Saint-Martial. De plus, chacune de ces portes donnait accès dans les anciens quartiers que l'enceinte du XIIe siècle avait englobés. Si l'on trace une ligne partant de l'ancienne porte Mirebœuf et aboutissant à l'ancienne porte Lansecot, on partage le Château à peu près en deux parties égales, dont l'une n'avait que les deux portes Montmailler et des Arènes, et l'autre six portes, ce qui indiquait une circulation très active de cette partie avec la Cité et le pont Saint-Martial. Il semblerait que chacun des anciens quartiers ait mis un certain orgueil à posséder sa porte particulière à l'origine : c'étaient la porte Mirebœuf pour le quartier du Queyroix ; Boucherie, pour le quartier de Vieille-Boucherie ; Puy-Vieille-Monnaie, pour le quartier de Vieille-Monnaie ; Manigne, pour le quartier de Manigne ; Pissevache, pour le quartier du Vieux-Marché ; Lansecot ou Saint-Esprit, pour le quartier de Lansecot. C'est en 1373 que, pour faciliter la défense et la perception des péages, on en mura quatre, pour ne conserver que Boucherie et Manigne, qui devaient surtout leur importance aux grandes routes qui y aboutissaient et à leur proximité de la Cité et du pont Saint-Martial.

Les tours présentent des différences de formes assez sensibles suivant la date de leur construction ou de leur reconstruction. Elles contenaient une ou deux chambres, qui reçurent différentes destinations, suivant les événements. Les unes servirent de corps-de-garde, d'autres de prisons ou d'infirmerie, comme nous aurons occasion de le dire plus loin. Au XVIe siècle les tours furent transformées de la manière suivante : les anciennes toitures, les *hourds,* furent remplacées par des plates-formes dallées, garnies d'un parapet avec embrasures pour les pièces d'artillerie. A toutes les tours correspondait une rue qui les mettait en communication avec l'intérieur de la ville.

Le plan de Fayen ne nous indique que dix-huit tours, mais il y en avait en réalité vingt-deux en 1594. Sur ce nombre, cinq sont encore couvertes en poivrière, probablement parce que leur construction ne se prêtait pas à une transformation, ou que la défense permettait de les laisser dans cet état.

Les forts Saint-Martin et Saint-Martial, tous les deux construits au XVIe siècle sur l'emplacement d'anciennes tours, répondaient à toutes les exigences de la défense. Ils étaient moins élevés que les autres tours, ils faisaient une saillie plus prononcée à l'extérieur, et leur plate-forme, placée au niveau du chemin de ronde était suffisamment large pour contenir une dizaine de pièces d'artillerie. Leurs embrasures latérales permettaient de battre en flanc les fossés dans toute leur longueur. La tour construite en 1570, entre les tours Pissevache et du Saint-Esprit avait surtout pour but de battre en flanc ces deux tours.

Il n'était pas facile de modifier beaucoup les anciennes tours, dont le diamètre intérieur empêchait de placer des pièces de canon : celles-ci ne pouvaient être introduites à travers les escaliers à vis ; puis, quand les pièces, placées à l'intérieur, avaient tiré deux ou trois coups, on était asphyxié par la fumée, qui ne trouvait pas d'issue (1).

Il fallait un nombre de pièces d'artillerie considérable pour garnir les portes, les tours et les courtines de l'enceinte. Les consuls, préoccupés de cette nécessité, décidèrent, en 1535, que, au lieu d'offrir un banquet à leurs collègues, les nouveaux consuls feraient don à la ville d'une pièce d'artillerie. Les deux nouveaux consuls de cette année offrirent deux pièces, pesant 100 livres chacune, et leur exemple fut suivi par leurs successeurs (2). On ne s'étonnera donc plus si Limoges passait pour être bien approvisionnée en artillerie. Les gouverneurs empruntaient des pièces à la commune de Limoges, mais les consuls faisaient la sourde-oreille et ne prêtaient leurs canons qu'à la dernière extrémité (3). Les *Registres consulaires* nous donnent l'inventaire de l'artillerie et des poudres à canon laissées par les consuls de 1575. Il en résulte que la commune possédait, à cette date, soit dans les arsenaux des portes, soit chez les particuliers, soixante-cinq pièces en fonte ou en fer, et 1,300 livres de poudre (4).

Faisons maintenant le tour de l'enceinte :

La porte Montmailler, située à l'entrée de la rue des Combes, et qui servait d'accès à la route de Paris, était la plus ancienne porte de l'enceinte du XIIe siècle. Les *Chroniques de Saint-Martial* en attribuent la construction à l'abbé Pierre Albert, mort en 1048. Elle aurait servi d'abord à fermer le quartier des Combes, qui relevait de l'abbaye de Saint-Martial, et le verger des moines, qui s'étendait par derrière. C'est de cette porte

---

(1) Viollet-le-Duc, *Dict. rais. d'archit.*, T. I, p. 411.
(2) *Ibid.*, T. I, p. 256; — T. II, p. 18.
(3) *Ibid.*, T. II, p. 465.
(4) *Ibid.*, T. II, p. 420.

que nous avons conservé le plus ancien dessin : il figure sur un plan des fontaines du Château au xve siècle, exécuté peut-être au sujet d'un différend pour le partage des eaux entre les consuls et l'abbé de Saint-Martial (1). La porte Montmailler disputait à la porte Manigne l'honneur des entrées princières. Les consuls reçurent à cette porte, en 1537, Marguerite, reine de Navarre, et, en 1572, le duc de Montpensier et sa fille (2).

En sortant par cette porte, on trouvait à main gauche une première tour carrée, dont nous ne connaissons pas le nom, et à laquelle aboutissait la rue qui descend vers la fontaine des Barres.

Le fort Saint-Martial venait ensuite. Construit depuis 1580, il avait dû succéder à une tour plus ancienne. On fit venir des pierres de Saint-Martin pour sa construction, qui dura quatre ans. A ce fort aboutissaient deux rues se dirigeant vers le Breuil et le portail Imbert. C'est à tort, pensons-nous, qu'il a été désigné sous le nom de fort Saint-Mathieu (3). Les *Registres consulaires,* qui reviennent souvent sur sa construction, l'appellent toujours fort Saint-Martial (4). Comme le fort Saint-Martin, dont nous parlerons plus loin, ce fort est contemporain de Fayen. Sa plate-forme pouvait recevoir dix pièces d'artillerie.

La courtine longeait ensuite la rue des Écoles actuelle, jusqu'en face l'endroit où cette rue rejoint le Breuil, où se trouvait une tour semi-circulaire.

Puis l'enceinte suivait la rue du Balcon actuelle, jusqu'à sa rencontre avec la rue Monte-à-Regret, derrière l'emplacement de l'ancienne porte Fustinie. A ce point, se trouvait une tour carrée, en face de la petite venelle Frègebise, qui existait encore avant l'incendie de 1864 (5).

La porte des *Arènes* était située à peu près à l'entrée de la rue des Arènes actuelle, et donnait accès aux routes de Bordeaux et d'Angoulême. Comme elle se trouvait dans la partie la plus élevée

---

(1) Collection de dessins offerts à la Société Archéologique du Limousin par M. Allou.

(2) *Reg. cons.*, T. I, p. 302; T. II, p. 375.

(3) Allou, *Descrip. des mon. des diff. âges,* p. 202 et 205, d'après Nadaud et Legros.

(4) *Reg. cons.*, T. II, p. 434, 449, 450 et 471.

(5) *Almanach Limousin* pour 1865, p. 41 et suiv.

de la ville, c'est dans une de ses chambres que couchèrent les consuls à tour de rôle en 1581, pour mieux observer si les rondes étaient bien faites et quels étaient les absents dans les corps-de-garde (1).

La porte des Arènes, probablement parce qu'elle était entourée de vignes et de maisons en ruines où l'on pouvait facilement se cacher, semble avoir été l'objectif de ceux qui voulaient entrer dans la ville par surprise. Au siècle précédent, en 1426, c'est par cette porte que le consul Gauthier Roy, dit Pradeau, devait introduire dans l'enceinte Jean de Bretagne, sieur de l'Aigle, qui voulait contre toute justice se faire reconnaître pour vicomte. En 1442, François Savoye, au service des Anglais, démasqua le projet de Jean de Montbrun, neveu de l'évêque de Limoges, et capitaine du sieur de l'Aigle, comte de Penthièvre, qui voulait pénétrer dans la ville par la porte des Arènes, alors en réparation.

Immédiatement après la porte des Arènes, se trouvait la tour *Chante-Myeule* (2), qui fut détruite en 1548, en punition des habitants, lors des troubles pour la gabelle. Après sa reconstruction en 1551, on lui donna le nom de tour *de la Brèche* (3). C'est à cette tour qu'aboutissaient les anciennes rues du Bélier et du Chaperon.

Bien que le plan de Fayen n'indique qu'une seule tour entre la porte des Arènes et la poterne du Saint-Esprit murée, les *Registres consulaires* (4) nous apprennent que les consuls de 1536 firent construire, depuis les fondements jusqu'aux créneaux, la tour de *Saint-Michel,* située entre les tours de Chante-Myeule et la porte du Saint-Esprit.

L'ancienne porte Lansecot ou du *Saint-Esprit,* qui fut murée en 1373, est désignée par les mots : *Porte antiene murée* sur le plan de Fayen ; elle était située à l'entrée de la rue du Saint-Esprit actuelle. Cette poterne s'ouvrait entre deux tours. La base de l'une d'elles vient d'être mise récemment à découvert par la démolition de la maison qui formait l'angle de la rue, et qui était construite sur son emplacement. Elle fut ouverte de nouveau en 1548, par

---

(1) *Registres consulaires,* T. II, p. 478.

(2) *Miaulo, miolar,* signifie milan en patois limousin.

(3) *Registres consulaires,* T. I, p. 447 ; — *Annales manuscrites,* p. 331 et suivantes.

(4) *Registres consulaires,* T. I, p. 284.

punition des habitants, et elle resta béante jusqu'en 1551. C'est donc à tort que l'abbé Legros (1) dit que le portail du Saint-Esprit fut abattu : on démolit simplement le mur construit en 1373, et la porte resta ouverte comme au XIVe siècle. Les *Registres consulaires* (2) ne laissent aucun doute sur ce point.

Tout près de là, et à peu près derrière la chapelle de Saint-Aurélien, se trouvait la tour dont nous avons parlé plus haut (3), que les consuls firent construire en 1570, à la suite d'un écroulement de cette partie de la muraille.

La tour Pissevache (4), qui venait ensuite, était située à peu près dans l'axe de la rue Vigne-de-Fer actuelle ; on la démolit entièrement lors de l'ouverture de cette rue en 1781. C'était une des anciennes portes de l'enceinte du XIIe siècle, murée en 1373 ; il en est question dans une liste des rentes dues à l'abbaye de Saint-Martial, de 1212 à 1216 (5). Elle s'écroula en 1350 (6). La tour Pissevache est désignée dans quelques titres sous le nom de *Poterne de Banleger* (7). Fayen l'indique, comme celle du Saint-Esprit, par *Porte antiene murée.*

Au-dessous se trouvaient les deux tours *des Déjects*, construites en 1212 aux frais des *Baglagers*, qui avaient causé la chute de cent coudées de murailles pour avoir amoncelé des décombres près de cette partie de la muraille. De là le nom de *Dejects* ou *Digiet*, donné aux deux tours construites par *los Baglangers* ou *Baglangiers*, comme les désignent les *Chroniques de Saint-Martial* (8). En 1559, les consuls les firent recouvrir à neuf, et ils y mirent une girouette pour remplacer celle qui y était aupa-

---

(1) Legros, *Mémoires en forme d'histoire de Limoges*, manuscrit appartenant à M. Pierre Laforest.

(2) *Registres consulaires*, T. I, p. 424, 448 et 449.

(3) *Ibid.*, T. II, p. 361. « Fust advise..., et que, du couste de la tour de » Pissevache, on feroit une tour que batroit en flanc à lad. tour et à celle du » St-Esperit. Ce que fust faict et execute. Et, durant que le temps y fust » propre pour la massonnerie, on y feist travalher en grande diligence et par » quantite de maneuvres, tellement qu'en peu de temps la muralhe et lad. tour » furent mises en defense. Et, sans lincommodite du tems, on heusse en peu » de jours mis le tout a perfection. »

(4) Pissevache ou *tue vache*, de l'espagnol, *pisar*, frapper.

(5) *Chroniques de Saint-Martial*, p. 302.

(6) *Ibid.*, p. 181.

(7) *Annales manuscrites*, p. 282.

(8) *Chroniques de Saint-Martial*, p. 194.

ravant, et qui avait été volée (1). En 1563, ils logèrent dans l'une d'elles le chirurgien étranger appelé pour soigner les pestiférés : deux chambres furent garnies de lits et d'ustensiles. Dans l'une, couchait un prêtre qui avait la charge d'administrer les mourants. Le chirurgien et le prêtre moururent trois semaines après et furent remplacés par d'autres (2).

La tour *des Anges,* reconstruite en 1570, occupait l'angle de la place Haute-Vienne actuelle, en face Saint-Gérald. Fayen n'indique pas cette tour sur son plan. Le P. Bonaventure (3), parlant de la tour *des Anges,* s'exprime ainsi :

« En 1559, la garnison qui fut mise dans Limoges, travaillant pour achever une plate-forme de terre à la porte des Arènes, dans le petit cimetière, et étant obligée d'aller trouver M. d'Anjou, quatre-vingts pas de muraille tombèrent dans le fossé à l'endroit de la tour *des Anges.* En creusant les fondements d'une tour, on trouva de la maçonnerie et quantité de mosaïque, ainsi que plusieurs monnaies, très effacées à cause de leur antiquité. On trouva aussi, en fouillant *l'autre plate-forme susdite,* dans la vigne de Gallichier, une effigie si bien faite, qu'on eut dit qu'elle venait de sortir de la main d'un habile ouvrier. »

D'autre part, les *Registres consulaires* (4) nous apprennent que les consuls de 1570, qui avaient dû emprunter 2,000 écus pour la solde des soldats qui gardaient la ville, employèrent la plus grande partie de cette somme à faire creuser et monter de terre, bois et gazon la brèche qui avait été faite au mois de novembre précédent par la chute de quinze brasses de murailles devant la terrasse et plate-forme de Saint-Gérald. C'est donc bien sur ce point que se trouvait la tour des Anges et non près de la porte de Arènes.

La porte *Manigne,* située à l'entrée de la rue de ce nom, était considérée comme la porte principale de la ville, parce qu'elle ouvrait sur le plus riche quartier du Château, et qu'elle donnait accès aux populeux faubourgs Manigne et du Pont-Saint-Martial qui formaient l'entrée de la grande route de Toulouse. Au-dessus de la porte Manigne, et sous une statue de la Vierge, on lisait l'ins-

---

(1) *Chroniques de Saint-Martial,* p. 152.
(2) *Registres consulaires,* T. II, p. 258.
(3) P. Bonaventure, T. III, p. 788.
(4) *Registres consulaires,* T. II, p. 360.

cription suivante, en grands caractères du XIIIe siècle : DIEVS ⁝ GART ⁝ LA ⁝ VILA ⁝ E ⁝ S ⁝ MARSALS ⁝ LA ⁝ GEN ⁝ EV ⁝ E ⁝ LAS ⁝ PORTALS ⁝ E ⁝ MA ⁝ DOMNA ⁝ STA ⁝ MARIA ⁝ GAR ⁝ THOS ⁝ AQEV ⁝ DE ⁝ MAINIA ⁝ AM (1). C'est presque toujours par cette porte qu'avaient lieu les entrées des princes ou des grands personnages, pendant le XVIe siècle. Les consuls reçurent à la porte Manigne, en 1512, le duc de Bourbon et son frère ; en 1529, Henri d'Albret, roi de Navarre ; en 1532, M. Marin de Monchenu, gouverneur ; en 1542, la reine de France ; en 1543, M. de Montréal, gouverneur ; en 1557, le roi et la reine de Navarre, Antoine de Bourbon et Jeanne d'Albret ; en 1593, M. de Chamberet, gouverneur (2).

C'est aussi près de cette porte qu'auraient été exécutés, en 1563, quatre jeunes gens de Mussidan qui avaient porté les armes pour les huguenots. (*Ann. mss.*, p. 346.)

En 1596, le baron de Sallagnac, gouverneur, accompagné des consuls et du sieur de Bossise, reçut à cette porte les ligueurs, auxquels on avait accordé la permission de rentrer dans la ville. (*Ann. mss.*, p. 376).

Après la porte Manigne, on rencontrait la tour *de la Prison*, située dans l'axe de la rue du Verdurier. Les restes de cette tour se voyaient encore il y a quelques années lors de la reconstruction de la maison bâtie sur son emplacement. Les prisons n'étaient pas depuis longtemps dans cette tour en 1559 ; car les *Registres consulaires* nous disent qu'à cette date les deux grandes pièces de campagne furent embraquées, l'une « à la » porte de la Reyne, l'aultre à la tour de la prison neufve de la » ville (3) ». A en croire les *Annales manuscrites* (p. 365), les prisons n'auraient été transférées dans cette tour qu'en 1589.

A la tour de la Prison succédait l'ancienne poterne du *Puy-Vieille-Monnaie*, en face de la rue du Canal, murée en 1373 (4). Elle devait son nom à l'ancien quartier des monnayeurs, *scutarii*, dont nous parlent les *Chroniques de Saint-Martial*.

---

(1) *Annales manuscrites*, p. 93 ; — ALLOU, *Description des monuments*, p. 260 ; — TEXIER, *Manuel d'épigraphie*, p. 204.

(2) *Registres consulaires*, T. I, p. 57, 185, 218, 339, 359 ; T. II, p. 108 et suiv. ; T. III, p. 13.

(3) *Registres consulaires*, T. II, p. 238.

(4) *Annales manuscrites*, p. 282.

Les *Registres consulaires* nous répètent souvent le nom de cette tour à propos du nettoyage des fossés, des réparations d'aqueducs et d'égouts ou de reconstructions de la muraille que les eaux minaient constamment (1). En effet, le trop-plein de la fontaine de l'Arbre-Peint coulait à ciel ouvert dans la rue qui conduisait à la tour Vieille-Monnaie, et en faisait un véritable canal, (par corruption *le Canard*). Les consuls de 1561 firent construire deux pans de murs et un pilier pour soutenir le chéneau de bois par lequel les eaux du Puy-Vieille-Monnaie étaient déversées de l'autre côté du fossé.

La porte Boucherie, située au bout de la rue du Collège actuelle, autrefois rue Boucherie, devait son nom à une ancienne boucherie située tout auprès, qui dès le XIIe siècle donnait son nom au quartier Vieille-Boucherie. Les *Chroniques de Saint-Martial* (2) nous disent que l'on travaillait à sa construction en 1212. C'est de cette porte qu'en 1523 les habitants, grâce à leur artillerie, repoussèrent l'attaque du s[r] de Paroutignac, qui voulait loger de force dans la ville avec sa compagnie (3). C'est encore par la porte Boucherie que deux aventuriers, Princay et Dubouschet voulaient se rendre maîtres de Limoges par surprise (4).

Après cette porte, on rencontrait une tour dont nous ignorons le nom ; puis la tour de la *Chaufferette* ou *du Babouit,* placée derrière le Collège, près de laquelle passaient les eaux de la fontaine de Joumart et les égouts pour se rendre aux étangs des Tanneries (5). Pierre Mesnager (ms. app. à la Bibl. comm., p. 312) nous dit que cette tour était une des plus hautes de l'enceinte : elle avait 110 pieds, sans comprendre les fondations.

Le fort Saint-Martin, situé près de cette tour, correspondait à l'emplacement de la porte Tourny, démolie seulement depuis 1872. Il avait succédé en 1543 (6) à la poterne de Mirebœuf, qui datait de la construction de la deuxième enceinte. Le vicomte de Limoges aurait fait mettre dans cette tour, en 1202, un instrument

(1) *Registres consulaires,* T. Ier, p. 277, 364 ; T. II, p. 225 ; T. III, p. 30.

(2) *Chroniques de Saint-Martial,* p. 86.

(3) *Registres consulaires,* T. I, p. 128.

(4) *Ibid.*, T. II, p. 442.

(5) A. Leroux, *Inventaire des Archives de la Haute-Vienne,* série D. 26, fonds de l'ancien collège de Limoges.

(6) *Registres consulaires,* T. I, p. 362.

de torture appelé *la Dronne,* qui servait contre ceux qui ne voulaient pas le reconnaître comme seigneur, ni lui payer les impôts (1). En 1212, elle servait encore de prison au vicomte, d'après une pièce reproduite dans *le Limousin historique* (2). Le fort Saint-Martin servit de modèle au fort Saint-Martial, construit dix-sept ans plus tard (1560). Comme lui, il présentait une plate-forme suffisamment large pour y placer onze pièces de canons.

La tour de *Beauçay,* qui se trouvait immédiatement au-dessus, fut réparée et transformée en 1542. On remplaça l'ancienne couverture par une plate-forme dallée, entourée de garde-fous et de gargouilles pour l'écoulement des eaux. Les garde-fous de la muraille, depuis cette tour jusqu'à la dizaine au-dessus du fort Saint-Martin, furent recouverts de pierre de taille, et à la place des anciennes fenêtres, on construisit quinze embrasures de canon ou *canonnières* (1).

La tour *Amblard* ou *Branlant* était placée dans l'axe de la rue Sainte-Valérie, un peu en arrière de celle que l'abbé Amblard fit construire avant 1143, et qui portait son nom ; mais l'enceinte ne s'étendait pas aussi loin du vivant de cet abbé.

Au-dessus de celle-ci, on trouve deux autres tours carrées, placées derrière le quartier *Vieillas-Claus,* dont nous ne connaissons pas les noms. Puis la muraille se raccordait à notre point de départ, la porte Montmailler.

L'espace réservé aux vergers dans l'intérieur du château, au XVIe siècle, était considérable : outre ceux que possédait l'abbaye de Saint-Martial, presque tous les ilots formés par les maisons étaient plantés d'arbres. Les *Coutumes,* en parlant de ces plantations, recommandent qu'elles soient faites à une distance de six pieds de la terre du voisin, sous peine d'être arrachées ou coupées. On peut dire que le tiers de la ville était cultivé en 1594; un des quartiers porte encore aujourd'hui le nom de Verdurier. On accédait à ces vergers par de petites venelles, qui plus tard se transformèrent en véritables rues, par suite de l'accroissement de la population et des dangers que couraient les habitations *extrà muros* en temps de guerre. Nous reviendrons sur ces transfor-

---

(1) *Ann. mss.*, p. 179.
(2) LEYMARIE, *Lim. historique,* T. I, p. 354.
(3) *Reg. cons.*, T. I, p. 363.

mations des vergers au sujet des plans des XVIIe et XVIIIe siècles.

Les rues principales du Château étaient celles qui donnaient leurs noms aux dix cantons pour l'élection des consuls, des prud'hommes et des conseillers répartiteurs : c'étaient les rues des Taules, de la Porte (Poulaillère?), Manigne, du Marché (place des Bancs), du Clocher, Fourie, Boucherie (rue du Collège), Lansecot (haut et bas), des Combes, du Vieux-Marché (place du Poids-Public). Il faut y ajouter les rues Bancléger et Ferrerie, qui donnaient leur nom à deux cantons pour la milice bourgeoise.

Aux quatre petites places de l'enceinte du Xe siècle, qui étaient le parvis de Saint-Martial, Dessous-les-Arbres, Devant-le-clocher-de-Saint-Michel-des-Lions et Devant-le-Breuil, sont venues s'ajouter les cinq suivantes : la place Saint-Pierre-du-Queyroix, où se trouvaient une fontaine et le *Gras,* marché aux légumes; la place des Bancs, où se trouvaient la Boucherie et le pilori; la place du Vieux-Marché, qui devait son nom au marché placé au milieu; la place Fontaine-des-Barres, où se trouvait l'arbre de Beauvais, et enfin la place de la Motte, où depuis 1244 ou 1252, à la suite de l'incendie de la rue du Clocher, on avait construit, sur l'emplacement d'anciens étangs, deux réservoirs qui étaient alimentés par les eaux de la fontaine d'Aigoulène.

La *Coutume de Limoges* nous dit que « les consuls, en leur » nom et en celui de la communauté, font, réparent, nettoient » les étangs du Château, lesquels servent à abreuver, éteindre » le feu et autres choses nécessaires du lieu ci-dessus dit. Ils sont » à la charge de la communauté, et les consuls en gardent les » clefs ».

Les deux étangs étaient séparés par une chaussée qui reliait le Puy-d'Aigoulène à la rue Pennevayre. Le plus grand couvrait la partie de la place qui touche à la rue Bas-Lansecot, et le plus petit s'avançait en forme de *delta* jusqu'à l'entrée de l'ancienne rue des Fossés. Ils étaient entourés de murettes.

Les étangs étaient un foyer d'infection à cause de la stagnation des eaux et des immondices que l'on y jetait malgré la surveillance des gardiens nommés par les consuls (1). Ceux-ci dûrent les faire nettoyer à différentes époques, dans la crainte des maladies que les émanations pouvaient engendrer. En 1536, les

(1) *Registres consulaires,* T. I, p. 176, 213, 299, 317, 361, 385.

consuls firent rétablir sur les étangs la cigogne (*sigoigne*), sorte de machine à tirer de l'eau dont ils se servaient pour punir les boulangers qui avaient trompé le public (1).

Les étangs nous conduisent à la description des cinq principales fontaines publiques indiquées par le plan de Fayen.

Sauf la fontaine des Barres, les fontaines du Château paraissent avoir la même disposition. L'eau arrivait par un tuyau au milieu d'une coupe placée au-dessus d'une margelle assez vaste dans laquelle elle se déversait. La margelle des fontaines servait d'abreuvoir pour les animaux. Les consuls interdisaient, sous peine d'une amende de soixante sous tournois au minimum, d'aller lessiver dans les margelles, si ce n'est cependant les langes des petits enfants (2).

Le plan des fontaines du XVe siècle que possède la Société Archéologique nous a conservé l'image très curieuse des fontaines de l'Abbaye et de la fontaine des Barres ; malheureusement nous n'avons pas la partie de ce plan où se trouvait les autres fontaines du Château.

La fontaine *Saint-Martial* ou *de la Claustre,* ou encore du *Cloistre Boursier,* est la première dont les *Chroniques de Saint-Martial* fassent mention. Elle était placée au centre de l'ancien cloître de Saint-Martial, qui devint une place publique après la construction des bâtiments de l'abbaye du côté nord de la basilique de Saint-Sauveur, au XIIIe siècle, construction motivée par l'agrandissement de l'enceinte du Château, et probablement par les empiètements des bourgeois sur les possessions de l'abbaye. Cette fontaine recevait à elle seule autant d'eau que les fontaines du Chevalet et des Barres réunies (3), qui étaient alimentées comme elle par la source de Combes-Ferrades, au-dessous de la Mauvendière. D'après les *Annales manuscrites* (p. 147), la margelle de cette fontaine se composait d'un bloc de marbre noir, que l'abbé Pierre II aurait fait conduire, en 1167, de la rue Mazia. Les émailleurs attribuaient des propriétés toutes particulières aux eaux de la fontaine Saint-Martial, et ils s'en servaient exclusivement pour leurs travaux.

---

(1) *Registres consulaires,* T. I, p. 299.

(2) *Ibid.,* T. I, p. 4.

(3) Les *Registres consulaires* (T. I, p. 9 et 15) donnent l'accord pour le partage des eaux entre les consuls et l'abbé de Saint-Martial.

La fontaine *du Chevalet,* désignée au XIIIe siècle par fontaine *Constantine,* comme la fontaine d'Aigoulène, a sa légende à laquelle nous renvoyons le lecteur (1). Elle était placée au bas de la rue des Combes, près de l'hôpital Saint-Martial. L'un des petits marchés de la ville se tenait près de cette fontaine au XVIe siècle. Les *Annales manuscrites* (p. 16) nous en donnent un dessin reproduit par l'abbé Legros, Duroux et Tripon. Les eaux s'écoulaient dans une coupe par cinq ouvertures, et de là dans un bassin en pierre de forme polygonale; le tout était surmonté d'un groupe représentant un cavalier foulant un homme sous les pieds de son cheval.

La fontaine de *Saint-Pierre-du-Queyroix* était placée entre le parvis de cette église et le *Gras.* Elle était alimentée par la source d'Encombe-Vineuse. Les *Registres consulaires* (t. I, p. 238) nous donnent le dessin de cette fontaine en 1534, au sujet de la défense faite par les consuls de ne faire aucune plantation à une brasse de chaque côté des *doatz* ou conduits, afin d'éviter leur engorgement, sous peine d'une amende de 500 livres. La margelle était un monolithe de 10^m de circonférence.

La fontaine *Barrée* ou *des Barres,* établie sur l'emplacement de l'ancienne fontaine *Servière* (*Serveira*) dont parlent les *Chroniques de Saint-Martial* au XIIIe siècle (2), devait son nom aux barres de fer qui protégeaient son ouverture, placée au niveau du sol. On se servait, pour y puiser de l'eau, d'un crochet de douze pieds de longueur (3). La construction de la fontaine actuelle est de 1615. Tout près de cette fontaine se trouvait l'arbre de Beauvais, autour duquel se tenait un petit marché.

La fontaine d'*Aigoulène,* dont le nom vient du latin *aqua lenis* ou du patois *aigo leno,* eau douce, remonte à l'époque de la construction des réservoirs de la Motte, désignés par *les Etangs,* vers 1244. Elle reçoit ses eaux de la source de La Borie, près du village de Corgnac (4). Le volume des eaux d'Aigoulène était tel

(1) *Annales manuscrites,* p. 17, 56, 102, 103.

(2) *Chroniques de Saint-Martial,* p. 300.

(3) P. BONAVENTURE, T. III, p. 824.

(4) La source d'Aigoulène est au village de Corgnac, à trois kilomètres du bassin où elle s'épanche. L'eau coule, à 15 et 20 mètres de profondeur, dans un canal de 1^m17 de largeur sur 1^m66 de hauteur. On remarque de distance en distance, sur le long parcours de l'aqueduc, des sabliers profonds servant à

au moyen âge, qu'il permettait de remplir les étangs de la Motte et d'inonder les fossés du Château. La notice de l'*Atlas* de Mercator, au verso du plan de Fayen, fait une remarque qui prouve combien on appréciait cette quantité d'eau à Limoges et quels services elle rendait pour les incendies et pour la salubrité au XVIe siècle : « La belle fontaine et estangs d'Engoulene ne servoit pas » seulement à la commodite des hommes et abreuvoir des che- » vaux, mais à certains jours et heures de la sepmaine, estans » desbondez, les serviteurs et servantes se tenoient prestz pour » nettoyer les rues et jecter les ordures, lorsque l'abondance de » cette eau passoit devant leur maison... ». Il existait en effet quatre canaux que l'on ouvrait pour le nettoyage des rues.

La fontaine d'Aigoulène était située à l'entrée de la chaussée qui séparait les étangs, à l'angle sud du grand étang dans lequel elle déversait le trop-plein de sa vasque. Elle se composait du bassin monolithe qui existe encore aujourd'hui, dont le diamètre est de quatre mètres, et le poids de dix-neuf quintaux. Les difficultés que le transport et la taille d'une telle masse dûrent présenter au XIIIe siècle constituaient pour le temps un luxe peu commun (1). Le bassin était percé tout autour de douze ouvertures symboliques. Au XVIIe siècle, on plaça au centre une statue de saint Martial, aux pieds de laquelle des dauphins rejetaient l'eau. C'est ainsi que les *Annales manuscrites* (p. 16), reproduites par Duroux et Tripon, nous représentent la fontaine d'Aigoulène (2).

Les sentiments religieux des villes du moyen âge ne se manifestaient pas seulement par les statues de la Vierge placées sur

---

épurer les eaux, dont la pente totale est de 2m83 et le volume de 30 à 33 centimètres cubes. Nous pensons, avec plusieurs écrivains, que cet aqueduc, construit en petit appareil, est d'origine gallo-romaine. Cette opinion est corroborée par les découvertes de médailles et d'urnes cinéraires faites par M. Fayette père dans une des artères de l'aqueduc avoisinant les Arènes. Ces découvertes démontrent que les eaux d'Aigoulène alimentaient l'amphithéâtre et servaient aux naumachies. (*Bull. de la Société Arch. du Limousin,* T. III et IV.)

(1) Le bloc de granit qui a fourni la margelle est un cylindre de 37 pieds de contour, sur 1 pied 10 d'épaisseur; la solidité de ce bloc est par conséquent de 204 pieds cubiques. Son poids est de 38,360 livres, à raison de 190 livres le pied cube. Le vase qu'on y a taillé contient 80 pieds cubes d'eau (environ 8 hectolitres). — Voyez J.-J. JUGE, *Changements*, etc., p. 70.

(2) Extrait de l'*Almanach limousin* pour 1865, p. 62 et suiv.

les portes de la ville et aux angles des rues (1); mais encore par les croix ou *arbres* (2) qu'on élevait à tous les carrefours. Le plan de Fayen ne nous indique que six croix de carrefours ; mais il y en avait neuf dans le Château en 1594.

Quelques-unes de ces croix se trouvaient dans les *Andeix* (3) ou triangles entourés d'une murette, « où s'exerçait la justice

---

(1) Parmi les statues de la Vierge qui subsistent encore, nous devons citer, dans l'enceinte du Château, la Vierge de la rue Vigne-de-Fer, enclose dans une niche du XIIIe siècle ; celle de la rue du Saint-Esprit, devant laquelle s'arrête la procession faite en l'honneur de saint Michel ; *N.-D. des Petits-Ventres*, patronne des bouchères, placée vers le milieu de la Boucherie ; *N.-D. de Lorette* (par corruption, *du Lorio*), au coin d'une venelle en face la rue de ce nom, et qui a aussi les honneurs d'une procession ; *N.-D. des Langes* (*loû bourossoù*), rue du Verdurier.

En dehors de l'enceinte du Château, nous trouvons l'ancienne Vierge du faubourg Pont-Saint-Martial ; *N.-D. des Paresseuses*, rue de la Mauvendière ; la Vierge *des Ruchoux*, qui partage avec celle des Casseaux le privilège de faire marier les filles qui lui offrent des épingles ; *N.-D. de Préservation* ou *de la Planchette*, à laquelle on a construit une chapelle, d'un goût très contestable, au coin du boulevard de la Corderie et de la rue de la Cathédrale ; *N.-D. du Port*, au coin de la rue du Naveix, dans une niche en pierre du XIIIe siècle, remarquable par ses vieilles sculptures ; enfin, *N.-D. du Battoir*, patronne des blanchisseuses, au coin de la rue de l'Abbessaille et de la rue des Roches. C'est une des rares vierges sculptées en *Assomption* ; presque toutes les autres, comme les vierges de l'Orient, comme toutes les vierges du moyen âge, sont représentées en *vierge-mère*. [H. D.]

(2) L'abbé Nadaud, MM. Maurice Ardant et A. Leymarie, ont pensé que ARBRE *de Beauvais*, *d'Eygoulène*, *Ferré*, *Peint*, etc., indiquaient à Limoges un arbre planté au milieu du carrefour. A l'encontre de cette opinion, nous pensons, nous, que cet arbre n'était autre que celui *de la croix*. On disait : l'*arbre* [*de la croix*] *d'Eygoulène*, etc., comme on disait : *les Bancs*, pour *la place des Bancs charniers*, l'*Andeix*, pour l'*Andeix de Manigne*. Ainsi le voulait la concision du langage populaire. Ce qui a dû égarer les éminents écrivains que nous prenons à partie, c'est : 1° le passage des *Annales mss.* (p. 18 et 316) où il est dit : « L'an 1507, les consuls firent planter l'*arbre* du triangle de Beuveir » ; 2° le paragraphe XXXI de la *Coutume de Limoges*, ainsi conçu : « Les consuls » font des sièges dans les rues et carrefours, où ils plantent et font planter *des* » arbres (et non *un* arbre) pour donner de l'ombre et de la fraîcheur en temps » d'été, et, quand ils veulent, pour la décoration du Château ». Evidemment, sièges et arbres ne pouvaient convenir à des carrefours à peine suffisants à la circulation. Au surplus, sur tous les anciens plans que nous avons examinés, partout où il y avait *un arbre* indiqué, cet arbre était invariablement l'*arbor crucis* de la liturgie. (*Almanach limousin* pour 1865, p. 51.) [H. D.]

(3) *Andeix*, du latin *andena*, trépied ou triangle d'après Dom Duclou, *Dict. du patois limousin*, ms. appartenant à M. Roméo Chapoulaud.

» des viguiers, officiers du vicomte, prenant garde aux poidz, » mesures, aunages, mettant prix raisonnable aux bleds, pain, » vin, exerçant la justice et police » (1). Ces andeix servaient aussi de marchés pour les petites denrées que l'on étalait sur les tables de pierres qui recouvraient la muraille du triangle. Le Château comptait quatre de ces petits marchés au XVIe siècle, qui furent réunis, vers le milieu du siècle suivant, au Gras du Queyroix pour la vente du poisson et des légumes, à la porte Poulaillère où se tenaient les marchands de volaille et de gibier, et à la Boucherie des Bancs ; ils encombraient trop les carrefours, dont ils interceptaient la circulation.

Le *Triangle de Manigne,* appelé vulgairement « *la croix de l'Andeix de Manigne* » est mentionné par les *Chroniques de Saint-Martial* depuis le XIIIe siècle ; ses ferrements furent faits en 1535. Il se trouvait à la rencontre des rues Manigne, Montant-Manigne et Andeix-Manigne.

L'*Andeix du Vieux-Marché* est aussi mentionné dans les *Chroniques de Saint-Martial* dès le XIIIe siècle. Il se trouvait au milieu de la place du Poids-Public actuelle. D'après les *Annales manuscrites* (p. 16 et 194) qui nous donnent un dessin de ce marché, « l'Andeix du Vieux-Marché affectait la forme octogonale ; à chacun des angles se trouvait une barre de fer reliée, à sa partie supérieure, à la colonne qui formait le centre. Quelques personnes le désignaient par *la Vigne-de-Fer,* à cause de la vigne qu'on avait plantée tout autour et qui en rendait l'aspect agréable. Les colonnes avaient été placées en 1236 par Me Thomas Sarlandier, comme l'indiquait l'inscription placée sur l'une d'elles.

L'*Andeix* ou *arbre de Beauvais* était placé dans le « cerne » [cercle] des Combes, près de la fontaine des Barres. Les consuls avaient fait planter cet arbre en 1507 (2) au milieu du triangle. « Au corps dudit arbre, il y avoit une barre pour y mettre une » lanterne, et dans lequel triangle y avoit un marché de petites » denrées. »

L'*Andeix de la fontaine du Chevalet* était placé entre cette fontaine et l'hôpital Saint-Martial, à l'entrée de la rue Pont-Hérisson.

---

(1) *Annales manuscrites,* p. 16, 17, 18 et 194.

(2) *Ibid.,* p. 18 et 316. — *Registres consulaires,* T. I, p. 14.

Les autres croix isolées étaient celles de la place des Bancs, près le pilori; l'*Arbre d'Aïgoulène,* près de la fontaine de ce nom; la croix derrière le Breuil, et enfin la croix Neuve, la plus grande de toutes, érigée en 1513, en face du portail nord de Saint-Michel-des-Lions, en exécution d'un arrêt du parlement de Bordeaux contre les meurtriers de Pierre Bermondet, lieutenant général du sénéchal du Limousin, qui avait été assassiné à Saint-Laurent-sur-Gorre, par le vicomte de Rochechouart-Pontville, Chapelle, Anisy, Indaut et Le Nègre. Le meurtre était représenté en bas-relief sur le socle de la croix (1).

La première place parmi les édifices du Château revient de droit aux édifices religieux, par leur ancienneté et leur importance.

Pour la basilique de Saint-Sauveur, le seul de ces édifices qui ait disparu, nous renvoyons à ce que nous en avons dit plus haut. On remarquait sur le parvis un petit clocheton où l'on mettait des lampes allumées aux vigiles (2). Du côté nord et près de la chapelle Saint-Benoît s'appuyaient les bâtiments de l'abbaye, qui, depuis le XIIIe siècle, couvraient l'emplacement de la place Royale actuelle et formaient avec l'église un rectangle dont l'un des côtés, celui habité par l'abbé, bordait la rue Pont-Hérisson. Du côté sud, celui que le plan de Fayen nous présente, se trouvaient la porte du Lion, qui devait son nom au grand lion de pierre placé à côté, la petite et la grande sacristie, celle-ci de forme circulaire, la maison du marguillier, et le marché au blé, placé dans le coin de l'ancien cloître du Xe siècle. Ce cloître était devenu une place publique au milieu de laquelle coulait la fontaine Saint-Martial ou de *la Claustre*. On remarquait dans l'angle de cette place la petite chapelle de la Courtine, où les religieuses de la Règle se réfugièrent en 1587, au plus fort de la lutte entre les ligueurs et les gens du Roi (3).

La place Dessous-les-Arbres, ou cimetière de l'abbaye, située derrière le chevet de la basilique, et sur laquelle ouvrait la chapelle de Notre-Dame-sous-les-Arbres, servait aux prédications à certaines fêtes et aux représentations des mystères. Les bourgeois de Cahors y représentèrent les miracles de saint Martial en 1290

(1) P. BONAVENTURE, T. III, p. 748.
(2) *Ibid.*, T. III, p. 182.
(3) *Ann. mss.*, p. 370.

et 1302; leur exemple fut suivi plus tard par les bourgeois de Limoges et le clergé. Les *Registres consulaires* nous donnent l'accord intervenu en 1521 entre l'abbé de Saint-Martial et les consuls, d'après lequel ces derniers avaient seuls le droit de police et de justice sur la place Dessous-les-Arbres pendant la durée de la représentation des mystères (1). En 1533 on représenta le mystère de sainte Barbe et de Théophile pendant neuf jours. C'est aussi sur cette place qu'eurent lieu les élections des consuls de 1547, à cause de la peste (2).

Le beau jardin de l'hôpital Saint-Martial, indiqué par le plan de Fayen, faisait suite au cimetière de l'abbaye et le séparait du quartier de *Vieillas-Claus*.

L'église de Saint-Pierre-du-Queyroix devait ce nom à sa position au milieu d'un carrefour, et aussi pour la distinguer de celle de Saint-Pierre-du-Sépulcre, accolée à la basilique de Saint-Sauveur ; elle se présente à nous à l'ouest et au sud. Sur la place, devant le clocher, étaient la fontaine Saint-Pierre et le *Gras*. Le parvis était planté d'arbres. Dans le cimetière qui entourait le côté sud se trouvait une petite chapelle.

L'église de Saint-Michel-des-Lions, ainsi désignée à cause des lions de pierre placés près de son portail méridional, et pour la distinguer de la paroisse *extrà muros* de Saint-Michel-de-Pistorie, avait son cimetière derrière le chevet. En 1560, le chanoine de Chansat fit construire la chapelle de Notre-Dame-des-Aides, en expiation d'un sacrilège commis par les protestants. Ceux-ci avaient renversé la statue de la Vierge placée à l'un des angles extérieurs, et désignée par Notre-Dame de la Place, et lui avaient coupé la tête sur le pilori des Bancs (3). Legros dit que la chapelle fut construite à l'occasion d'un meurtre commis auprès de cette église pendant les guerres religieuses (4). La chapelle faisait saillie sur la place de la Préfecture actuelle ; on la démolit en 1854 pour dégager cette place.

La chapelle de Saint-Aurélien, annexe de la paroisse de

---

(1) *Chroniqnes de Saint-Martial*, p. 137 et 138. — *Registres consulaires*, T. I, p. 110 et 226.

(2) *Ann. mss.*, p. 330.

(3) *Ibid.*, p. 342. — La statue décapitée de la Vierge existe encore. M. Pinot, curé-doyen de Saint-Michel-des-Lions, l'a fait placer derrière le maître-autel.

(4) Legros, *Recherches sur Saint-Michel-des-Lions*, p. 33.

Saint-Cessateur, nous apparaît, comme aujourd'hui, au fond d'une petite place, vers le milieu de l'ancienne rue Torte (rue de la Boucherie actuelle). Elle fut reconstruite en 1475 (1), sur l'emplacement de celle où avaient été déposés, en 1315, les restes de saint Aurélien, deuxième évêque de Limoges, qui est en très grande vénération dans le quartier de la Boucherie.

Il est à remarquer qu'en 1594, date du plan de Fayen, il n'y a encore aucune communauté religieuse établie dans l'enceinte du Château.

Parmi les édifices civils, la première place revient à la Maison-Commune ou le Consulat, qui, en 1594, était située au milieu de la rue de Font-Grauleu (rue du Consulat actuelle). D'après M. Louis Guibert (2), la Maison-Commune s'était établie, au commencement du XIIIe siècle, au-dessous du cimetière de l'abbaye de Saint-Martial, près de l'entrée de la rue Saint-Nicolas actuelle, puis, dans l'ancienne rue des Fossés, qui passait au-dessous de l'église des Récollets de Saint-François, et enfin, avant 1487, rue de Font-Grauleu. La Maison-Commune était d'une modeste apparence ; elle s'ouvrait sur une cour intérieure pavée, qu'un mur couronné de créneaux fermait du côté de la rue. Au rez-de-chaussée se trouvait une salle obscure et basse, de vingt pieds de long sur huit de large, qui servait de chambre du conseil, et d'une grande pièce mal close où se tenaient les assemblées générales de la commune. Il fallait que la commune fût bien pauvre en 1529, pour être réduite à affermer une partie de sa Maison, afin de se procurer la somme nécessaire pour ses réparations (3).

Derrière la Maison-Commune se trouvait un petit jardin qui avait une sortie sur la venelle de la *Barrérette;* celle-ci partait de la rue Cruche-d'Or, pour aboutir dans le bas de la rue Montant-Manigne. C'est par cette venelle qu'en 1591, à l'occasion de l'émeute causée par les *Verrouillats,* qui troublaient les élections consulaires, les consuls et l'intendant Turcant firent sortir les troupes qui cernèrent la rue de Font-Grauleu (4).

Les *Grands Jours* du Parlement de Bordeaux se tinrent

(1) *Annales manuscrites,* p. 227 et 309.
(2) *Almanach limousin* pour 1882.
(3) *Registres consulaires,* T. I, p. 176.
(4) *Annales manuscrites,* p. 373.

dans la Maison-Commune de la rue Font-Grauleu en septembre et octobre 1541 (1).

Le *Palais,* où depuis 1551 siégeait le présidial, s'élevait sur l'emplacement de l'ancienne maison des frères de Pérusse, achetée en 1316 par le vicomte Gui. Cette maison, qui touchait à Saint-Michel-des-Lions du côté nord, était devenue la maison curiale de cette église. Elle fut échangée en 1551, avec le curé, contre les dîmes de Saint-Lazare (2).

Le *Breuil* (préfecture actuelle), situé à côté, se composait d'une grande maison qui servait de résidence aux princes et aux grands personnages de passage à Limoges. Au XVIe siècle, il reçut : en 1512, le duc de Bourbon et son frère ; en 1542, le président du Parlement de Bordeaux, qui présidait les Grands Jours à Limoges, et la reine de France ; en 1543, le gouverneur de Montréal ; en 1556, le roi et la reine de Navarre ; en 1570, le gouverneur de Ventadour et le marquis de Villars ; enfin en 1597, le gouverneur d'Epernon (3).

Le Breuil paraît avoir supplanté l'ancien logis royal du XVe siècle, la grande maison de Guillaume de Julien, appelée *le Bastiment* ou *la Bayardère,* où étaient descendus Charles VII et Louis XI, pendant leur séjour à Limoges. C'est dans cette maison que s'établirent plus tard les Récollets de Saint-François (4).

Le *Collège,* d'abord établi par les consuls de 1525 entre l'église Saint-Pierre-du-Queyroix et les murs de la ville, s'agrandit en 1555 de la maison de Jean et Aymeric Veyrier, située rue Boucherie, que les consuls exproprièrent en vertu d'un mandement de Henri II (juillet 1555) qui leur donna le droit d'imposer les habitants pour subvenir aux frais de la nouvelle construction. En mars 1561, les consuls obtinrent de Charles IX un nouveau mandement qui leur permit d'employer les biens et les revenus des confréries de la ville et de la sénéchaussée pour couvrir les frais de la construction. Antérieurement au collège de 1525, l'instruction supérieure était donnée par quelques prêtres séculiers sur la place Saint-Gérald, indépendamment des Carmes et des

---

(1) *Annales manuscrites,* p. 326.

(2) *Ibid.,* p. 227 et 334.

(3) *Ibid.,* p. 317, 326, 327, 328, 335. — *Registres consulaires,* T. I, p. 337, 339, 359 ; — T. II, p. 103, 108 et suiv. 362, 365 ; — T. III, p. 35.

(4) *Chroniques de Saint-Martial,* p. 203 et suiv.

Jacobins. L'instruction primaire était donnée par plusieurs maîtres des petites écoles, qui apparemment devaient se trouver dans la rue qui porte encore le nom de rue des Ecoles aujourd'hui ; mais les *Registres consulaires* ne nous disent rien à ce sujet (1).

En outre des quatre petits marchés ou *Andeix* dont nous avons parlé plus haut, le Château possédait :

Le marché de la *Porte-Poulaillère,* pour la volaille et le gibier, sur l'emplacement de l'ancienne porte de ce nom, seul point de l'enceinte du xe siècle que Fayen indique par un astérisque, et qui se trouvait au milieu du carrefour formé par les rues des Taules, Poulaillère, Fourie et du Consulat.

La *Boucherie,* au milieu de la place des Bancs actuelle, autrefois place des *Bancs-Charniers,* où les bouchers étaient tenus d'apporter toute la viande mise en vente, dès le XIIIe siècle.

Le *Gras,* marché aux légumes et aux poissons, placé au milieu de la place Saint-Pierre, et qui remontait aussi au XIIIe siècle : les consuls de 1536 en firent relever les murailles et élargir les deux portes (2).

Le marché au blé ou *la Claustre,* ou encore *le Cloistre Boursier,* s'était installé dans l'ancien cloître de l'abbaye Saint-Martial, près de la basilique, et derrière une maison qui bordait la rue des Taules.

L'hôpital Saint-Martial, dont les *Registres consulaires* (I, 253) nous donnent une curieuse image, était construit sur l'emplacement de la caserne des Pompiers actuelle. C'était le seul établissement charitable renfermé dans l'enceinte du XVIe siècle. Les *Chroniques de Saint-Martial* font remonter la construction de l'hôpital Saint-Martial de 1209 à 1211 ; c'était le plus important des hôpitaux de Limoges qui existaient alors. Le *Pouillé* de Nadaud nous en donne une description faite en 1604 : « Vous y voyez dans » le réceptacle une chapelle avec son autel où se dit messe deux » ou trois fois par semaine, et tout joignant à la grande salle » garnie de lits à quatre rangs, bien couverts, avec deux che- » minées et autres chambres de lessive. Par le haut, il y a la » grande salle bien garnie de lits couverts, avec les chambres des

(1) *Registres consulaires,* T. I, p. 279; — T. II, p. 74, 229. — BONAV., T. III, p. 759. — LEROUX, *Invent. des Arch. de la Haute-Vienne,* série D, fonds de l'ancien collège de Limoges.

(2) *Registres consulaires,* T. I, p. 276.

» prêtres de l'hôpital et autres pour les nécessiteux. On avait le » moyen de loger tous les jours 300 pauvres. » L'hôpital Saint-Martial avait un très beau jardin qui s'étendait jusqu'au cimetière de l'abbaye.

Limoges possède bien peu de maisons du style de la Renaissance. Dans son *Histoire de la peinture sur verre en Limousin*, M. l'abbé Texier signale la maison de Voyon, place des Fossés, construite en 1564, et que l'incendie du 15 août 1864 a fait disparaître. Plusieurs maisons des rues du Temple et du Consulat furent transformées au XVIe siècle. Lorsqu'on entre dans les cours de ces maisons, on est surpris de l'élégance de leurs larges escaliers en pierre et de la beauté de leurs colonnes aux chapiteaux artistement fouillés.

Plusieurs maisons possédaient des tourelles : l'édition française du plan de Fayen, donnée par Jean Leclerc en 1621, nous en montre : places Saint-Pierre et Fontaine-des-Barres ; rues Boucherie, du Canal, Manigne, Cruche-d'Or, Poulaillère, du Mûrier, du Clocher, des Arènes et des Combes.

En résumé, Fayen nous donne bien la physionomie du Château à la fin du XVIe siècle. S'il a fait quelques omissions de peu d'importance, c'est qu'il aura craint de rendre son plan confus. C'est à dessein, nous le pensons, qu'il a omis quelques-unes des tours et qu'il n'a pas multiplié les renvois pour des édifices qui se confondaient avec les maisons avoisinantes : la chapelle de la Courtine, la Bayardère, les petits marchés des Andeix, et quelques croix de carrefour. Toutes lés indications fournies par ce plan viennent appuyer l'histoire de notre ville.

En terminant cette étude topographique de Limoges au XVIe siècle, on nous permettra d'extraire de la notice sur le Limousin imprimée au verso du plan de Fayen les passages suivants, qui ont été reproduits littéralement par presque tous les géographes du XVIIe siècle :

« ..... Il y a quantité de vin aux environs de Limoges, mais » verd et peu agréable ; toutes fois on y en boit d'assez bon qui » vient du Bas-Limosin. Le pain, la chair, les fruits, le gibier, » la venaison et choses semblables y sont à bon prix, tellement » qu'il fait du tout bon vivre à Limoges.....

» Le mesnagement des Limosins est si grand, qu'aujourd'hui » Limoges se voit autant marchande qu'autre qui se puisse voir. » Elle abonde non-seulement en bons artisans de tous mestiers,

» mais aussi en peinture faite en esmail (1), estant surtout » bornée d'homes doctes et curieux. Bref, ceste ville est une vraye » boutique de diligence et prison d'oisiveté. La chasteté y est » en recommandation aux femmes, et la miséricorde. »

Les vers de Jean Puncteius, qui suivent, rendent hommage eux aussi à l'aptitude commerciale des Limousins (2).

L'image du Château de Limoges au XVIe siècle, avec son enceinte garnie de vingt-deux tours et ses grandes églises, met parfaitement en saillie la foi et le patriotisme de ses habitants.

IV.

LIMOGES AU XVIIe SIÈCLE.

Le plan de Jouvin de Rochefort tient moins de l'image que celui de Fayen : les monuments seuls sont dessinés, mais ils ne présentent pas ce cachet d'exactitude que l'on trouve dans le premier plan. Il a cependant sur lui l'avantage de nous donner le premier, avec le Château, la Cité et les faubourgs.

La meilleure introduction que nous puissions donner à la description du plan de Jouvin, c'est la relation de son passage à Limoges, vers 1671, lorsqu'il revenait d'Espagne. Voici en quels termes il s'exprime dans son *Voyageur en Europe :*

« Limoges est la capitale du Limosin, située proche la rivière » de Vienne, qui en rend les environs fertiles et modérez de mon» tagnes qui couvrent presque toute la province, et fait qu'il y a » un grand vignoble et de belles prairies ; ce qui est cause que » cette ville s'accroît et devient si florissante ; mais, si nous la » considérons dans l'étendue de ses murailles, elle n'est rien au » regard de ses faubourgs, lesquels estant unis avec la Cité, qui

---

(1) C'est le XVIe siècle qui a vu fleurir les plus célèbres familles de nos émailleurs limousins : les Limosin, Courteys, Pénicaud, Raymond et Court.

(2) Cette notice sur Limoges est bien plus exacte que celle, non accompagnée du plan de la ville, que contient la *Cosmographie universelle de tout le monde*, et auteur en partie MUNSTER, mais beaucoup plus augmentée, ornée et enrichie par François de BELLE-FOREST, Comingeois..., — *Paris,* chez Michel Sonnius, rue S. Jacques, à l'Escu de Basle, MDLXXI. 2 vol. in-fol.

» est encore une partie de Limoges, sont une des grosses villes » du royaume de France. Joignez à cela la belle commodité de » plusieurs belles rivières, le voisinage de tant de grosses villes, » comme de Clermont, de Bourges, de Poitiers, de Xaintes, de » Bourdeaux et de La Rochelle, qui est un port de mer qui n'en » est éloigné que de 35 lieues ou environ. Aussi nous mangeâmes » de très beaux poissons de mer (1), et vismes plusieurs riches » marchands qui trafiquent par mer et par terre de différentes » marchandises qui se font dans le pays, et par le même moyen » reçoivent ce que la province ne leur peut pas donner.

» Nous y arrivâmes après avoir passé la rivière de Vienne » sur un grand pont de pierre, qui donne entrée au faubourg » Saint-Marceau, où sont plusieurs ouvriers, et plus avant, la » porte du Bari de Manigne, qui est une partie des faubourgs de » la ville, où demeurent plusieurs marchands ; à côté de laquelle » est la Cité, qui est aussi hors des murailles de la ville, bien que » l'église épiscopale de Saint-Estienne y soit, de laquelle en » partie, l'évêque, Monsieur de La Fayette, en est le seigneur, et » y a une justice différente de celle de la ville. Il serait à » souhaiter que cette église soit achevée, pour estre sans doute » l'une des belles de France. On y voit le tombeau d'un évêque » de Limoges, dont la figure est de bronze (2), et quelques autres » à ses côtés qui méritent la curiosité du voyageur. Il y a une » grosse tour à son entrée, et le palais de Monsieur l'Evêque. » Ensuite on nous y fit voir la chapelle où saint Martial avoit » dit souvent la messe, et où sainte Valérie se présenta à luy, la » teste dans ses mains, après avoir esté décollée et martyrisée » des Barbares, dont le Limosin estoit encore tout rempli, où » saint Martial fut envoyé de la part de Dieu pour les convertir » à la foy. On remarque le lieu où Nostre-Seigneur toucha ce » grand saint sur la teste, et où la chair est demeurée sans se » pourrir, comme à sainte Magdelaine.

» Il faut aller de là à l'abbaye de Saint-Martial, qui est dans » la ville. On nous y monstra son chef dans une coupe d'or, et

---

(1) On était moins difficile sur la *fraîcheur du poisson à la fin du* XVIIe qu'à présent. La marée mettait quatre jours pour arriver à Limoges autrefois, au lieu de huit heures comme aujourd'hui.

(2) La statue en bronze de l'évêque Jean de Langeac, qui a disparu pendant la Révolution.

» ses reliques dans une châsse d'argent, comme celle de sainte » Valérie. Ensuite on nous fit voir son cercueil, et le lieu où, » prêchant à ces infidèles, plusieurs de leurs statues et de leurs » faux-dieux tombèrent en présence d'une grande assemblée » qui l'entendoit; d'où nous allâmes nous promener dans la » ville, où il y a plusieurs grandes places, avec leurs fontaines. » — Saint-Pierre est une des principales églises de Limoges : » elle est devant le marché au poisson et une belle fontaine. » Le Collège des Pères Jésuites est proche, où il y a plusieurs » écoliers, et une très belle cour où sont les classes. — Saint-» Michel est aussi une des grosses paroisses de la ville, devant » une belle place avec une fontaine. Le présidial est tout » attenant; car à Limoges, il y a généralité, présidial et évêché, » qui sont les marques d'une bonne ville.

» Ce qui me fait juger que Limoges est une ville ancienne, ce » sont ses rues tournoyantes et quelques-unes étroites; mais les » maisons en sont très bien bâties (1). D'autres disent que les » Romains y ont demeuré, et, pour marque de cela, il y a une » porte qu'on appelle des Arènes; peut-être qu'il y avoit là un » amphithéâtre, qu'on appelle ordinairement Arènes, comme à » Nîmes, à Arles, etc. A présent il y a une promenade avec plu-» sieurs allées d'ormes (2). Nous remarquâmes au-dessus de cette » porte les armes d'Angleterre.

» Il n'y a que quatre portes à Limoges, sçavoir la porte » Manigne, la porte de la Boucherie, la porte de Montmailler » et la porte des Arènes. Proche de celle de Manigne (on a écrit » Marigne) est le couvent des Jacobins, qui enseignent la théo-» logie, et le grand hospital; proche de celle de la Boucherie, le » couvent des Cordeliers et celui des Feuillants, qui est en la » place de l'abbaye Saint-Martin, qui lui est uni, et l'abbaye de » Saint-Augustin, qu'ils appellent les Bénédictins, sont trois » beaux couvents et bien riches; aux environs de ce dernier sont

(1) L'auteur continue à se montrer par trop bienveillant pour notre ville. Son appréciation sur les maisons ne ressemble guère à celle de M. de Bernage, intendant, qui écrivait en 1698, dix-sept ans après : « Les rues de Limoges sont » étroites, les maisons hautes et les toits avancés, ce qui rend cette ville fort » obscure et fort sale. »

(2) La promenade du cimetière des Arènes, Champ-de-Foire actuel.

» plusieurs belles sources qui forment un ruisseau (1) dont les » teinturiers et les tanneurs se servent à apprêter leur travail. » Le faubourg de la Boucherie est grand, et la Cité qui luy est » contiguë ; celui de la porte Montmailler est quasi de mesme. » Les Carmes ont leur couvent à la porte des Arènes, dont les » chapelles sont admirables pour leurs peintures. On voit » dans Limoges une place où sont deux étangs, dont l'eau est de » la fontaine qu'ils appellent de Goulène (2). Cette place n'est » pas si belle que la grande place où se tient le marché ordi- » naire et une boucherie. Toutes les maisons d'alentour, comme » généralement dans toute la ville, sont très bien basties ; le » Palais n'en est pas éloigné. Nous y vismes M. de Turenne, le » gouverneur de la province, avec une suite tout à fait seigneu- » riale. Voilà ce que nous avons remarqué dans l'espace de » quatre jours que nous demeurâmes à Limoges.

» Nous en partismes par la porte Monmailler, avec son grand » faubourg (3), pour aller à la Maison-Rouge. Le pays est » ingrat et rempli de montagnes jusqu'à Razai, etc..... »

Nous avons dans ces quelques lignes un tableau complet et fidèle de la physionomie de la ville.

Les habitants de Limoges devaient s'estimer heureux d'une appréciation si bienveillante de leur ville par un voyageur qui venait de parcourir toute l'Europe. On pourrait croire que la bonne impression que Jouvin emporta de Limoges tenait uniquement à l'excellent accueil qu'il reçut partout. Il n'en est rien : le voyageur acheta une charge de trésorier de France, et vint habiter la ville dont il avait gardé un si bon souvenir. C'est pendant son séjour à Limoges que Jouvin exécuta le plan qui nous occupe.

Pour faire la description de ce plan, nous avons, en outre des *Registres consulaires*, qui seuls pouvaient appuyer ce que nous avons dit du plan de Fayen, des ouvrages contemporains très précieux à consulter : les *Annales manuscrites de*

---

(1) Le ruisseau d'Aigueperse, qui prenait autrefois le nom de ruisseau de Saint-André, depuis la Maison-Dieu jusqu'à son embouchure.

(2) La fontaine d'Aigoulène et les deux étangs de la Motte.

(3) La route de Paris s'embranchait sur celle de Poitiers à cette époque. Ce n'est que depuis 1698 que cette route débouche sur la place Montmailler, entre la Visitation et les Augustins.

Limoges, dites à tort Manuscrit de 1638, puisqu'elles relatent des évènements jusqu'en 1676, et dont il existe plusieurs variantes, notamment celle copiée par Legros et collationnée sur l'exemplaire du bénédictin Dom Col; le manuscrit de Pierre Mesnagier, à la suite d'une copie de celui de Jean de Lavaud, écrit de 1625 à 1676 (1); le livre de recettes de la confrérie du Saint-Sacrement de Saint-Pierre-du-Queyroix; le tome III de l'*Histoire de Saint-Martial,* par le P. Bonaventure de Saint-Amable, spécialement consacré à l'histoire du Limousin, et qui parut en 1685; enfin le *Mémoire sur la généralité de Limoges,* par M. Louis de Bernage, intendant, écrit en 1698 (2).

Il faut ajouter à cette liste un ouvrage moderne qui résume au point de vue religieux ceux que nous venons d'énumérer : c'est le livre si consciencieux de M. Pierre Laforest, *Limoges au* XVIIe *siècle.* Nous espérions soumettre notre travail et recourir aux bienveillants conseils de celui qui avait le plus particulièrement étudié cette période de notre histoire limousine, lorsque la mort est venue frapper M. Laforest. Nous ne pouvons qu'associer nos regrets à tous ceux qui ont eu l'heureuse fortune de le connaître et de lire ses livres. *Limoges au* XVIIe *siècle* restera comme la meilleure histoire religieuse de notre ville pendant cette période.

Dans la première partie de ce travail, Limoges avant le XIIIe siècle, nous avons esquissé la ville de l'abbé de Saint-Martial, le Château de Saint-Martial, comme le désignent les *Chroniques de Saint-Martial.*

Dans la seconde partie, Limoges au XVIe siècle, nous avons promené le lecteur dans la ville des consuls, la commune de Limoges. Si nous nous sommes étendu sur les moyens de défense du Château, c'est que chaque porte, chaque tour nous fournissaient un témoignage nouveau du courage et du dévouement de nos anciens consuls pour la chose publique. Les *Registres consulaires* nous retracent l'administration prudente et éclairée de la commune; ils nous montrent les sacrifices de toute nature

---

(1) Voyez la notice que nous avons consacrée à ce manuscrit, *Annales manuscrites de Limoges*, p. x.

(2) *Mémoire sur la généralité de Limoges,* par M. de Bernage, intendant, écrit en 1698. Il en existe une copie aux Archives du département (série C, 6) et à la Bibliothèque communale de Limoges.

que s'imposaient chaque jour les consuls dans l'intérêt de la ville.

Cette troisième partie est consacrée à la topographie de Limoges au XVIIe siècle, la ville du roi on peut dire, car, malgré les règlements de 1602 et de 1648 sur les élections des consuls, la direction des intérêts de la commune appartient aux officiers du roi : les bourgeois et marchands ne viennent plus qu'en troisième rang. Aussi voit-on ces bourgeois, autrefois si jaloux de leur indépendance, acheter des offices, qui, en leur donnant les prérogatives de la noblesse, vont les maintenir à la tête de la ville. M. Laforest a pu dire avec raison : « Le consulat n'est plus que » l'ombre de lui-même : la commune est morte à la liberté poli- » tique ».

Pendant cette période, notre ville comme les autres eût ses moments de tristesse et de joie. A côté de quelques jours de liesse, lors de la naissance de Louis XIII (1601), du passage d'Henri IV et de Louis XIII à Limoges (1605 et 1632), il faut citer les jours trop nombreux de privations et de deuil occasionnés par la disette, la misère et les épidémies (1).

---

(1) Sur la misère à Limoges, nous relevons les notes suivantes :

« En 1627, au mois de septembre, l'affluence des pauvres fut si grande, par » suite de la disette, que l'on fut obligé de répartir les pauvres de la ville par » maison. La disette dura jusqu'en 1631, le seigle valait de 7 à 8 livres le setier, » et bien heureux celui qui pouvait en avoir à ce prix. La peste fut la consé- » quence de cette disette. » *Ann. mss.*, p. 398.

« En 1632, les consuls prennent des mesures pour le soulagement d'un grand » nombre de pauvres, tant de la ville qu'étrangers. Ils décident de donner à » tous les pauvres actuellement dans la ville, toutes les semaines, la quantité » de pain nécessaire pour leur nourriture ; ils font soigner et nourrir les » étrangers malades à l'hôpital Saint-Gérald, et donner de l'argent aux étrangers » de passage. Pour recueillir les aumônes et veiller aux besoins des pauvres, » ils nomment deux personnes dans chacun des dix cantons, chargées de » remplir ces fonctions pendant une semaine par chaque canton. » (*Reg. cons.*, T. III, p. 285.)

« En 1633, nouvelles mesures prises par les consuls pour le soulagement des pauvres. (*Reg. cons.*, T. III, f° 164, r°.)

» En 1634, dans la crainte que la misère et la disette n'occasionnent une nouvelle peste, les consuls renvoient les mendiants de la ville. (*Reg. cons.*, T. III, f° 169, v°.)

» En 1643, les consuls désignent les habitants chargés de répartir les aumônes dans les cantons de la ville. (*Reg. cons.*, T. III, f° 189, v°.)

» En 1676, le nombre des pauvres de la campagne qui affluèrent à Limoges,

La peste de 1630-31, qui fit mourir un grand nombre de personnes, va nous fournir l'occasion de déterminer la population de Limoges au XVIIe siècle.

Si les *Registres consulaires* et le manuscrit de Pierre Mesnagier sont muets sur le nombre des victimes, les autres ouvrages contemporains accusent le nombre de vingt mille morts. Ce chiffre est évidemment très exagéré, comme le fait parfaitement ressortir M. Louis Guibert, dans son excellent travail sur les *Anciens registres paroissiaux de Limoges*. Ce n'est pas la première

---

du mois d'avril au mois de juin, était de 1,800 environ. On fit des collectes par la ville pour pouvoir les nourrir. Ils se réunissaient deux fois par jour devant l'hôpital général, où on leur faisait deux distributions (à 8 heures du matin et à 4 heures du soir). Il fallait au moins 600 tourtes par jour. (*Manuscrit de Pierre Mesnagier*, p. 342). Le P. Bonaventure (T. III, p. 869), qui place cette misère en 1678, dit que les pauvres étaient au nombre de 2,500.

» 1691, 6 et 15 février. — *M. de Bouville, intendant, au contrôleur général :* «..... A Limoges, il y a près de 5,000 pauvres à nourrir, que la charité particulière soutint pendant plusieurs mois, et auxquels le roi accorda ensuite des secours en argent ». — *Correspondance des contrôleurs généraux avec les intendants des provinces*, publiée par ordre du ministre des finances d'après les documents conservés aux Archives nationales, par M. de Boislisle. T. I, 1683 à 1699. — *Paris*, Imp. Nat., 1874.

» 1691, 26 et 29 mai. — *Du même au même* : «..... La prodigieuse quantité des pauvres qu'il faut nourrir est ce qui embarrasse le plus, parce que les aumônes ne sont pas à beaucoup près assez fortes pour les faire subsister. Sans un fonds de 2,000 livres qui étaient entre les mains d'anciens consuls, il n'aurait pas été possible de faire subsister jusqu'à présent près de 7,000 pauvres qui reçoivent l'aumône présentement..... » *Ibid.*

» 1691, 14 juin. — *Du même au même*: «..... Je crois que l'on sera obligé de faire un exemple, ouvrir les greniers, car l'abbé de Saint-Martial, qui a du blé plein ses greniers, en ayant exposé en vente pendant deux jours, et voyant que, sur le bruit qui s'est répandu que le roi allait faire vendre du blé à bon marché, il était baissé de 3 à 4 sols par boisseau, a refermé ses greniers sans avoir pitié de 6,000 pauvres que l'on tâche de nourrir tous les jours..... » *Ibid.*

» 1699, 24 avril et 8 mai. — *M. de Bernage au contrôleur général des finances :* «..... Les habitants de Limoges se sont chargés de nourrir les pauvres de la ville et de la banlieue au nombre de 2,300. » Le roi accorda 20,000 livres d'aumône d'augmentation. Cette somme fut donnée sur la demande du chancelier d'Aguesseau, qui écrivait à ce sujet : « En resvant dans mon carrosse » aux misères extrêmes du peuple du Limousin, il m'est venu dans l'esprit » qu'il ne serait peut-être pas mauvais que vous fissiez écrire à M. de Bernage, » de quitter le séjour d'Angoulême pour un temps et d'aller à Limoges et autres » villes du Limousin, jusqu'à la récolte prochaine, pour y pourvoir par tous » les expédients possibles à la nourriture et subsistance des paysans. » *Ibid*,

fois, du reste, que nous constatons l'exagération dans laquelle tombent les chroniqueurs.

Il était d'autant plus impossible de faire mourir 20,000 personnes de la peste en 1631, comme le disent les *Annales,* dans une ville qui en comptait à peine treize mille, que de faire tuer trois mille personnes dans la Cité par les soldats du prince de Galles, en 1370, lorsque cette dernière avait au maximum deux mille à deux mille cinq cents habitants (1).

Les chiffres donnés par M. Guibert sur la population de Limoges au XVIIe siècle (Château, 11,000 hab.; Cité, 2,200 hab.) sont parfaitement en rapport avec ceux du *Mémoire* présenté en 1698 par M. de Bernage : 14,000 âmes et 2,600 feux.

La superficie de la Cité étant de 12 hectares, le nombre des habitants par hectare était donc de 184, soit 54 mètres par habitant. Ces chiffres surprennent tout d'abord si on les rapproche de ceux du Château, qui, pour une superficie un tiers plus grande, 18 hectares, accuse une densité de 625 habitants par hectare, soit 16 mètres par habitant. Cette disproportion s'explique si l'on songe que la superficie du Château était *presque totalement* occupée par les habitations, lorsque les deux tiers de la superficie de la Cité étaient occupés par la cathédrale, l'évêché et les maisons du chapitre, avec leurs jardins et dépendances, trois églises paroissiales, deux cimetières (ceux de Saint-Jean et de Saint-Domnolet), et enfin quatre grandes communautés. Il restait, comme on le voit, fort peu d'espace aux habitants, dont une portion habitait entre le pont Saint-Etienne et la cathédrale (la basse Cité), et l'autre entre les portes Saint-Maurice et Traboreu (la Haute-Cité).

D'après le plan de Jouvin, nous ne voyons pas de changements sérieux apportés à l'enceinte du Château. Les *Registres consulaires* constatent bien de loin en loin des réparations faites aux murailles, mais elles semblent de peu d'importance. Cependant les *Annales manuscrites* nous apprennent qu'en 1615, au moment de la révolte des princes, les consuls et les habitants

---

(1) M. Guibert remarque avec raison « qu'à certaines époques, entre 1200 et 1500, la population de Limoges a pu atteindre le chiffre auquel elle s'élevait au moment où la Révolution éclata. Or le chiffre de la population de la Cité en 1789 étant de 2,500 habitants : il est permis de penser que ce chiffre était à peu près le même en 1370, lorsque le prince de Galles en fit le siège.

fortifièrent la ville et élevèrent plusieurs plates-formes. Le fort Saint-Martin fut entouré d'une palissade, pour laquelle on coupa 86 frênes, très beaux, dans le cimetière de Saint-Paul. On établit une plate-forme au-dessus de la porte des Arènes, on mura l'ancienne entrée de cette porte pour la remplacer par une autre du côté du cimetière des Arènes, dont les arbres servirent à faire la palissade du boulevard (1).

En 1649, au moment des guerres de la Fronde, les habitants firent réparer les portes et les tours, et barricadèrent *les faubourgs ou avenues*. Tous les soirs, les ponts-levis placés à l'entrée des ponts Saint-Martial et Saint-Etienne étaient levés et bien gardés. Les conseillers, trésoriers, bourgeois, tout le monde sans exception, allaient à la garde nuit et jour. La garde de jour était de deux cents hommes, et celle de nuit de cent. Les cantons se partageaient la garde, afin de ne pas se fatiguer, et ceux qui prenaient la garde de nuit ne la reprenaient que la quinzaine suivante (2).

Malgré cela la muraille nous apparaît bien délabrée en 1650, car Pierre Mesnagier nous apprend « qu'on ne pouvoit point faire de ronde tout autour de la ville, et que la plupart des garde-fous estoient tous par terre, si bien que du dehors on pouvoit tuer le *corporal* qui estoit en ronde sur la muraille ». On nomma des bourgeois dans chaque canton pour amasser la somme nécessaire aux réparations, et chacun donnait sans difficultés suivant ses moyens. Ces mêmes bourgeois avaient aussi mission de surveiller les ouvriers qui travaillaient aux réparations des murailles.

A partir de cette date, les réparations deviennent plus rares, et elles ont d'autant moins leur raison d'être que l'on se rapproche de notre époque. Les habitants vont s'habituer peu à peu à ne voir dans leurs murailles, devenues désormais inutiles, qu'un danger pour la santé et une gêne pour la circulation. Ils protestèrent cependant en mars 1661, par la voix des trésoriers généraux, lorsque le lieutenant-criminel du Puy-Moulinier vendit la tour

(1) « L'année précédente (1614), les dames pieuses de Limoges, appréhendant » les malheurs que cette révolte pouvait attirer sur la France, amassèrent par » les cantons de Limoges une roue de cire du poids de 120 livres, et d'une » longueur égale au circuit des murailles (705 brasses), pour faire brûler » devant saint Martial. » (*Ann. mss.*, p. 398; — P. Bonav., T. III, p. 824.)

(2) Ms. Pierre Mesnagier, p. 247.

de la Chaufferette. Les Jésuites, que cette tour gênait, et qui avaient gagné le lieutenant-criminel par un présent, obtinrent du roi la démolition de la tour, lui persuadant qu'elle tombait en ruine, et que, dans sa chute, elle pouvait causer de grands dégâts à leur maison, notamment tuer plus de *deux cents* écoliers.

La meilleure et la vraie raison est celle qui est donnée par le sieur Pagnon, procureur du roi. Les Jésuites voulaient interdire la *montée* de cette partie des murailles de la ville, afin de faire cesser les insultes dont les vagabonds les accablaient nuit et jour. Dans une assemblée générale du corps de ville, convoquée par les consuls le 28 mars 1661, il fut décidé que le passage pour monter sur la muraille serait fermé, et que, si, après un procès-verbal, la tour était déclarée menacer ruine, comme la ville manquait de fonds pour la rétablir, elle serait démolie à la hauteur des remparts. On en commença la démolition le 15 juillet 1661, mais la tour était si bien construite que les vingt manœuvres employés à cet ouvrage n'avançaient guère. La pierre était transportée à l'hôpital général que l'on achevait à cette date. Le travail fut presque aussitôt interrompu, et l'affaire resta en suspens jusqu'en 1780, date où le Bureau des finances confirma le Collège dans la possession de l'emplacement de la tour de la Chaufferette (1). Pierre Mesnagier (p. 312), qui se fait l'écho des sentiments d'indignation de la population, termine son récit par cette phrase : « Chose déplorable de voir démolir un tel » édifice, si bien fait et surpassant toutes les autres tours de la » ville de Limoges ».

Voici maintenant le résultat de nos comparaisons de l'enceinte du XVIe siècle avec celle du plan de Jouvin (1680) :

De la porte Montmailler à la porte des Arènes, entre le fort Saint-Martial et la tour en face la venelle Frègebise, Jouvin place à tort deux tours au lieu d'une ;

De la porte des Arènes à la porte Manigne, des deux tours de la Brèche et de Saint-Michel, la dernière seule est indiquée; entre l'ancienne porte du Saint-Esprit murée et la tour Pissevache, Jouvin n'oublie pas d'indiquer la tour construite en 1570, et il la

(1) A. Leroux, *Inventaire des Archives de la Haute-Vienne*, série D. 26 ; fonds de l'ancien collège de Limoges.

désigne sous le nom d'éperon. Entre la tour Pissevache et la porte Manigne, les deux tours des Déjets et la tour des Anges sont bien à leur place. Dans un état des sculptures et objets trouvés à la base de cette dernière tour, lors de la construction de la communauté des Ursulines, en 1672, elle est désignée sous le nom de tour *Sainte-Marie*. Jouvin indique une tour qui n'a jamais existé entre celle-ci et la porte Manigne.

De la porte Manigne à la porte Boucherie, pas de différence entre les deux plans.

De la porte Boucherie à la porte Montmailler, Jouvin pèche par abondance. Il indique six tours au lieu de quatre, entre l'éperon Saint-Martin et cette dernière porte. Il désigne la tour située derrière le jardin de l'hôpital sous le nom de tour des Prisons, au lieu de tour d'Amblard ou Branlant. La tour des Prisons était dans l'axe de la rue du Verdurier à cette époque. C'est probablement parce qu'une partie des prisonniers espagnols renvoyés à Limoges à la suite de la bataille de Lens, en 1648, furent enfermés dans cette tour, comme aussi dans celles des portes des Arènes et de Montmailler, que Jouvin la désigne ainsi (1).

Si l'espace réservée aux vergers n'est pas indiquée par des plantations d'arbres comme dans le plan de Fayen, Jouvin nous donne les amorces des petites venelles qui accédaient à ces vergers, venelles qui peu à peu se bordèrent de maisons et finirent par former de véritables rues, comme nous en voyons encore quelques-unes aujourd'hui. Nous pouvons citer : celle qui, partant de la rue Cruche-d'Or, longe le jardin de l'ancienne Maison de ville et aboutit dans le bas de la rue Montant-Manigne ; celle à l'angle de laquelle se trouve la statue de Notre-Dame de Lorette (en patois *du Lorio*), de la rue du Canard à la rue du Collège ; celle de la même rue du Canard à la rue du Verdurier, avec prolongation jusqu'à la rue Manigne, juste en face l'Oratoire ; celle de la rue des Taules à la rue du Temple ; celle de la rue du

---

(1) Pierre Mesnagier (p. 226) nous dit que ces prisonniers étaient au nombre de soixante, et que d'abord ils eurent la permission de se promener librement dans la ville et de travailler. Après ces quinze jours de liberté, les consuls décidèrent qu'ils seraient enfermés dans les tours ci-dessus, dans lesquelles ils restèrent deux ans.

Verdurier à la rue Manigne, aujourd'hui rue Sainte-Catherine ; enfin les deux rues qui, partant de la rue de la Boucherie (ancienne rue Torte), forment aujourd'hui les rues Chagnaud et Charreyron.

On regardait comme un véritable bienfait la possession de fontaines abondantes dans les villes du moyen âge. L'*Atlas* de Mercator insiste sur les services rendus à la ville par la fontaine d'Aigoulène et les étangs. A peu près vers la même date, 1631, Abraham Golnitz, dans son *Itinerarium Belgico-Gallicum*, reproduit par extrait dans l'*Almanach Limousin* de 1876 (p. 112), nous signale les fontaines qu'il a remarquées : « Les eaux les plus » limpides entretiennent la propreté dans la ville et y portent » la richesse. Une fontaine, la *fontaine royale* [d'Aigoulène], » verse ses eaux avec abondance par douze canaux dans la » partie supérieure de la ville, et sert à tous ses besoins. Il y a » encore celle des Jésuites [de Saint-Pierre-du-Queyroix], qui » donne l'eau par cinq bouches à la fois ; celle de Saint-Martial » [du Cloître], qui est en marbre noir ; mais, comme son an- » cienneté est cause qu'elle est fendue et qu'elle menace ruine, » elle a été consolidée avec des liens de fer qui en assurent la » durée. L'eau de cette fontaine est regardée comme un médi- » cament par les habitants ; elle est aussi utile aux ouvriers qui » travaillent les métaux, car sans elle ils ne pourraient pas » donner la couleur bleue aux objets de cuivre...... »

Le nombre des fontaines est le même qu'au XVIe siècle ; seulement le plan de Jouvin nous montre celle située entre les bâtiments de l'abbaye de Saint-Martial et son cimetière, qui se trouva plus tard au milieu de la place des Boutiques, au moment de la création de cette place, vers 1809.

En 1615, les consuls firent construire la fontaine des Barres en forme de pyramide, comme nous la voyons aujourd'hui. Des tuyaux étaient disposés sur chacune des quatre faces de la base ; mais, en cas d'insuffisance d'eau, les deux faces regardant la grand'rue qui descendait à la rue des Combes et celle du côté de cette dernière ne pouvaient être bouchées, « affin que ladicte fon- » taine serve pour l'embellissement de lad. grande rue (1) ».

La même année, la fontaine de la Claustre ou du cloître Saint-

(1) *Registres consulaires*, T. III, p. 179.

Martial, dont on ne se servait plus depuis cinquante ans, dit Bonaventure, fut réparée et nettoyée. Les consuls accordèrent la cinquième partie de l'eau de cette fontaine aux Récollets de Saint-François, qui venaient de s'établir dans le *Bastiment* (Ancienne-Comédie actuelle) (1).

En 1647, la fontaine d'Aigoulène fut ornée d'une statue en pierre représentant saint Martial en habits pontificaux, de grandeur naturelle, la face tournée vers l'abbaye de Saint-Martial. Cette statue était supportée par quatre dauphins, qui renvoyaient l'eau dans le bassin. Il paraît que cette fontaine était à sec à la fin du XVIIe siècle, à en croire la supplique en vers adressée, par un anonyme, à un intendant très peu connu, et dont M. Allou a donné des extraits dans son ouvrage (2).

De tous les petits marchés ou *Andeix* du XVIe siècle, Jouvin ne nous indique que le Vieux-Marché (place du Poids-Public). Depuis le premier tiers du XVIIe siècle, tous ces petits marchés avaient été réunis à la porte Poulaillère, à la Boucherie et au Gras du Queyroix. C'est dans ce dernier que, en 1602, le chevalier Lambert donna lecture « de la pancarte » ou édit établissant l'impôt du sou par livre, qui souleva une émeute dont les conséquences furent si désastreuses pour nos libertés municipales (3). Pierre Mesnagier nous dit qu'en 1642, à la suite d'une coalition des bouchers, les juges de police furent contraints de faire tuer les bœufs dans la Maison de ville, et qu'on portait la viande au marché du Gras, « afin de substanter le petit peuple. La viande se vendait deux sols la *livre carnassière* » (4).

Jouvin omet d'indiquer la grande croix en face du Présidial, celles du Vieux-Marché et du Puy-d'Aigoulène. Il indique en revanche l'Arbre-Peint, l'Arbre de Beauvais, la croix en face des Récollets (Ancienne-Comédie actuelle), et celle derrière le Breuil.

Nous en aurions fini avec les monuments placés sur la voie publique si nous n'avions à signaler un fait que nous révèle la

---

(1) *Registres consulaires*, T. III, p. 180.

(2) Ms. Pierre Mesnagier, p. 236. — ALLOU, *Description des monuments*, p. 154.

(3) *Registres consulaires*, T. III, p. 59 et suiv. — *Annales manuscrites*, p. 332. — P. BONAV., T. III, p. 811. — LAFOREST, *Limoges au* XVIIe *siècle*.

(4) Ms. Pierre Mesnagier, p. 225. — La livre carnassière correspondait au double de la livre ordinaire.

Correspondance des contrôleurs généraux (1). Il paraît que Limoges fut sur le point de posséder une statue du grand roi : la pauvreté de la caisse de la commune nous a seule privée de cet honneur. D'après une lettre de l'intendant de Saint-Contest (juillet 1687), nous voyons que Louis XIV, qui avait consenti à l'érection d'un portique surmonté de sa statue à Tours, à l'érection de sa statue équestre à Marseille, refusa son consentement à la commune de Limoges, qui ne lui avait offert qu'une simple statue *pédestre,* et encore ne pouvait-elle y mettre qu'une faible somme.

Le nombre des églises du Château est toujours le même au XVIIe siècle. Ces églises reçurent diverses réparations pendant cette période, dont on trouvera l'énumération dans les monographies qui leur ont été consacrées (2).

Jouvin indique sur son plan la chapelle de la Courtine, qui ne figurait pas sur celui de Fayen.

L'expansion religieuse du XVIIe siècle se traduisit à Limoges par l'établissement de dix-huit communautés, dont sept d'hommes (Récollets de Saint-François, Bénédictins, Oratoriens, Carmes déchaussés, Feuillants, Missionnaires, Génovéfains), et onze de femmes (Carmélites, Ursulines, Filles-de-Notre-Dame, Visitation, Providence, Clairistes-Urbanistes, Hospitalières de Saint-Alexis, Clairistes réformées ou Clairettes, Filles de la Croix, Sœurs de la Rivière. Remarquons aussi que c'est le XVIIe siècle qui a vu naître les six grandes confréries de Pénitents de notre ville (les noirs en 1598).

Que l'on ajoute aux dix-huit communautés ci-dessus l'abbaye de la Règle et les quatre grandes communautés que l'essor religieux du XIIIe siècle avait attirées à Limoges (Jacobins, Cordeliers, Grands-Carmes, Augustins), et on arrivera au total de vingt-deux communautés en 1700, dont quatre étaient établies dans le Château, quatre dans la Cité, et quatorze en dehors ces deux enceintes. Le nombre des religieux qui peuplaient ces communautés joint à celui des Chapitres de Saint-Etienne et de Saint-

---

(1) *Correspondance des contrôleurs généraux des finances avec les intendants des provinces....,* publiée par A.-M. de Boislisle, T. I, 1683 à 1699.

(2) Roy-de-Pierrefitte, *Abbaye de Saint-Martial,* au *Bulletin de la Société Archéologique,* T. XII. — Legros, *Recherches sur Saint-Michel-des-Lions.* — Maurice Ardant, *Saint-Pierre-du-Queyroix.*

Martial, et des curés et vicaires des seize paroisses de Limoges, porte le total des membres du clergé à mille environ. C'était presque le dixième de la population de Limoges; ce qui faisait dire à M. Juge-Saint-Martin que, proportion gardée, aucune ville de France ne nourrissait autant de célibataires que Limoges (1).

Si l'on examine l'ensemble des différents établissements religieux, on remarque dans leur disposition des points communs sur lesquels il est utile d'insister. M. de Caumont (2) nous dit que dès la fin du VIIIe siècle les constructions monastiques offrirent une disposition uniforme qui se rapprochait du plan d'une villa romaine, à laquelle un seul élément, l'église, vint se substituer à certaines dépendances de l'habitation antique, et forma toujours un des côtés de la cour du cloître. Ainsi les maisons conventuelles, après s'être développées parallèlement à l'église, venaient, en retour d'équerre, s'appuyer d'un côté sur le transsept ou le sanctuaire, et de l'autre, sur la partie occidentale de la nef.

La disposition de presque toutes les communautés de Limoges indiquées par le plan de Jouvin vient appuyer l'opinion de M. de Caumont. Cependant, pour certaines raisons que nous ne connaissons pas, des questions de propriétés particulières et de direction de la voie publique, quelques communautés n'ont pas leur église orientée suivant le rite catholique, de l'est à l'ouest, comme par exemple les Cordeliers, les Grands-Carmes, les Récollets de Saint-François, les Ursulines, les Filles Notre-Dame, la Visitation, la Providence. Quelques-unes aussi modifièrent la destination primitivement donnée aux bâtiments conventuels, qui étaient ainsi disposés à l'origine : autour du préau ou jardin carré, encadré dans la galerie du cloître, se trouvaient l'église orientée, de l'est à l'ouest; à l'est, la salle capitulaire et diverses salles surmontées du dortoir ; parallèlement à l'église,

(1) J.-J. Juge, *Changements survenus dans les mœurs des habitants de Limoges depuis une cinquantaine d'années*, p. 24. — *Limoges*, Bargeas, 1817, deuxième édition.

Le deuxième Registre consulaire, en cours de publication, contient un acte de 1648, par lequel la ville oppose un refus à l'établissement des Capucins, attendu « qu'il y avoit trop de relligieux mendiants à Lymoges pour sa » grandeur, à la besace desquels les habitants avoint assez de peyne à fournir ».

(1) De Caumont, *Abécédaire d'Archéologie*, Architecture religieuse.

le réfectoire et ses dépendances; et enfin, à l'ouest des magasins, les salles des hôtes, etc., etc.

Les quatre communautés renfermées dans le Château étaient :

Les *Récollets de Saint-François,* qui obtinrent de la ville l'abandon de l'ancienne maison de Guillaume de Julien, appelée *le Bastiment* ou *la Bayardère,* « où les basteleurs faisaient leurs exercices », sur l'emplacement de l'école primaire supérieure actuelle. Ils s'établirent dans cette maison le 14 avril 1614; on la désignait par *le petit couvent,* pour la distinguer du grand couvent, établi à Sainte-Valérie depuis 1596, dont nous parlerons plus loin. La première pierre de la chapelle fut posée le 14 juillet 1616. Cette chapelle subsiste encore; on la désigne aujourd'hui sous le nom d'Ancienne-Comédie. D'après M. de Bernage (1), auquel nous empruntons le nombre des religieux de chaque communauté en 1698, les Récollets étaient au nombre de quinze environ.

Les Ursulines, dont la ville avait favorablement accueilli la demande de résidence le 4 octobre 1620, arrivèrent à Limoges le 15 novembre suivant, et s'établirent dans la maison de Dupeyrat, devant la fontaine du Cloître-Saint-Martial. Au mois de mars 1621, elles se retirèrent près de l'andeix du Vieux-Marché, dans la maison de Dorat, notaire, achetée 2,100 livres, où elles ouvrirent une maison d'éducation pour les jeunes filles. Après des débuts assez difficiles en raison de ses faibles ressources, l'établissement des Ursulines prospéra, et, en 1673, les religieuses purent faire reconstruire une maison beaucoup plus spacieuse que la première, qui ne fut achevée que trois ans après. Leur église fut consacrée le 21 octobre 1674, par Mgr François de La Fayette. Cet établissement était situé à l'extrémité de la rue Bancléger, et dominait le boulevard qui porte encore le nom des Ursulines. En 1698, le nombre des religieuses était de 60 environ (2).

Les Pères de l'Oratoire, dont l'établissement fut autorisé par la ville le 16 juin 1624, célébrèrent leur première messe à Limoges le 21 juillet suivant. Ils s'établirent d'abord dans la maison

---

(1) *Annales manuscrites,* p. 377, 404. — P. Bonav., T. III, p. 824. — Mémoire de M. de Bernage, ms.

(2) *Annales manuscrites,* p. 393. — Ms. Pierre Mesnagier, p. 342. — P. Bonav., T. III, p. 829. — Mémoire de M. de Bernage, ms. — P. Laforest, *Limoges au* XVIIe *siècle,* p. 112 et suiv.

Dupeyrat, qui avait abrité les Ursulines trois ans auparavant, puis rue de l'Arbre-Peint, proche le logis de Fouliant. Ce n'est qu'en 1637 qu'ils vinrent dans la maison achetée 6,000 livres au sieur Boyol, près de l'andeix de Manigne. C'est la maison qui appartient actuellement à la famille Petiniaud de Champagnac, rue Manigne, 18. En 1647, ils achetèrent 3,000 livres, à la veuve de Martin Benoît, la maison sur laquelle devait être bâtie leur église, plus deux autres petites maisons contiguës appartenant à la veuve de Gaspard Benoît. Ils étaient trois en 1698 (1).

Les Filles de Notre-Dame s'établirent en 1634 dans la maison qu'elles venaient d'acheter 22,000 livres aux Carmélites, située entre le Portail-Imbert et la rue des Combes. Elles ajoutèrent à ce local déjà considérable un bâtiment pour leur pensionnat. Cet établissement fut très prospère dès ses débuts ; il comptait une trentaine de religieuses en 1698 (2).

Il nous reste à parler maintenant des transformations subies par quelques édifices civils au XVIIe siècle.

Le Breuil va bientôt perdre son ancien nom pour prendre celui de l'Intendance. Après avoir servi de pied à terre à Henri IV, à Louis XIII et aux grands fonctionnaires qui traversèrent Limoges au XVIIe siècle, il va devenir la résidence des intendants de police, justice et finances de la province, c'est-à-dire des représentants du pouvoir central ; car ce n'est plus à la maison de ville qu'il faut aller chercher la direction des intérêts de la communauté, c'est à l'Intendance désormais. Les fonctions de consuls se réduisent à la collecte des tailles et impositions ordinaires, comme le dit M. de Bernage.

Les intendants durent habiter le Breuil au commencement du XVIIIe siècle seulement, car nous voyons que l'intendant Frémin habitait en 1639 place Saint-Pierre, dans la maison Pinot. L'intendant Henri d'Aguesseau habitait en 1660 rue du Consulat, puisque c'est dans cette rue que l'illustre chancelier a vu le jour.

En face du Breuil, se trouvait le Bureau des Trésoriers de

---

(1) *Ann. mss.*, p. 395; — Ms. Pierre Mesnager, p. 223; — P. BONAVENTURE, T. III, p. 831 ; — Mémoire de M. de Bernage, ms. ; — P. LAFOREST, *Limoges au* XVIIe *siècle*, p. 563 et suiv.

(2) *Ann. mss.*, p. 18 ; — P. BONAV., T. III, p. 840 ; — Mémoire de M. de Bernage, ms. ; — P. LAFOREST, *Limoges au* XVIIe *siècle*, p. 339 et suiv.

France. Ce tribunal se composait de vingt-cinq trésoriers, et il avait à peu près les mêmes attributions que le Conseil de préfecture de nos jours.

Au XVIIe siècle, le Collège, placé sous la direction des Jésuites depuis 1598 et désigné sous le nom de Collège Sainte-Marie, atteint son plus grand développement. Après être resté sans régent pendant près de deux ans, le Collège rouvrit ses portes en février 1599, et le nombre de ses élèves alla croissant. En 1685, date approximative de sa plus grande prospérité, d'après M. Leroux (1), auquel nous empruntons tous ces détails, le nombre des élèves était de 1,500, répartis en sept classes à deux divisions de 107 élèves, et occupant quatorze ou seize professeurs sur les trente-six Jésuites existant à cette époque.

« Les Jésuites, se trouvant à l'étroit dans le local du premier collège, commencèrent vers 1625 le corps-de-logis qui borde encore la rue du Collège, et qui porte à l'une de ses extrémités la date de 1621. Ils en élevèrent un autre plus considérable entre 1655 et 1656, et un troisième vers 1680-1685 (2), lorsque l'affluence toujours croissante des élèves les eut contraints d'augmenter le nombre des classes. Ce nouveau bâtiment était attenant aux murailles de la ville, et par conséquent aussi au chevet de la chapelle. Il s'ouvrait sur un jardin décoré d'espaliers et de charmilles, au centre duquel se trouvait une fontaine à plusieurs jets dégorgeant dans un vaste bassin.

» Au milieu des bâtiments cédés par les consuls aux Jésuites, se trouvait une chapelle de dimensions assez restreintes, bâtie en 1583. Cette chapelle menaçait ruine quand les Jésuites arrivèrent à Limoges, et les consuls avaient promis de la rebâtir de fond en comble, quand elle s'écroula le 14 décembre 1607, quelques mois après que l'évêque de Limoges eut posé la première pierre de l'édifice destiné à la remplacer (11 juillet 1607). Les Pères transférèrent provisoirement leurs exercices de culte dans l'église

---

(1) A. Leroux, *Inventaire des Archives de la Haute-Vienne*, série D, fonds de l'ancien Collège ; introduction. — Ms. de Pierre Mesnagier, p. 215, 222 ; — *Annales manuscrites*, p. 379 ; — Bonav., T. III, p. 821 ; — P. Laforest, *Limoges au XVIIe siècle*, p. 141 et suiv.

(2) Les Jésuites sollicitèrent un secours du roi pour les aider à payer leurs constructions, par l'entremise de l'intendant de Gourgues. — Lettre du 25 janvier 1686, *Correspondance des intendants aux contrôleurs généraux*.

de Saint-Pierre-du-Queyroix, sur l'invitation même du curé de la paroisse. L'ancienne chapelle fut restaurée en hâte, et les Pères purent y rentrer au bout de quelques mois, en attendant l'achèvement de la nouvelle. Celle-ci ne fut inaugurée que vingt-deux ans plus tard, le 14 août 1629, comme l'indique la plaque de marbre au-dessus de la porte d'entrée.

» On a de la peine à retrouver dans ce monument, contemporain de Louis XIII, les caractères d'élégance artistique qu'on lui a attribués. Son style hybride participe de l'art du moyen âge et des tendances classiques de la Renaissance. Sur la façade, flanquée de clochetons quadrangulaires, ont été plaqués en étagement deux portiques à frontons interrompus (le premier d'ordre dorique, le second d'ordre ionique), qui accusent nettement le style des Jésuites. Mais la chapelle de Notre-Dame du Collège de Limoges a en moins les dimensions superbes et les proportions parfaites qui frappent si vivement dans Saint-Paul-Saint-Louis de Paris, type principal en France de ce style de décadence. Ecrasée entre les bâtiments du Collège et les maisons voisines, la chapelle des Jésuites ne se révèle au loin que par les deux clochers qui émergent de chaque côté de l'abside. Inégaux de diamètre et de hauteur, ils ne contribuent guère du reste à donner à l'édifice un aspect vraiment monumental. »

« En 1634, veille des Trois-Rois, furent brûlées les prisons de la cour présidiale. L'incendie commença à deux heures du matin et dura jusqu'à midi du lendemain des Rois. Sans les secours qui furent apportés, les prisonniers se seraient tous brûlés. Les grilles de fer tombèrent toutes d'elles-mêmes dans les prisons construites en pierre. Aussitôt on fit reconstruire les prisons depuis le creux des basses-fosses jusqu'aux tuiles, le tout de pierre de taille (1). »

Depuis 1661, date de l'achèvement des bâtiments de l'hôpital général, auquel on avait réuni tous les petits hôpitaux de la ville, l'hôpital Saint-Martial était sans emploi. On y établit le tribunal de l'élection et l'hôtel de la Monnaie, précédemment situé rue du Temple. L'hôtel de la Monnaie resta dans ce local jusqu'à la suppression de l'atelier monétaire de Limoges, en 1837. Quatre colonnes torses qui soutiennent une galerie de la deuxième cour

(1) Ms. de Pierre Mesnagier, p. 220.

sont les seuls détails d'architecture dignes de remarque qui nous soient restés de cet hôtel.

La Cité, d'après le plan de Jouvin, n'a pas, comme le Château, l'aspect d'une ville forte. Son mur d'enceinte ressemble plutôt à une clôture séparant le territoire placé sous la juridiction de l'évêque de celui qui relève des consuls. Sauf les deux grosses tours qui protégeaient la porte du Chêne et dominaient le cours de la Vienne, sa muraille ne présente aucun ouvrage de défense à la fin du XVIIe siècle.

Les fossés paraissent comblés en plusieurs endroits, et les quatre ouvertures désignées par le seul mot *porte* ne paraissent entourées d'aucun ouvrage de défense ; elles débouchent directement sur le fossé (1). De 1655 à 1660, la partie des fossés en face le cimetière de Saint-Maurice avait été cédée par l'intendant aux religieuses de la Providence pour y construire leur communauté. Un peu plus loin, près de la porte Scutarie, une croix et la fontaine de la Cité, établie en 1627, occupaient le milieu du fossé. A cinquante mètres au-dessus, se trouvait une sorte de réservoir de forme elliptique, près de la porte Traboreu et en face de la *Planchette* sur laquelle on traversait le ruisseau de Joumard.

Les portes indiquées par Jouvin correspondent bien aux anciennes portes dont nous avons parlé plus haut (p. 37), c'étaient : la porte Panet (entrée de la rue de ce nom) ; la porte Saint-Maurice (entrée de la rue Neuve-Saint-Etienne actuelle) ; la porte Scutarie (entrée de la rue Haute-Cité actuelle) ; la porte Traboreu (2), à peu près dans l'axe du clocher de la Cathédrale, et

---

(1) La rue Sainte-Affre, qui aboutissait auparavant à une ancienne tour, débouche aussi directement sur le fossé.

(2) Au sujet de la porte Traboreu, on pourrait penser que l'extension donnée au quartier des Petites-Maisons au XVIe siècle en modifia l'emplacement. Le niveau du sol et les voies qui conduisent à cette porte viennent à l'encontre de cette opinion, et confirment son existence dès l'origine de l'enceinte sur le point indiqué par le plan de Jouvin. En effet, la rue du Jeu-d'Amour suivait la contrescarpe des fossés de la Cité, depuis la porte Traboreu jusqu'à la porte du Chêne. A cette rue venaient se souder : 1° la rue des Petites-Maisons actuelle, qui aboutissait directement à Saint-Gérald, et dans laquelle débouchait le chemin qui menait à Saint-Michel-de-Pistorie, d'une part, et aux Jacobins, de l'autre ; 2° le seul chemin qui allât rejoindre celui qui conduisait au pont Saint-Martial, avec lequel il bifurquait au niveau de l'entrée de l'avenue du Pont-

enfin la porte du Chêne, près de l'entrée de l'abbaye de la Règle, grand séminaire actuel.

Depuis 1625, la Cité comprenait dans son périmètre le couvent des Carmes déchaussés ou Petits-Carmes, dont les murs servaient en même temps de clôture à la Cité de ce côté, comme les murs de l'abbaye de la Règle du côté opposé, et encadraient ainsi, à droite comme à gauche, la rue du Pont-Saint-Etienne.

Bien que la Cité soit un tiers moins grande que le Château, elle renfermait cependant, outre la basilique de Saint-Etienne, trois églises paroissiales : Saint-Jean-en-Saint-Etienne, Saint-Domnolet et Saint-Maurice (1).

La Cathédrale a eu dans le savant président de la Société Archéologique, M. l'abbé Arbellot, un historien qui ne nous laisse rien à dire après lui. Nous renvoyons donc aux trois notices qu'il a publiées ceux qui voudront lire l'histoire complète de ce bel édifice (2).

Saint-Jean-en-Saint-Etienne, située en face du portail nord de la Cathédrale, existait avant le XIIe siècle. La cure était à la collation du chapitre de Saint-Etienne. On sait que cette petite église avait le privilège, depuis 1505, de baptiser tous les enfants qui naissaient dans les autres paroisses de Limoges durant les octaves de Pâques et de la Pentecôte.

Neuf actuelle, en suivant parallèlement le ruisseau de Joumard. Nous ne savons quel nom a porté la rue de la Vieille-Poste, avant que la poste se soit installée dans cette rue, et où elle se trouvait au XVIIe siècle ; mais le qualificatif *vieille* n'a dû lui être donné qu'au moment du transport de la poste dans un autre local, postérieurement au XVIIe siècle.

(1) Archives communales, série AA, 2. — « Sentence du Conseil d'Etat, du 7 mars 1654, ordonnant une enquête à la demande faite par les consuls et habitants de la Cité de Limoges : ceux-ci exposent que la Cité est complètement distincte et indépendante de la ville, qu'elle est peu peuplée, « estant de petite consistence, la plus grande partie d'icelle occupée par l'église cathédrale, par plusieurs maisons canoniales, par l'abbaye de N.-D. de la Règle, le couvent des Filles de Sainte-Claire, celuy des Carmes déchossés, le prieuré de Saint-André, et par les églises de Saint-Jean, de Saint-Domnolet et de Saint-Maurice » ; que presque toutes les maisons appartiennent à des bourgeois de la ville, qui ne les habitent pas, mais les louent à de pauvres artisans, de sorte que, la taille étant personnelle et non réelle, tous les impôts retombent sur ces derniers ; la requête conclut à ce que Sa Majesté ordonne que dorénavant la Cité ne soit jamais taxée à plus du 30e de la part de la ville de Limoges. »

(2) Abbé ARBELLOT, *La Cathédrale de Limoges. — Notice sur le tombeau de Jean de Langeac. — Notice sur le Jubé de la Cathédrale.*

Saint-Domnolet était primitivement une chapelle dédiée à saint Grégoire. Elle était placée à l'entrée de la rue du Rajat actuelle, et son cimetière se trouvait au-dessous. En 1534, Mgr de Langeac fit relever et mettre dans une châsse d'argent le corps de saint Domnolet, que possédait cette église, et dont elle portait le nom dès le XIIe siècle. En 1623, la paroisse de Saint-André fut unie à celle de Saint-Domnolet à la suite de la prise de possession de l'église de Saint-André par les Carmes déchaussés. Saint-Domnolet fut complètement réparée en 1645 par les soins de son curé, M. Villemontel; elle fut un peu agrandie en 1671, aux frais de l'abbaye de la Règle, dont elle relevait. (1).

Saint-Maurice, située près de la porte à laquelle elle donnait son nom, n'était séparée du couvent de la Providence que par la largeur de la voie publique. Elle avait bénéficié de la réunion de la cure de Saint-Genès. Presque tous les paroissions de cette paroisse habitaient la portion que l'on appelait l'entre-deux-villes (faubourgs Boucherie et Manigne). Cette église, qui sert actuellement de chapelle aux Carmélites, est la seule des églises paroissiales de la Cité qui subsiste encore.

Il y avait anciennement deux autres églises paroissiales dans la Cité : l'une, Saint-Genès, avait été incendiée en 1105 par les habitants du Château : les Clairettes firent construire leur chapelle sur son emplacement après 1619; l'autre, Sainte-Affre, après avoir été incendiée aussi en 1105, avait été relevée; mais, comme elle tombait en ruine en 1545, on avait transporté la cure à Saint-Julien, qui pour cette raison s'appelait Saint-Julien-Sainte-Affre. Elle ne figure pas sur le plan de Jouvin.

Indépendamment de ces églises, la Cité renfermait encore :

La Règle, immense abbaye de femmes, qui remontait au IXe siècle et occupait un cinquième de la superficie de la Cité; l'abbesse avait droit de seigneurie sur une partie de la basse Cité. Jeanne de Verthamond, abbesse de la Règle de 1620 à 1675, fit reconstruire une partie des bâtiments de l'abbaye. Ce sont ses armes que l'on voit sur les murs qui bordent la rue de la Règle, au-dessus du millésime 1659 (2). (61 religieuses en 1698.)

---

(1) Ms. de Pierre Mesnagier, p. 226 ; — Bonav., T. III, p. 764; — *Annales manuscrites*, p. 78, 324 ; — P. Laforest, *Limoges au* XVIIe *siècle*, p. 316.

(2) P. Laforest, *Limoges au* XVIIe *siècle*, p. 305 et suiv.

Les *Carmes déchaussés,* établis depuis 1623 près de la porte Panet, et qui avaient pour chapelle l'ancienne église paroissiale de Saint-André. On peut juger de l'étendue de cette communauté par le territoire que les Sœurs de la Visitation occupent aujourd'hui, auquel s'ajoutait avant la Révolution tout un côté de la rue des Petits-Carmes où se trouvait l'église Saint-André. (20 religieux en 1698.)

La *Providence* s'établit d'abord rue du Collège, au domicile de sa fondatrice, Marcelle Chambon, veuve Germain ; puis boulevard Saint-Maurice, dans l'hôtellerie de *la Trappe,* qui avait appartenu aux parents de Marcelle Germain ; enfin, en 1659, auprès de la chapelle de Notre-Dame-du-Puy-en-Velay et de l'ancien hôpital Saint-Maurice, en face l'église de ce nom. Ce couvent était construit contre le cimetière de Saint-Maurice. Les religieuses avaient obtenu de l'intendant d'empiéter sur les anciens fossés de la Cité pour leurs constructions. (27 religieuses en 1698) (1).

Les *Urbanistes de Sainte-Claire* se fixèrent en 1619 sur l'emplacement de l'ancienne église de Saint-Genès, place des Bancs-Charniers (rue Haute-Cité actuelle). On leur donnait aussi le nom de *Grandes-Claires,* pour les distinguer de la réforme de ce couvent, établie en 1659 à l'entrée du faubourg des Arènes. Le territoire de cette communauté s'étendait jusqu'à l'ancienne église Sainte-Affre. D'après le *Pouillé* de Nadaud, c'était un des monastères les plus vastes et les plus considérables de la ville. La chapelle des Clairettes fut achevée en 1641, aux frais de Mme de la Feuillade, sa fondatrice. Tous les bois furent fournis par M. de Châteauneuf (2). (23 religieuses en 1698.)

Au XVIIe siècle, le *Palais épiscopal* formait comme le prolongement du transept sud de la Cathédrale, d'après le plan de Jouvin. En 1533, Mgr de Langeac avait entrepris la construction d'un nouveau palais sur l'emplacement de l'Evêcaud, occupé aujourd'hui par les Frères des Ecoles chrétiennes, près de l'ancienne tour de Maulmont, dont on acheva la démolition à cette date. La mort de l'évêque, arrivée en 1541, interrompit les travaux. On voit encore des contreforts de cette construction, dont les caves existent toujours.

---

(1) P. LAFOREST, *Limoges au* XVIIe *siècle,* p. 370 et suiv.

(2) Ms. de Pierre Mesnagier, p. 224.

Le *Pariage*, ou tribunal, était ainsi nommé à cause de l'association entre le roi et l'évêque pour l'exercice de la justice, qui dura de 1307 à 1597, date où l'évêque Henri de La Marthonie racheta les droits de la Couronne. Ce tribunal était situé derrière le chevet de la Cathédrale, sur l'emplacement des maisons que la municipalité a fait démolir en 1882, pour dégager les abords de l'édifice.

La *Poste* était établie depuis 1602 dans la rue de la Vieille-Poste actuelle, qui ne dut prendre le nom de Vieille-Poste que lorsqu'on transféra la Poste dans un autre local. D'après Pierre Mesnagier, le commissaire de la Cour des aides de Paris envoyé pour apaiser le différend entre les consuls du Château de 1657 et ceux de 1658, qui les avaient *déchaperonnés,* logea dans la maison de la Poste, en la Cité (1).

En dehors de l'enceinte du Château et de la Cité, Limoges possédait encore onze églises paroissiales, dont quatre pour la banlieue : Sainte-Claire de Soubrevas, Sainte-Madeleine de la Bregère, Sainte-Marie-l'Egyptienne d'Usurat et Saint-Martial de Montjovis, la seule des quatre que les limites du plan de Jouvin puisse nous indiquer. Nous les décrirons d'après leur ordre chronologique :

Sainte-Félicité, située au fond de la place qui porte actuellement ce nom, était précédée de son cimetière, d'après le plan de Jouvin. Elle portait le nom de Saint-Symphorien antérieurement au XIVe siècle. Cette église aurait été fondée par saint Martial. Le plus grand argument en faveur de son antiquité, c'est sa situation au centre de l'ancienne ville gallo-romaine. Cette église, à cause de sa situation à l'entrée du pont Saint-Martial et en dehors de l'enceinte, a été détruite et reconstruite plusieurs fois. En 1565, on réunit à cette paroisse la cure de Saint-Lazare.

Saint-Michel-de-Pistorie, située tout auprès, dans l'ancien Clos-Orphéroux (derrière le n° 37 de l'avenue du Pont-Neuf), aurait primitivement servi de chapelle à une abbaye fondée par le père de saint Yrieix, dont elle possédait les reliques. Elle devait son nom de *Pistorie* à sa position au milieu du quartier des boulangers. C'est dans cette église que, depuis 1598, se réu-

---

(1) Ms. de Pierre Mesnagier, p. 315.

nissait la première des confréries de pénitents fondée à Limoges par Bardon de Brun, celle des pénitents noirs.

Saint-Gérald, que l'on rencontrait un peu au-dessus, occupait l'emplacement de l'Hôtel-de-Ville actuel. Il est fait mention de cette église dès le XIIe siècle dans les *Chroniques de Saint-Martial.* C'est près d'elle que fut établi l'un des premiers hôpitaux de Limoges, et c'est sur l'emplacement de ce dernier que fut construit l'hôpital général en 1660.

Saint-Cessadre ou *Cessateur* s'élevait au milieu du carrefour formé par les chemins venant de Saint-Gérald, de la porte du Saint-Esprit et des Grands-Carmes, dans le bas de la rue des Pénitents-Rouges actuelle. Cette église portait le nom d'un évêque de Limoges, mort au VIIIe siècle. Elle possédait les reliques de saint Aurélien, plus tard transportées dans la chapelle de ce nom, qui dépendait de cette paroisse. En 1630-31, les pestiférés furent en grande partie enterrés dans le cimetière de Saint-Cessateur, dont l'église resta abandonnée quelque temps. Les réparations de l'église furent achevées le 15 juillet 1662 (1). Les pénitents rouges s'y établirent en 1648.

Saint-Paul, que Jouvin désigne par « Saint-Paul-lez-Limoges », était placée à l'entrée du tunnel de la ligne de Paris à Toulouse. Cette église remontait au VIe siècle ; on y avait enterré saint Asclèpe et saint Ferréol, évêques de Limoges. En 1565, on réunit à cette paroisse celle de Saint-Laurent, située près du cimetière de l'abbaye de Saint-Martin. La confrérie des pénitents bleus s'y réunissait.

Saint-Julien, située un peu plus bas, est actuellement remplacée par la chapelle du couvent du Bon-Pasteur (rue des Pénitents-Blancs actuelle). Cette paroisse, sur l'origine de laquelle nous savons peu de choses, engloba en 1545 celle de Sainte-Affre, dont l'église, bâtie dans l'enceinte de la Cité, près de la porte Panet, tombait en ruine à cette date. Les pénitents blancs y avaient fait établir une belle tribune (2).

Saint-Christophe était placée à cinquante mètres plus bas que Saint-Julien, un peu en avant du portail de la caserne des Bénédictins actuelle. A cette paroisse fut réunie l'ancienne maladrerie

(1) Ms. de Pierre Mesnagier, p. 317.

(2) *Ibid.,* p. 221.

de la lèpre blanche de Saint-Jacques, désignée par *Saint-Jammet* sur le plan de Jouvin, et située derrière le couvent des Bénédictins.

Saint-Martial-de-Montjovis, désignée par *Montjovis*, est la seule des quatre paroisses de la banlieue que Jouvin nous indique. Construite sur le sommet du coteau qui domine la ville, cette église dut s'établir sur les ruines de l'ancien temple de Jupiter qui avait donné primitivement son nom à ce quartier, *Mons Jovis*, et qui fut désigné par *Mons-Gaudii*, Mont-de-Joie, à la suite du miracle des Ardents, accompli en 994 (1). Les pénitents feuilles-mortes s'y réunissaient.

Tout près de Saint-Martial-de-Montjovis se trouvait l'*Ermitage*, occupé par un ermite à la nomination des consuls, logé, vêtu et chauffé aux frais de la commune, et qui avait mission de prier Dieu pour le roi et pour le salut de tous et de chacun en particulier. Les *Registres consulaires* nous donnent plusieurs récits du cérémonial usité pour l'installation des ermites de Montjovis, auxquels nous renvoyons le lecteur.

Voici maintenant les treize communautés extra-muros que Jouvin nous indique d'après l'ordre chronologique de l'arrivée des derniers occupants :

Les communautés d'hommes étaient au nombre de neuf, savoir :

Les *Jacobins* ou *Frères prêcheurs*, qui, à leur arrivée à Limoges, en 1219, habitaient au-delà du pont Saint-Martial, vinrent se fixer en 1238 dans les terrains qu'ils venaient d'acheter au bout du faubourg Manigne. Leur couvent et ses dépendances étaient très vastes : ils couvraient tout le coteau qui domine le pont Saint-Martial. Une partie de leur chapelle forme le fond de la place qui porte encore leur nom ; elle sert aujourd'hui d'église paroissiale. Les Jacobins avaient un collége où ils enseignaient la philosophie et la théologie. C'est aussi dans une salle de leur couvent que se tenaient les assemblées du Collége royal de médecine, établi par lettres-patentes de novembre 1646. (20 religieux en 1698.)

Les *Cordeliers* ou *Frères mineurs* habitèrent à leur arrivée à Limoges, en 1221, près de la fontaine des Menudets, non loin

---

(1) *Bulletin de la Société Archéologique du Limousin*, T. III, p. 105.

de l'église Saint-Paul; c'est en 1244 qu'ils vinrent s'établir près des étangs de Palvézy. La façade de leur chapelle regardait le couvent des Feuillants, dont elle n'était séparée que par la place Jourdan actuelle. On voyait encore des restes de ce couvent avant le percement du tunnel de la ligne de Périgueux. En 1614, à la suite d'une grande disette, ce furent les Cordeliers qui se chargèrent pendant trois mois de la distribution des aumônes aux pauvres de la ville. (Environ 20 religieux en 1698.)

Les *Grands-Carmes* logèrent provisoirement en 1244 dans la maison qu'avaient occupée les Jacobins à leur arrivée, au-delà du pont Saint-Martial. Ils essayèrent d'abord de construire leur couvent près de la place Manigne ; mais les Jacobins, auxquels leur voisinage portait ombrage, les forcèrent à s'établir plus loin de leur maison. Ce n'est qu'en 1260 qu'ils vinrent se fixer sur la place qui porte leur nom. Leur chapelle formait le côté du rectangle de leurs bâtiments le plus rapproché de la ville. L'un des côtés de ces bâtiments borde encore la rue Neuve-des-Carmes dans toute sa longueur. Ils possédaient de très beaux jardins qui s'étendaient jusqu'auprès de Saint-Cessateur. (36 religieux en 1698.)

C'est en face des Grands-Carmes que se trouvait le *Reclusage*. Comme l'ermite de Montjovis, la *recluse* était nommée par les consuls, et le cérémonial de l'installation d'une recluse était à peu près le même que celui d'un ermite. Les consuls « baillaient » à la recluse les draps de devocion, le manteau et le chapperon », et les gardes-portes étaient tenus de lui fournir, de quinze jours en quinze jours, une charge de bois (1).

Les *Augustins* s'établirent en 1290 entre la route de Paris et la rue Prépapaud. Leur principale façade se trouvait sur la route de Paris, en face de la Visitation. (30 religieux en 1698) (2).

Les *Récollets de Sainte-Valérie*, ainsi nommés parce qu'ils s'étaient établis en 1596 près de l'ancienne église Sainte-Valérie, sur les ruines de laquelle ils construisirent leur chapelle, et pour les distinguer des Récollets de Saint-François, établis en 1614 dans l'enceinte du Château ; les Récollets se logèrent quelques temps dans le prieuré de Saint-Gérald, en attendant la construc-

---

(1) *Registres consulaires, passim.*
(2) Ms. Pierre Mesnagier, p. 226.

tion de leur maison. Leurs dépendances s'étendaient depuis la rue des Récollets actuelle jusqu'au faubourg Pont-Saint-Martial. (Environ 15 religieux en 1698.)

Les *Bénédictins,* établis dans l'ancienne abbaye de Saint-Augustin-lez-Limoges depuis le xe siècle ; ils reçurent leur principale réforme en 1612, sous l'abbé Reynaud. C'est en 1614 que les Pères rebâtirent leur monastère, en utilisant les pierres des tombeaux de l'ancien cimetière des Augustins. Lorsque l'on construisit l'abbaye au ve siècle, ce cimetière fut placé tout le long de l'église. Le grand dôme de la chapelle s'écroula le 15 janvier 1651 (1). (27 religieux en 1698.)

Les *PP. Feuillants* occupèrent en 1622 l'ancienne abbaye de Saint-Martin, fondée par les parents de saint Eloi, sur l'emplacement de l'Hôtel du xiie corps d'armée actuel. En 1638, ils firent reconstruire les bâtiments du monastère. Le cimetière de Saint-Paul était attenant. (8 religieux en 1698.)

Les *PP. de Chancelade* ou *Génovéfains* obtinrent en 1635 la cession de l'ancien prieuré de Saint-Gérald, fondé en 1158 par l'évêque Gérald. Alain de Solminiac, évêque de Cahors, les avait envoyés fonder cette maison, et avait déjà fait commencer le bâtiment; mais, comme ils se soumirent à l'ordre de Sainte-Geneviève de Paris, l'évêque de Cahors les abandonna et ne voulut plus contribuer à la construction de leur couvent. C'est pour cette raison que les murailles, sorties à peine de terre en 1639, restèrent inachevées. (3 religieux en 1698) (2).

Les *PP. de la Mission* vinrent se fixer en 1659 derrière l'hôpital général. Leur chapelle, construite en 1664, sert aujourd'hui de chapelle à l'hôpital. Pierre Mesnagier nous apprend qu'en 1661 le nombre des jeunes prêtres qui étudiaient à la Mission dépassait 60. (12 missionnaires en 1698.)

Les communautés de femmes étaient :

Les *Carmélites*, primitivement établies dans l'enceinte du Château (en 1618), près de l'Arbre de Beauvais, dans la maison de Pierre Descordes, sieur de Balézis, achetée 5,500 livres, se fixèrent en 1634 au bout du faubourg Manigne, non loin des

(1) Ms. Pierre Mesnagier, p. 254; — P. Laforest, *Limoges au* xviie *siècle,* p. 95 et suiv.

(2) Ms. Pierre Mesnagier, p. 221.

Jacobins. L'un des côtés de leurs bâtiments bordait la rue qui porte encore leur nom. Leur église fut consacrée le 4 octobre 1682. (33 religieuses en 1698) (1).

Les *Filles de la Visitation* s'établirent en 1643 à l'entrée de la route de Paris, en face des Augustins, dans une maison achetée à Jean Périère, premier-président de Limoges. Elles firent abattre le portail du faubourg qui les séparait des Augustins, et qui fut remplacé par un autre portail surmonté d'une statue de la Vierge. (53 religieuses en 1698) (2).

Les *Clairettes* ou *Petites-Claires,* pour les distinguer de celles de la Cité, s'établirent en 1659, par les soins de Mlle de Malden de Meilhac, dans l'ancien prieuré de Notre-Dame-des-Arènes, à l'entrée du faubourg des Arènes. Leur construction ne fut achevée qu'en 1661. (30 religieuses en 1698) (3).

Les *Hospitalières de Saint-Alexis,* qui se fixèrent en 1659 derrière l'Hôpital général, auquel elles étaient attachées. (12 religieuses en 1698) (4).

C'est ici le lieu d'ajouter les deux vastes établissements dont la ville était redevable à l'instigation, à la générosité et au dévouement de M. de Malden de Savignac (5) :

L'Hôpital général, reconstruit en 1659 sur l'ancien emplacement de l'hôpital Saint-Gérald, réunit à cette date les petits hôpitaux du Château, de la Cité et des faubourgs, par lettres-patentes de décembre 1660. Nous voyons encore figurer sur le plan de Jouvin les bâtiments de la maladrerie de la Maison-Dieu, (à l'entrée de la route d'Ambazac actuelle) et de la léproserie de Saint-Jacques (Saint-Jammet), derrière les Bénédictins, tous les deux placés sur le bord du ruisseau d'Aigueperse (6). A côté de

---

(1) P. Laforest, *Limoges au* XVIIe *siècle,* p. 359 et suiv.

(2) Ms. Pierre Mesnagier, p. 226.

(3) P. Laforest, *Limoges au* XVIIe *siècle,* p. 522 et suiv.

(4) P. Laforest, *id.,* p. 404 et suiv.

(5) P. Laforest, *id.,* p. 442 et suiv.

(6) L'esquisse de Limoges, à droite du plan de Fougeras, les Audoines, fin du XVIe siècle (Arch. dép., II, 3406 du class. provisoire, fonds de Saint-Augustin), nous montre la Maison-Dieu privée d'une partie de sa toiture, ce qui paraîtrait indiquer que si elle contenait des malades, elle était à cette date dans un état bien délabré. Le ruisseau d'Aigueperse est désigné sur ce plan par : ruisseau de Saint-André.

l'hôpital général se trouvait *le Refuge,* asile et pénitencier des filles publiques, dont la construction commença en 1683. Mgr Lascaris d'Urfé bénit la chapelle du Refuge le 20 juillet 1685.

Le *Séminaire des Ordinands,* remplacé aujourd'hui par les casernes de cavalerie actuelles, et dont les constructions furent achevées en 1666 : le nombre des directeurs était de sept et celui des séminaristes de 80 en 1698 (1).

Les cimetières dans l'intérieur du Château étaient ceux de Saint-Michel-des-Lions, de Saint-Pierre-du-Queyroix et de l'abbaye de Saint-Martial ; dans l'intérieur de la Cité, ceux de Saint-Jean-en-Saint-Etienne et de Saint-Domnolet. Les cimetières extrà-muros qui ne joignaient pas les églises paroissiales étaient : le cimetière des Arènes, sur l'emplacement du Champ-de-Foire actuel, dans lequel se trouvait la chapelle de Saint-Antoine, où les pénitents gris se réunissaient ; le cimetière de Saint-Paul, à l'angle du cours Jourdan actuel, dans lequel se trouvait la chapelle de Sainte-Marthe ; le cimetière de Saint-Maurice, près de l'église de ce nom, à l'angle de la rue du Maupas actuelle ; le cimetière du Naveix, à l'angle des rues du Masgoulet et du boulevard des Petits-Carmes actuel.

Nous devons signaler encore pour terminer la liste des édifices religieux :

Le *Crucifix d'Aigueperse,* petite chapelle située à la rencontre de la route de Paris et de l'avenue du Crucifix actuelle, au bord du ruisseau d'Aigueperse, et qui dépendait de Saint-Michel-des-Lions.

La *chapelle de Sainte-Anne,* au-delà du pont Saint-Martial, dont il est fait mention au XIIIe siècle, et qui dépendait de la paroisse de Sainte-Félicité. Un jardin appartenant à l'ancien hôpital de Saint-Martial touchait à cette chapelle. (NADAUD, *Pouillé.*)

La *chapelle du Puy-Lanneau,* à l'entrée de l'ancienne route de Lyon, qui dépendait de la paroisse de Saint-Domnolet.

En résumé, Limoges comptait en 1700 : deux chapitres (Saint-Etienne et Saint-Martial) ; deux abbayes d'hommes (Saint-

---

(1) Le plan n'a pu indiquer *les Filles de la Croix,* qui s'établirent en 1687 dans les fossés de la Cité, en face de la fontaine de ce nom, et dont la maison est occupée aujourd'hui par la *Providence,* ainsi que *les Sœurs de la Rivière,* établies depuis 1698, et dont le pensionnat était situé derrière la chapelle des Jacobins, à l'entrée de la rue qui porte leur nom actuellement.

Augustin et Saint-Martin); une abbaye de femmes (la Règle); dix communautés régulières d'hommes (Récollets de Saint-François, PP. de l'Oratoire et Jésuites, dans le Château; Carmes déchaussés, dans la Cité; Jacobins, Cordeliers, Grands-Carmes, Augustins, Récollets de Sainte-Valérie, Génovéfains); dix communautés régulières de femmes (Ursulines et Filles-de-Notre-Dame, dans le Château; Providence et Clairistes-Urbanistes dans la Cité); Carmélites, Visitation, Clairettes réformées, Hospitalières de Saint-Alexis, Filles de la Croix et Sœurs de la Rivière); deux séminaires (la Mission et les Ordinands); seize paroisses, dont cinq intrà-muros (Saint-Pierre-du-Queyroix et Saint-Michel-des-Lions, dans le Château; Saint-Jean-en-Saint-Etienne, Saint-Domnolet-Saint-André et Saint-Maurice dans la Cité); sept extrà-muros (Saint-Christophe-Saint-Jacques; Saint-Julien-Sainte-Affre, Saint-Paul-Saint-Laurent, Sainte-Félicité-Saint-Lazare, Saint-Cessateur, Saint-Gérald, Saint-Michel-de-Pistorie) et quatre dans la banlieue (Saint-Martial-de-Montjovis, Sainte-Claire-de-Soubrevas, Sainte-Madeleine de la Bregère, Sainte-Marie-l'Egyptienne d'Usurat); quatre chapelles : Saint-Aurélien, dans le Château; le Crucifix d'Aigueperse, Sainte-Anne et le Puy-Lanneau ; ce qui fait un total de quarante-sept édifices religieux, sans compter les chapelles des cimetières.

Nous dépassons de beaucoup les vingt-huit indiqués par M. Pierre Laforest, dans son *Limoges au* XVIIe *siècle,* p. 11, en note.

Le plan de Jouvin nous indique quelques-unes des croix qui se trouvaient sur les places et dans les différents carrefours extrà-muros. La plus remarquable devait être celle du *Calvaire,* qui paraît accompagnée d'une chapelle, à l'angle du boulevard Saint-Maurice et de la rue des Pénitents-Blancs. L'esquisse de Limoges accompagnant le plan de Fougeras (fin du XVIe siècle) nous montre cette croix sous un aspect imposant. Elle paraît plantée au-dessus d'un bloc de rochers très élevé. Mais Jouvin n'indique pas certaines croix bien connues, comme celle de l'Echalière, à la rencontre des rues Prépapaud et des Vénitiens actuelles; la croix Mandonnaud et la croix Verte, qui donnent encore leurs noms à deux quartiers de la ville.

Nous devons encore signaler une particularité du plan de Jouvin : ce sont les portes des bureaux d'octroi fermant certains faubourgs. Le mot PORTE se trouve écrit tout au long dans le faubourg Montmailler, à la hauteur de la rue de la Fonderie actuelle; à l'entrée du faubourg Saint-Antoine et route de Paris, en face de l'emplacement occupé aujourd'hui par l'Ecole de Médecine.

Autour des deux enceintes de Limoges se groupaient des faubourgs très populeux, principalement à l'entrée des grandes routes qui correspondaient aux quatre portes du Château.

Le plus important de ces faubourgs était celui qu'il fallait traverser pour aller à Toulouse, le berceau de Limoges, que l'on désignait au moyen âge par *Ville du Pont-Saint-Martial.* C'est en effet autour de ce pont construit par les Romains, que s'éleva la ville gallo-romaine qui, au dire des chroniqueurs, renfermait des édifices remarquables. Les invasions des barbares la ruinèrent complètement au IVe ou au Ve siècle; mais elle n'en resta pas moins, bien que privée d'une enceinte fortifiée, un centre d'agglomération considérable

Le pont Saint-Martial, détruit par Henri II Plantagenet pendant la guerre qu'il soutint contre ses fils, en 1182, fut reconstruit au XIIIe siècle sur les mêmes bases romaines, comme l'a constaté le Congrès scientifique dans sa visite à ce pont, en 1858. La construction du pont Saint-Martial, ne différait de celle du pont Saint-Etienne que par la tête, qui, dans ce dernier, était protégée par des tours en pierres, tandis que le pont Saint-Martial était défendu par un pont-levis et des tours en bois. Comme le pont Saint-Etienne, il possédait des moulins auprès de ses deux premières arches, auxquelles aboutissait une digue qui traversait la Vienne en diagonale. Il recevait aussi du bois flotté, car le plan de Jouvin nous montre des piles de bois à droite et à gauche de la tête du pont, comme au Naveix.

Le Naveix était un faubourg de la ville gallo-romaine. Il devait surtout son importance au flottage des bois, dont les *Annales manuscrites* (p. 376) attribuent l'initiative au vicomte de Châteauneuf en 1596, mais qui, suivant nous, devait remonter à une date plus ancienne. Le Naveix doit son nom au port de bateaux qui se trouvaient dans cet endroit avant la construction du pont Saint-Etienne, vers le VIe siècle.

Les faubourgs Manigne et Boucherie, correspondant aux deux portes du Château de ces noms, formaient ce que l'on appelait l'Entre-deux-Villes. Ils dépendaient presque entièrement de la paroisse de Saint-Maurice en la Cité. Le faubourg Manigne était si considérable au XVIe siècle, qu'il obtint en 1562, pendant les guerres religieuses, l'autorisation de se fermer de « cinq portes et portals » (1).

Le bourg de Saint-Martin n'était séparé du faubourg Boucherie que par le couvent des Cordeliers. Il s'était formé autour de l'ancienne abbaye de Saint-Martin, en face de l'ancienne poterne de Mirebœuf, devenue le fort Saint-Martin au XVIe siècle. C'est dans ce bourg que, d'après la tradition, les commerçants vénitiens auraient établi leurs comptoirs au Xe siècle.

Le faubourg Montmailler était le plus ancien faubourg du Château. Jusqu'à la fin du XVIe siècle, c'est par ce faubourg que l'on se rendait à Paris et à Poitiers. Dans sa partie supérieure se trouvait Montjovis, avec son église Saint-Martial et l'ermitage.

Le faubourg des Arènes était lui aussi très populeux ; en face des Grands-Carmes et du *Creux des Arènes,* il se divisait en deux et formait les routes de Bordeaux et d'Angoulême. C'est dans ce faubourg, au logis des *Trois-Anges,* que prit naissance la peste si désastreuse de 1630-31.

Nous sommes trop près du *Creux des Arènes*, si bien figuré sur le plan Jouvin, pour ne pas en dire un mot. Nous voyons cet endroit servir tour à tour aux prédications, aux foires, aux exécutions, aux revues (2), mais surtout à la promenade. Tout auprès se trouvait le cimetière des Arènes, avec ses belles allées d'ormes qui étaient le rendez-vous du beau monde d'alors. Molière, dans *M. de Pourceaugnac,* a fait passer à la postérité la promenade du cimetière des Arènes (3).

Notons encore parmi les places publiques *extrà muros,* outre celles qui précédaient les quatre portes du Château :

L'ancienne *place Saint-Paul* (place Jourdan actuelle), sur laquelle s'ouvraient l'église Saint-Paul, les couvents des Feuillants

---

(1) *Registres Consulaires*, T. II, p. 239.

(2) En 1630, deux sorcières furent brûlées au *Creux des Arènes.* (*Ann. ms.* p. 399.)

Le 13 août 1650, le duc d'Anville passa en revue, dans le *Creux des Arènes,* le régiment d'infanterie assemblé dans le Haut et le Bas-Limousin du 24 juillet au 12 août. Son frère, archevêque de Bourges, assistait à cette revue. (Ms. de Pierre MESNAGIER, p. 253.)

(3) Molière vint à Limoges de 1654 à 1660.

et des Cordeliers. Au XIIIe siècle, c'est sur cette place que se réunissaient, pour la procession des Rameaux, les chanoines de Saint-Etienne, les moines de Saint-Augustin et de Saint-Martin chargés des reliques de leurs églises, auxquels venaient se joindre les moines de Saint-Martial. Près de là se trouvait la fontaine des Menudets.

La *place de la Cité,* entre celle-ci et le faubourg Boucherie, vit construire en 1627, aux frais des habitants de ce quartier, la fontaine de la Cité, qui occupait le milieu de l'ancien fossé. Un réservoir assez vaste accompagnait cette fontaine d'après le plan de Jouvin.

C'est sur la *place Saint-Gérald,* au-devant du prieuré et de l'hôpital général, que se tenait la foire de Saint-Martial en 1543. Il paraît que cette foire ne s'y tenait plus en 1591, car, d'après le récit que nous font les *Annales* des malheurs arrivés cette année par suite de l'épouvante du bétail, la foire devait se tenir au *Creux des Arènes*.

Il y avait encore la *place du Prêche*, près de la Croix-Mandonnaud, dont parlent tous les auteurs limousins, et qui devait son nom aux terrains concédés aux protestants en 1601, probablement au carrefour des chemins de la Croix-Mandonnaud, de Beauséjour et de Beaupeyrat.

Nous venons de nommer Beauséjour (près de l'Abattoir actuel) : c'est la seule propriété privée indiquée par le plan de Jouvin aux environs de Limoges.

La route de Lyon est indiquée par la route d'Ambazac actuelle. C'est donc au XVIIIe siècle que cette route fut remplacée par celle faisant suite au pont Saint-Etienne et se dirigeant vers Saint-Léonard.

Sur la rive gauche de la Vienne, le plan ne nous montre que l'amorce de la route de Toulouse, le moulin d'Auzette et des prairies.

Sauf les bords de la rivière, désignés par : *Marais d'herbes,* le plan nous indique fréquemment, par les mots : *Potagers*, *Jardins et Vignes, Jardins,* les terrains qui s'élèvent en amphithéâtre de la Vienne jusqu'aux Arènes. Les mêmes indications ne se reproduisent pas pour le versant opposé, qui paraît n'avoir que des prairies et des terrains vagues. C'est qu'effectivement, autrefois comme aujourd'hui, ces terrains étaient les plus productifs et, par conséquent, les mieux cultivés. Ils couvraient l'emplacement de l'ancienne ville gallo-romaine, et n'avaient jamais cessé d'être appropriés à la culture.

Les arts et l'industrie ne manifestent pas leur présence sur le plan de Jouvin. Au XVIIe siècle les industries n'exigeaient pas de grands locaux et les ouvriers travaillaient le plus souvent chez eux.

L'émaillerie décline sensiblement pendant le XVIIe siècle ; les émaux des Laudin et des Noualhier sont loin d'atteindre la valeur de ceux de leurs devanciers. M. de Bernage, intendant, voudrait voir les artistes plus perfectionnés qu'ils ne sont dans le dessin et la peinture.

L'orfèvrerie paraît aussi déserter notre ville. Pierre Mesnagier nous apprend que la châsse en cuivre de saint Domnolet fut faite, le 24 mars 1644, par Rabiet (lisez Rabi), chaudronnier (1), de Saint-Léonard, qui habitait Limoges à cette date. En 1645, les chanoines et les bayles de la grande confrérie de Saint-Martial commandent la châsse du saint à Selière, orfèvre, enfant de Limoges, qui habitait Paris. Cette châsse était en vermeil ; elle coûta 7,473 livres 2 sols. C'est au même Selière que les bayles de Saint-Michel-des-Lions confient la châsse de Saint-Loup, qui pesait 25 marcs et coûta 2,500 livres.

La gravure semble avoir suivi les Masbarreau à Paris. On sait qu'Henri IV avait tellement admiré les médailles commémoratives de son passage à Limoges, en 1602, exécutées par ces artistes, qu'il leur donna par la suite un logement au Louvre.

Le commerce n'a jamais cessé d'être en grand honneur à Limoges. Ce sont ses marchands qui, par leur intelligence et leur esprit pratique fondèrent la commune de Limoges au XIIIe siècle et tinrent tête aux abbés de Saint-Martial et aux vicomtes de Limoges. On doit admirer le sens commercial, la probité et l'activité qu'ils déployèrent de tout temps pour tirer parti de la situation géographique de leur ville qui, privée de rivière navigable et éloignée d'un port de mer, n'en était pas moins

---

(1) Que l'on ne se méprenne pas sur le mot chaudronnier. Il désigne ici une réunion d'artistes qui exécutaient des travaux au repoussé d'une grande valeur. C'est à ces mêmes artistes que l'on doit les chenêts dits *hollandais* qui étaient très appréciés à l'époque.

devenue, grâce à eux, le plus grand entrepôt du centre de la France. C'est ce point commercial que les Vénitiens avaient choisi, au xe siècle, pour venir s'établir et trafiquer des marchandises du Levant. Suivant leur exemple, les marchands de Limoges recevaient et vendaient toutes les marchandises qui descendaient de Paris vers Toulouse ou qui allaient de Bordeaux ou de La Rochelle vers Lyon. C'est à Limoges que l'on consignait les sels tirés de Brouage qui alimentaient l'Auvergne.

Les marchands de Limoges ne vendaient pas seulement les produits des industries de leur ville, mais encore ceux de toute la province, tels que les cuirs, les toiles (1), les fers, le fil de fer, les clous pour la ferrure des chevaux, les gants, les draps et les papiers.

Les principales industries de Limoges d'après le *Mémoire* de Bernage, étaient les suivantes : les cuirs que l'on préparait très bien, et que les Limousins allaient vendre dans le nord de la France dès le XIIIe siècle ; — les épingles, dont il ne restait que trois fabriques en 1698. Les guerres avec les pays d'outre-Rhin avaient ruiné cette industrie qui ne pouvait plus se procurer à des conditions avantageuses les fils de laiton. Limoges avait possédé jusqu'à vingtfabriques d'épingles, occupant chacune de quinze à vingt ouvriers ; — les droguets, serges revêches, étamines, pinchinas, fabriqués avec les laines du pays ; — les cires, qui jouissaient d'une réputation européenne (Limoges comptait une dizaine de blanchisseries) ; — les boutons de soie et de fil, dont la fabrication faisait vivre plus de cinq cents personnes avant l'usage des boutons d'étoffe ; ces derniers entrèrent dans les habitudes malgré les arrêts rendus, et depuis, cette industrie tomba complètement à Limoges.

Jouvin avait remarqué, lors de son passage à Limoges, vers 1672, les tanneries et les teintureries du faubourg des Casseaux.

Pour la première fois, en 1614, nos *Registres consulaires*

---

(1) En 1688, le roi avait ordonné la destruction des toiles indiennes, tant peintes que blanches, entrées en fraude par Marseille. Dans une lettre du 8 octobre 1688, M. de Saint-Contest, intendant, expose la difficulté que présente la vérification de l'origine des toiles à Limoges. — *Correspondance des Intendants aux Contrôleurs généraux.*

prononcent le mot de *manufacture*, à propos de l'*établissement* de blanchisseries de toiles de Jehan Martin le jeune.

On organisa des ateliers dans l'intérieur de l'hôpital général en 1661, où l'on occupait les pauvres à filer de la laine et à faire des étoffes ; cette manufacture ne donnait d'autre résultat que d'enlever à l'oisiveté une multitude de sujets valides qui demandaient à la mendicité abusive et à l'escroquerie des ressources que le travail seul pouvait leur procurer légitimement (1).

Les *Registres* nous apprennent aussi qu'à la fin du XVIIe siècle, le corps des marchands nommait tous les deux ans trois gardes-jurés « pour la visite et marque des étoffes qui se fabriquaient et » débitaient à Limoges, en conséquence des règlements faits » concernant les manufactures, arrêts rendus et diverses ordon- » nances de MM. les intendants de la généralité ».

Les populations commençaient à comprendre qu'elles ne pouvaient sortir de l'état de torpeur où la misère, les impôts et les entraves de toutes sortes apportées au commerce et à l'industrie les plongeaient, qu'en se mettant résolument au travail. Limoges va bientôt voir apparaître les grandes industries qui, grâce à l'impulsion éclairée et bienveillante de Turgot, vont lui donner une nouvelle prospérité.

V.

LIMOGES AU XVIIIe SIÈCLE.

Le premier des plans de Limoges au XVIIIe siècle est celui qui fut exécuté de 1765 à 1768, sous les ordres de Turgot, par M. Trésaguet, ingénieur en chef de la généralité. Ce dernier avait confié ce travail à M. Alluaud, ingénieur.

Le plan de Trésaguet est à la fois le plus complet et le plus exact de tous les plans de Limoges qui parurent à cette époque. On peut même dire qu'il servit de modèle à tous ceux qui le suivirent.

Il fallait qu'il fût exécuté avec tout le soin et toute l'exactitude désirables pour justifier son titre : *Plan des directions et*

---

(1) LAFOREST, *Limoges au* XVIIe *siècle,* p. 494.

alignements des rues et places. C'est qu'il devait servir de base à l'opération si difficile et si délicate de la transformation de l'ancienne ville. Avant son exécution, les alignements étaient soumis à l'arbitraire des officiers du Bureau des finances, qui agissaient sans vue d'ensemble. Turgot, frappé dès son arrivée du fâcheux état de Limoges et voulant profiter des nombreuses reconstructions qui étaient sur le point de s'opérer, s'empressa d'en faire dresser le plan officiel. Plus tard, pour donner une plus grande autorité à ce plan, M. d'Aine en fit ordonner l'exécution par arrêt du Conseil d'Etat du 22 décembre 1775 (1).

Le plan de Trésaguet, qui est à une grande échelle (0,001 pour 0,43 ou 2 lignes pour une toise), nous donne non-seulement les mesures et les noms des voies et des édifices, mais encore les noms des propriétaires de chaque parcelle. Depuis plus de cent ans, toutes les municipalités qui se sont succédé à Limoges se sont appuyées sur ce plan pour les rues à ouvrir ou les alignements à donner. Il contient aussi de précieuses indications sur les édifices dont Turgot voulait doter la ville, les casernes et les marchés notamment.

Turgot avait étudié très consciencieusement tous les alignements, en s'entourant des conseils de M. Trésaguet et des officiers du Bureau des finances. Il est même fort intéressant de voir ce grand homme, dont ses biographes nous ont fait le portrait comme philosophe, économiste ou homme d'Etat, descendre à ces mille petits détails d'édilité. C'est qu'il affectionnait tout particulièrement notre ville, qui le lui rendait bien, et qu'il rêvait pour Limoges l'avenir prospère réservé aux cités laborieuses.

Les intendants qui avaient précédé Turgot avaient bien constaté comme lui la mauvaise situation de notre ville au point de vue de la salubritéet de la viabilité ; mais, soit qu'ils aient été effrayés de la tâche, en l'absence de ressources suffisantes, soit à cause de leur court séjour à la tête de la généralité de Limoges, ils firent peu de choses pour la transformation de la ville. On doit cependant savoir gré à d'Orsay et à de Tourny des travaux qu'ils entreprirent. Ne pouvant tout d'un coup faire démolir les murailles et élargir les voies publiques, ils attirèrent les habi-

(1) *Archives départ.*, série C. 62.

tants au dehors de l'enceinte en créant des promenades qui leur permirent de respirer un air plus pur.

C'est l'intendant d'Orsay qui, de 1712 à 1717 (1), fit combler le *Creux des Arènes,* où se réfugiaient tous les vagabonds, pour créer la promenade publique à laquelle il a attaché son nom (2). Le 21 avril 1730, les consuls furent autorisés, à la suite d'une délibération des habitants, à employer les herses et chaînes de fer des portes, devenues inutiles, pour faire une grille destinée à fermer la place d'Orsay.

M. de Tourny, qui occupa l'intendance de 1731 à 1744, ne resta pas assez longtemps pour faire exécuter les transformations qu'il projetait. Nous lui devons cependant la plantation de la place Jourdan et de l'avenue des Bénédictins actuelles qui, à partir de cette époque jusqu'à ces dernières années, se sont appelées *place Tourny*, *allées de Tourny*. C'est encore à cet intendant que nous devons le percement de la rue Porte-Tourny et la porte Tourny elle-même, qui remplaça, de 1740 à 1743, l'ancien éperon de Saint-Martin et mit cette partie de la ville en communication avec le faubourg Saint-Martin et la Cité. Tourny fit encore combler et planter d'arbres une certaine partie des fossés.

Mais la gloire de transformer complètement la ville et de lui montrer sa voie dans la carrière industrielle était réservée à Turgot. On ne connaîtra jamais tous les bienfaits dont la généralité de Limoges et notre ville en particulier sont redevables à Turgot pendant les douze années qu'il est resté dans notre pays (1762-1774). Il avait entrepris une foule de choses qu'il était sur le point de mener à bien, lorsqu'il fut appelé à Paris. M. d'Aine, son successeur, a bénéficié des honneurs qui lui revenaient sans avoir eu la peine de concevoir et de préparer les projets; mais Turgot avait sur lui cet avantage, c'est qu'il ne mettait jamais un projet en avant sans avoir trouvé le moyen de le faire exécuter, sans pour cela ajouter aux charges déjà si lourdes des habitants. C'est pourquoi nous réclamons pour Turgot la plus grande part des éloges attribués à M. d'Aine

---

(1) *Archives communales,* série DD. 2.

(2) Cette place fut réparée et nouvellement plantée en 1787 (*Archives communales de Limoges,* DD. 2).

dans les inscriptions qui ornèrent l'entrée de la place d'Orsay en 1783. Il y est dit que « la ville remercie M. d'Aine d'avoir » formé cette *Maison de force* où l'oisive mendicité trouvait » un frein qui arrêtait ses désordres, d'avoir appliqué ses » soins, pour le bonheur et la sûreté publique, à l'établissement » des reverbères, des fontaines, des marchés, des rues tirées au » cordeau, et enfin, que c'étaient à ses travaux et à ses sages » ordonnances que les Limousins étaient redevables de la » vigueur de leur commerce, de leurs richesses et de leurs » bonnes mœurs. »

M. d'Aine savait bien ce qu'il faisait en se prêtant à l'agrandissement de la place des Arènes et en prenant à sa charge les dépenses de l'entrée de la place d'Orsay (1). Les habitants ne pouvaient moins faire, pour reconnaître sa générosité, que de faire graver sur le marbre les éloges pompeux que l'on vient de lire et qui s'adressaient bien mieux à Turgot qu'à lui, comme on le verra plus loin.

A dater de l'ordonnance royale de 1775, le plan de Trésaguet fut tenu au courant des modifications que les administrateurs de la généralité y apportèrent.

Ainsi, le 22 juin 1779, une ordonnance du Conseil d'Etat étant venue modifier la superficie et la forme primitives de la place des Arènes, les quartiers de l'Intendance et de la Motte, on indiqua les rectifications sur le plan de Trésaguet (2) (feuille n°s 1 et 7).

Lorsqu'il fut décidé que l'Hôtel-de-Ville serait construit en façade sur le boulevard de la Pyramide (6 décembre 1785), on indiqua l'emplacement du futur édifice et on modifia l'alignement des rues avoisinantes (feuille n° 2). L'ancienne maison de ville ou Consulat, vendue le 5 décembre 1786 à M. Farne, imprimeur, est désignée par le nom de ce dernier (feuille n° 4).

De 1787 à 1788, M. Meulan d'Ablois ordonna quelques rectifications d'alignement (feuille n°s 4 et 14).

Après le grand incendie du 6 septembre 1790, qui dévora deux cents maisons entre les rues Manigne et Banléger, on fit un

---

(1) Lettre du 17 octobre 1776 (*Arch. départ.*, C. 58, liasse). C'est encore en favorisant l'érection de la fontaine Dauphine, que M. d'Aine eut l'honneur d'accoler ses armes à celles de France, aux angles de cette fontaine.

(2) *Archives départ.*, série C. 61.

projet du nouveau quartier que nous voyons aujourd'hui tel qu'il fut conçu (1). Le plan nous donne le projet, accompagné des noms des nouveaux propriétaires des terrains après l'incendie (feuille n° 41).

De l'an IV à l'an VIII, nous voyons figurer un certain nombre de rectifications (feuilles 4, 8, 11, 12, 13, 14, 16, 17 et 18), ce qui prouve que les administrateurs d'alors ne se donnaient pas tout entier à la politique et s'occupaient un peu des affaires de la commune.

Il y eut même, de l'an VIII à l'an XI, époque où l'immeuble des Génovéfains fut loué à J.-B. Guibert, et finalement acheté par la ville, un projet d'Hôtel-de-Ville monumental sur l'emplacement de celui qui vient d'être construit. Nous reviendrons plus loin sur ce projet.

Le plan que nous reproduisons et qui va nous permettre de suivre les développements de la ville à la fin du XVIIIe siècle est une copie réduite du plan de Trésaguet, faite après 1785, époque où disparut une des dernières portions des murailles, en face de la rue du Verdurier. Nous avons choisi le dernier plan du XVIIIe siècle afin que l'on puisse mieux juger des transformations de Limoges depuis le plan précédent, celui de Jouvin de Rochefort (1680).

Les murailles de la ville se présentent à nous sous l'aspect le plus misérable pendant le XVIIIe siècle, et quelques parties n'attendent pas l'arrivée de Turgot pour s'écrouler. C'est ainsi qu'en 1718, une partie de la muraille entre la porte Boucherie et la rue du Canal tomba dans le fossé. Le Bureau des finances enjoignit aux consuls de veiller à la conservation des matériaux « sous peine d'en répondre en leur propre nom » ; mais les temps étaient changés, et ceux qui cent ns auparavant auraient fait tout au monde pour réparer cette brèche, se contentèrent de répondre que « leurs fonctions étaient autres que d'être gardiens de matériaux ». Lorsque le roi demanda aux consuls de payer les frais de la réparation, ils répondirent que, la muraille lui appartenant, c'était à lui de la faire relever (2). Peu de temps auparavant,

---

(1) Le projet comportait cependant une rue partant de l'Oratoire et aboutissant place des Bancs, à l'angle de la rue Montant-Manigne, qui n'a jamais été ouverte.

(2) *Registres consulaires* D, f°s 179 et suiv., aux *Archives communales.*

M. de Bernage, dans une lettre au contrôleur général, au sujet des réparations des murailles, lui représente que la ville est sans ressources et que dans le temps où le roi fait payer pour les usurpations des murs, fossés et remparts, il serait juste qu'il accordât la moitié des fonds nécessaires pour ces réparations (1).

Le 2 mai 1729 la ville vendit au sieur Thévenin les terrains achetés au sieur Desflottes en décembre 1719, pour la construction des casernes, afin d'employer le montant aux réparations *urgentes* des portes et tours de la ville, qui tombaient en ruine.

Le 5 janvier 1730, Léonard Dominge, marchand hôte, demeurant faubourg des Arènes, obtenait la cession de la partie abandonnée des fossés où se réfugiaient des jeunes gens qui se battaient à coup de pierres, depuis le pont de la porte des Arènes jusqu'au bastion appelé de Saint-Martial. Ce terrain mesurait 533 pieds de longueur sur 73 de largeur, y compris les emplacements du bastion et de deux autres petites tours le long des murs (2).

Le 21 avril 1730, les consuls décidèrent que les herses et chaînes des quatre portes de la ville seraient apportées à l'Hôtel-de-Ville pour être vendues. La somme à provenir était destinée à l'exécution de la grille de la place d'Orsay et pour les réparations des portes et tours qui étaient en très mauvais état. Les portes Montmailler et Manigne notamment étaient menacées d'une ruine imminente. L'adjudication eut lieu le 19 juillet suivant (3).

Les particuliers s'appropriaient les terrains des fossés et des remparts : pour y mettre ordre, le roi dût rendre, le 20 décembre 1740, une ordonnance par laquelle il rappelait qu'il était « seul propriétaire des fossés, remparts, contrescarpes, places » vaines, vagues, délaissées, lieux adjacents aux fossés et » remparts, et enjoignait à tous ceux qui avaient fait construire » sur ces emplacements de produire leurs titres, sinon les terrains » seraient vendus aux enchères. » C'est en 1773 (le 26 novembre)

---

(1) *Correspondance des contrôleurs généraux des finances avec les intendants des provinces*, publiée par M. de Bois-Lisle, T. I, 1683 à 1699. — Paris, Imp. Nat. 1874. Les *Archives de la Haute-Vienne*, série C. 60, possèdent l'arrêt du conseil de 1683, qui adjuge les fossés de la ville au roi ou fermier du domaine.

(2) *Archives départ.*, série C. 62.

(3) *Archives départ.*, série C. 59, et *Archives comm.*, série DD. 2.

qu'intervint un arrêt du conseil, par lequel le Bureau des finances fut chargé de vendre aux enchères tous les terrains des fossés ou des remparts à ceux qui y avaient fait construire des maisons et échopes (1).

L'état déplorable de notre ville au moment de l'arrivée de Turgot nous est retracé par les considérants de l'ordonnance de 1775 :

« La construction de cette ville, et des eaux croupissantes dans son intérieur, en rendent le séjour malsain. Il n'y a pas longtemps qu'il s'y trouvait, outre cet inconvénient, celui d'être environné de fossés infects, et d'être fermé par de vieilles et épaisses murailles, par des tours élevées qui défendaient l'entrée du soleil et de l'air à des quartiers entiers, et des rues étroites et tortueuses, bordées de maisons élevées et dont les toits avançant en saillie, s'opposent encore à la circulation libre de l'air ; c'est à ces causes, dont une partie subsiste, que les médecins attribuent la fréquence des maladies épidémiques qui y ont fait de grands ravages, et qui ont diminué à proportion des changements arrivés dans ces vieilles constructions (2). »

Par ordonnance du 4 février 1762 (3), Turgot ordonna la démolition de la partie des murs entre le fort Saint-Martial (4) et la porte des Arènes ; mais cette démolition ne commença régulièrement qu'à partir de 1765. Les murailles subsistèrent cependant sur plusieurs points comme murs de soutènement des maisons que l'alignement permit de construire au pied même du rempart, comme on peut le voir de nos jours pour les maisons des boulevards Montmailler, de la Pyramide et de la Promenade. Quelques parties se trouvant dans l'alignement même soutiennent encore les jardins et terrasses des boulevards des Ursulines et Sainte-Catherine, et permettent de juger de quelle manière les

---

(1) *Archives départ.*, série C. 60 et 61.

(2) *Ibid.*, série C. 61.

(3) *Ibid.*, série C. 62.

(4) L'écurie du maître de poste Lacombe s'appuyait sur la base du fort Saint-Martial. Par ordonnance du 29 avril 1777, on concéda à sa veuve le terrain que laissait le tracé du boulevard (*Archives départ.*, série C. 61). On avait construit une maison sur le terre-plein du fort Saint-Martial, qui disparut avec ce fort en 1773, lors de l'exécution de la route de Paris à Toulouse (boulevard de la Poste-aux-Chevaux actuel).

murailles étaient construites. Mais en homme pratique, Turgot n'entendait pas que cette énorme quantité de matériaux provenant des murailles se dispersât et se perdît ; il la faisait transporter chaque année sur l'emplacement des casernes dont il voulait doter Limoges, au *Chapeau-Rouge*, route de Paris.

Les portes de la ville devaient être démolies ou à peu près au moment de l'exécution du plan de Trésaguet (1765-1768). Nous ne voyons pas figurer sur ce plan les portes Boucherie (1), Manigne et Montmailler. La porte des Arènes subsista jusqu'en 1773 (2).

Aux quatre anciennes portes était venue s'ajouter, de 1740 à 1743, la porte Tourny, qui fut bâtie sur pilotis et en pierre calcaire sur l'emplacement de l'ancien éperon de Saint-Martin tombant en ruine (3). Cette construction était projetée depuis 1736. Son architecture lourde, manquait de cette simplicité sévère qu'on aime à retrouver dans ce genre de monuments. Lors de la démolition des tours et des murailles plusieurs considérations empêchèrent de la détruire. En juillet 1791, elle reçut le nom de *porte de la Fédération,* et l'inscription latine entourée d'écussons qui ornait sonfronton fut remplacée par les mots : *Fœderis arcus, 9 maii 1790,* en souvenir de la fête de la Fédération, célébrée ce jour-là sur la place Tourny (4). Cette porte a été démolie en 1872, parce qu'elle gênait la circulation.

A ces ouvertures succédèrent les suivantes :

En 1770, celle de la rue du Canard, par la démolition de l'ancienne poterne de Vieille-Monnaie, et celle de la rue Sainte-Valérie, par la démolition de la tour Branlant ; — En 1778, celle de la rue du Saint-Esprit, par la démolition de l'ancienne poterne de ce nom ; — en 1780-81, celle de la rue Vigne-de-Fer, par l'ouverture de cette rue et la démolition de l'ancienne poterne de Pissevache (5). La percée de la rue Turgot jusqu'au boulevard de la Poste-aux-Chevaux, bien qu'indiquée sur le plan, ne fut exécutée qu'en 1816.

---

(1) *Archives départ.*, Série C. 62.

(2) *Ibid.*, série C. 62.

(3) *Archives communales*, série BB. 3.

(4) Allou, *Description des monuments*, p. 223. En 1768, un bureau d'octroi était adossé à la porte Tourny,

(5) *Arch. départ.*, série C. 60 et 61, et *Arch. comm.*, série DD. 2.

D'après le plan Trésaguet, Turgot pensait entrer dans le Château par les rues du Saint-Esprit, Vigne-de-Fer et Banléger, au moyen de rampes parallèles à l'ancienne muraille, et empruntant une partie de la largeur du boulevard; un escalier était réservé pour les piétons. M. d'Aine, pour éviter les inconvénients que ces rampes présentaient, supprima les deux premières. Mais comme le niveau de la rue Banléger dominait de dix mètres celui du boulevard, il modifia le premier projet afin de rendre la rampe moins rapide. Au lieu d'entrer par la rue Banléger, il entra par la rue Entre-deux-Pousses (rue de la Loi actuelle). Il fit donc racheter, le 23 février 1772, au sieur Catinaud, les deux emplacements acquis par celui-ci en 1758, au dessous du rempart, du côté de la place Saint-Gérald, à droite et à gauche de la tour du *Vivier* (1). La tour du Vivier fut démolie, et on profita d'une brèche qui existait déjà, désignée sous le nom de *trou de Sainte-Ursule,* pour y faire passer la rampe. Cette rampe était achevée en 1775, car d'après une pièce relative aux réparations de l'aqueduc de Pissevache, venant de la rue Torte pour se diriger vers l'Hôpital, on intercepta la circulation d'un côté, en face de la *rampe* de Sainte-Ursule, et de l'autre, en face de l'auberge de Sainte-Catherine (2).

Presque toutes les tours paraissent détruites en 1768. Comme la plupart tombaient en ruine, afin d'éviter des accidents et pour se procurer plus vite des matériaux, on avait hâté la démolition de quelques-unes en remplissant le vide qu'elles laissaient dans la muraille avec de la maçonnerie. Les deux tours des Déjects qui se trouvaient devant la terrasse des Ursulines avaient été comblées de cette façon en 1769, d'après l'exposé présenté en 1774 par ces religieuses, au sujet de l'éboulement de la muraille entre ces deux tours. Cet accident avait eu pour cause la mise à nu de la base de la muraille par suite de l'abaissement du niveau du boulevard. Les religieuses voulurent mettre la reconstruction du mur à la charge de la ville; mais le maire, appuyé par l'intendant, leur répondit que, les murailles étant reconnues inutiles, c'était à elles de se clore à leurs frais. D'ailleurs

(1) Cette tour a été désignée précédemment par *tour des Anges, tour de Sainte-Marie.* (*Archives départ.,* série C. 62.

(2) *Archives départ.,* série C. 59 et *Archives comm.,* série DD. 4.

on leur objecta que depuis près de cent ans elles jouissaient de la terrasse et qu'alors elles étaient mal venues à demander cette réparation (1).

Que restait-il de cette artillerie dont Limoges était si fière au siècle précédent, et dont le roi lui-même lui avait emprunté une partie? Le procès-verbal de l'état de l'arsenal au moment du départ de M. d'Orsay, en 1718, va nous l'apprendre. « M. Rogier des Essarts exposa aux consuls que lorsque M. d'Orsay arriva à Limoges, il n'avait trouvé à l'Hôtel de Ville qu'un petit canon en fonte, en état de tirer aux fêtes et réjouissances, et quelques petits fauconneaux crevés, avec deux petites cloches, dont l'une était à la tour de la porte des Arènes, et l'autre en dépôt chez M. Limousin; M. Boucher d'Orsay a fait ajouter d'autres matières, et du tout il a fait faire cinq canons, pesant ensemble huit quintaux sept livres, sur lesquels sont empreintes les armes de la ville et celles de M. d'Orsay, ce qui, avec le petit canon ci-dessus, porte à six le nombre des canons déposés à l'Hôtel de Ville » (2).

Ces canons ne servaient plus que dans les grandes circonstances. Nous voyons en effet aux Archives communales (série CC. 22) le détail des dépenses pour différentes salves d'artillerie. En 1768, la commune défendait de prêter les canons de la ville, vu leur mauvais état (3).

En 1778 (le 31 octobre), la ville de Limoges reçut six canons de fer de la forge royale de Ruelle, dont le montant était de 1,381 fr. 7 s. (4).

En 1786, l'artillerie fut transportée sous un hangar dans la Pépinière, en face de la succursale de la Banque actuelle. Le sieur Lingaud avança 892 fr. 5 s. pour la construction de ce hangar (5).

On ne peut se figurer les difficultés et les embarras de tous

---

(1) En 1688, le roi leur avait accordé la jouissance de l'espace qui séparait leur établissement de la muraille, à la condition de payer 600 livres, de fermer cet espace de deux portails, d'entretenir la muraille et son parapet, et d'ouvrir un passage de cinq pieds si cela était nécessaire. (*Arch. départ.*, série C. 62.)

(2) *Registre cons.*, D, f° 164.

(3) *Arch. comm.*, série BB. 4.

(4) *Ibid.*, série CC. 22.

(5) *Ibid.*, série EE. 1.

genres que l'exécution du plan d'alignement fit surgir. Il faut parcourir les pièces de la série C, fonds de l'Intendance, aux Archives du département et la série FF aux Archives communales pour s'en faire une idée ; on doit rendre hommage à l'esprit conciliant de Turgot qui vint à bout de cette lourde tâche. Mais il ne suffisait pas de tracer des rues, il fallait encore en assurer la propreté par l'enlèvement des boues, et la sûreté par l'éclairage et le guet ; malheureusement les ressources faisaient absolument défaut.

En ce qui concerne la propreté des rues, les Archives de l'intendance possèdent plusieurs règlements de police qui nous indiquent de quelle façon elle était pratiquée au commencement du XVIIIe siècle. Voici un extrait de l'article 21 du *Règlement général de la police de Limoges*, du 12 août 1723 :

«... Et à l'égard des baleiures de chambres, elles ne seront » portées dans le ruisseau que lorsque l'eau des étangs sera » donnée les jours indiqués ; pour ce qui est des rues où l'eau » des étangs ne coule pas, seront obligés, les habitants, chacun » en droit soit, d'assembler les boues à côté de leur maison, afin » qu'elles sèchent et puissent ensuite être transportées par les » conducteurs de tombereaux dans le creux de la place Royale » (future pépinière royale), excepté néanmoins les boues de rues » où les habitants pourront facilement pousser lesdites boues de » l'un à l'autre, jusque où l'eau des étangs passera, ce qui ne » sera permis qu'aux jours qu'on donnera l'eau » (1).

On s'imagine ces rues où les boues et les immondices séchaient en attendant le tombereau ; ces venelles dans lesquelles donnaient les latrines des maisons, comme la petite rue du Temple nous en montre un exemple, et que les habitants refusaient de balayer, en dépit des ordonnances de police. A ces foyers d'infection, il faut ajouter les cimetières qui avoisinaient les églises, les marchés sombres et nauséabonds, resserrés entre les habitations, les étangs de la Motte et les fosses des tanneries.

Turgot était parvenu à faire comprendre à deux riches propriétaires le bénéfice qui résulterait pour leurs terres de l'enlèvement des boues et immondices. Aussi la chose se faisait-elle sans trop de frais pour la ville sous son administration.

---

(1) *Archives départ.*, série C, 54.

Rien n'avait été fait encore pour l'éclairage et la sûreté des rues avant le 1er novembre 1776 : celles-ci n'étaient éclairées que par les lampes que la piété des fidèles entretenait devant les madones des carrefours. Les fallots étaient alors indispensables pour s'aventurer la nuit à travers les ornières de nos rues sombres et mal pavées. Le nombre des vagabonds attirés dans la ville par les disettes, et que les ordonnances ne parvenaient pas à expulser, rendait fort dangereuse toute sortie pendant la nuit.

Nous lisons dans les papiers de l'intendance de 1768 :

« L'établissement des lanternes est d'autant plus à désirer que les rues de la ville sont étroites, pleines de sinuosités, et qu'il s'y trouve déjà plusieurs maisons rentrantes, à cause des nouveaux alignements que nécessite le plan pour élargir les rues, ce qui donne retraite et facilité pour s'embusquer (1) ».

Turgot se préoccupait beaucoup de cet état de choses ; il avait fait dresser par le corps de ville un devis de ce que pouvait coûter l'établissement des lanternes et du guet ; mais, comme il savait d'autre part combien la population était accablée sous le poids des impôts, il hésitait à l'imposer davantage. M. d'Aine, qui paraît ne pas avoir eu au même degré ces hésitations, obtint un arrêt du Conseil en 1775, approuvé le 24 mai 1776, prescrivant l'établissement d'une compagnie du guet et des lanternes à partir du 1er novembre de la même année, au moyen d'un octroi en sus de celui payé pour le don gratuit.

Les Archives possèdent les comptes de gestion des revenus patrimoniaux et de l'octroi établi pour l'entretien du guet et des lanternes en vertu de l'arrêt du Conseil du 10 septembre 1775, pour les exercices de 1776 à 1787 (2).

A la fin de 1776, le local que devait occuper le guet n'était pas désigné, les habits des soldats du guet n'étaient pas achevés, les lanternes manquaient de verres, et les rues attendaient leurs plaques dénominatives (3).

---

(1) *Arch. départ.*, série C. 54.

(2) *Ibid.*, série C. 92.

(3) *Ibid.*, série C. 98. — On avait songé à établir la caserne du guet dans le jardin de la maison de ville, le long de la venelle qui bordait ce jardin par derrière, mais on renonça à ce projet, et il est à croire que l'on dut louer une maison dans la ville, comme on le faisait pour les régiments en garnison. — Voy. aussi *Arch. comm.*, série FF. et *Calendrier ecclésiastique* pour 1787.

En 1780, on dressait le projet de la caserne du guet, montant à 4,870 fr. 13 s. (1). Le guet avait sa caserne rue Arbre-Peint, en 1787.

Les anciens marchés de Limoges sont en voie de transformation à la fin du XVIIIe siècle. Tous étaient insuffisants et mal situés : aussi ne survécurent-ils pas à ce siècle. Nous voyons encore figurer sur le plan de Trésaguet le triangle de Manigne, parce qu'il ne fut démoli qu'en 1786 ; mais le marché de la porte Poulaillère n'existait plus depuis longtemps.

D'après la feuille n° 4 du plan de Trésaguet, Turgot se proposait de faire construire au milieu de la place des Bancs deux halles rectangulaires, dont le toit aurait été supporté par dix piliers. Une fontaine devait s'élever entre les deux marchés. La fontaine seule fut exécutée, et elle existait encore il y a une quarantaine d'années.

La boucherie des Bancs avait été remplacée depuis 1719 (2) par une boucherie placée à l'entrée de la rue Saut-de-Bœuf, près de la poterne du Saint-Esprit et parallèlement à la muraille. En 1778, on avait dû la démolir, à cause de l'abaissement du niveau de la rue du Saint-Esprit après la disparition de l'ancienne poterne de ce nom. Un sieur Fournier en avait entrepris la reconstruction, mais il ne put remplir ses engagements ; ce qui provoqua une réclamation à l'intendant de la part des bailes et syndics des bouchers (3). A la faveur des troubles de la Révolution et n'ayant plus de halle pour s'abriter, les bouchers vendirent la viande dans leurs maisons de la rue Torte, qui devint alors la rue de la Boucherie.

Le *Gras* ou Poissonnerie de la place Saint-Pierre faisait depuis longtemps l'objet des réclamations de la communauté des prêtres de Saint-Pierre, qui se plaignait que le bruit du marché troublait les offices, et des habitants de la place, incommodés par la mauvaise odeur et l'encombrement que ce marché occasionnait au milieu d'une place aussi petite. Turgot voulait transporter ce marché dans des terrains vagues placés auprès de la porte

---

(1) *Arch. comm.*, série DD, 3.

(2) « La place des Bancs était encombrée de 44 étaux de bouchers, que M. de Breteuil, intendant, fit disparaître en 1719. » — J.-J. JUGE, *Changements survenus, etc.*, p. 52.

(3) Le 30 août 1778. — *Archives départ.*, série C. 61.

Tourny, en face de la maison curiale de Saint-Pierre. Le plan indique en effet sur ce point deux halles désignées par le mot : *Poissonnerie*. Ce projet présentait quelques difficultés d'exécution, et on dut l'abandonner ; car en 1773-74 le nom de Turgot figure parmi les souscripteurs pour la construction d'une salle de spectacle sur cet emplacement, « qui offrait, à l'entrée de la ville, » un aspect dégoûtant et désagréable » (1). Ce second projet tomba dans l'eau. Le 6 août 1776, le roi concéda le terrain en question à M. Navières, curé, et aux marguilliers de Saint-Pierre, pour servir à l'établissement de deux ou trois sœurs grises. Les Sœurs de la Charité de Saint-Vincent-de-Paul occupèrent ce terrain jusqu'en 1858 (2).

Les réclamations des habitants de la place Saint-Pierre concordaient avec celles des riverains du petit étang de la Motte, qui eux aussi se plaignaient de la mauvaise odeur des eaux croupissantes et des dangers que couraient les enfants en jouant au bord de l'étang. Enfin, le 7 août 1788, le corps de ville approuva

---

(1) *Archives départ.*, série C. 59 et *Archives comm.*, série DD. 6. — Les juges et syndics des marchands se débarrassèrent d'une partie des dépenses auxquelles les astreignait l'occupation de deux pièces dans l'Hôtel-de-Ville en cédant, par contrat du 13 mars 1744, aux « directeur et conseillers du concert, pour l'usage du concert, assemblées et autres amusements », moyennant 600 livres. Cette Société musicale n'existait plus ou avait abandonné le local en 1758. Peu après des amateurs formèrent une troupe de comédie et obtinrent la jouissance du vestibule et de ses dépendances pour y établir un théâtre. Ils y firent exécuter en 1770, sous la direction d'un officier du régiment de Clermont-Prince, M. de Luxémont, tous les aménagements nécessaires pour des représentations. La salle était éclairée par deux lustres de cristal, chauffée par un poële en fonte. La scène, élevée de quelques degrés, avait un rideau bleu aux armes du roi. Des châssis de bois soutenaient des décors en toile peinte, doublés de papier. Rien ne manquait : on trouvait, en entrant dans la salle, à droite, la loge du confiseur. Tous ces aménagements furent cédés à la ville quelque temps après, moyennant le remboursement de la somme de 310 livres, à laquelle s'étaient élevées les avances de la Société. Turgot approuva cette acquisition, « sous la condition que le théâtre subsis- » terait pour l'usage du public, sans pouvoir être détruit ». L'installation, en effet, fut conservée, et à plusieurs reprises des amateurs ou des troupes de passage donnèrent à l'Hôtel-de-Ville des séries de représentations très suivies. — L. Guibert, *Les Hôtels-de-Ville de Limoges*, dans l'*Almanach limousin* de 1882.

(2) Une plaque de marbre placée dans l'intérieur de l'église Saint-Pierre rappelle les démarches et les sacrifices de M. le curé Navières, pour parvenir à cet établissement.

le projet d'abaissement de la place du petit étang, qui devait être voûté, afin de recevoir la Poissonnerie de la place Saint-Pierre. L'intendant, M. Meulan d'Ablois, provoqua une contribution volontaire à la dépense auprès des habitants de la place de la Motte, qui reçut un bon accueil de leur part, et le transfert de l'ancienne Poissonnerie de Saint-Pierre fut approuvé par le conseil d'Etat le 6 février 1789 (1). Les travaux furent adjugés le 15 avril 1789 (2) à M. François Alluaud, pour la somme de 17,408 livres. Les droits de halle à percevoir furent adjugés en octobre de la même année; mais la halle ne fut achevée que plus tard. Nous avons pu voir l'ancienne Poissonnerie sur la place de ce nom jusqu'en 1852, date où elle fut remplacée par le Marché Dupuytren actuel.

L'ancienne halle au blé, dite *la Claustre,* tombait en ruine, et, comme elle menaçait d'entraîner dans sa chute la maison du sieur Romanet, qui faisait l'angle de la rue des Taules et de la place du Cloître, on l'adjugea à celui-ci au prix de 630 livres, le 14 mai 1774, à la condition cependant qu'il laisserait la halle ouverte au public jusqu'à la reconstruction d'une nouvelle sur un autre emplacement. Mais, avant cette reconstruction, l'ancienne halle s'écroula en partie, et on dut autoriser le sieur Romanet à la démolir le 24 octobre 1776. M. Trésaguet constatait en 1774 que l'on pouvait se dispenser de faire construire une nouvelle halle au blé, puisque, à la suite de la liberté accordée au commerce des grains, on ne portait plus de blé à la halle, dans laquelle on ne vendait pas d'autres denrées. Mais le corps de ville jugea différemment, et il se préoccupa de l'emplacement de la halle future. Les habitants de la place Manigne, afin d'empêcher les constructions prévues par le plan de 1768 dans l'angle de leur place, pour lui donner la forme elliptique, demandèrent que l'on réservât cet angle à la nouvelle halle au blé. Dans leur requête à l'intendant, ils exposèrent que, si l'on construisait devant leurs immeubles, on leur enlèverait toute leur valeur. Il

(1) L'arrêt concédait aux officiers municipaux le droit appartenant au roi sur le beurre et le poisson, les matériaux et l'emplacement de l'ancienne halle aux poissons, la place de la Motte et les deux étangs voisins, moyennant un cens annuel de 300 francs, et à la condition qu'ils feraient construire la nouvelle halle.

(2) *Arch. comm.,* série CC. 16 et série DD. 3.

leur fut répondu que la construction de la halle sur ce point serait une nouvelle cause d'embarras pour la place Manigne, sur laquelle stationnaient toutes les voitures venant du Bas-Limousin (1). C'était en effet sur cette place que se tenait le marché au vin. Rien n'était décidé en 1776, date où M. d'Aine proposait d'installer provisoirement ce marché aux Jacobins, dans un local qu'il avait fait louer pour servir de manège aux régiments.

Le corps de ville avait présenté à l'intendant un projet d'après lequel la halle au blé, avec maison pour le receveur des octrois, serait construite sur l'emplacement de la tour et porte des Arènes, de la maison du portier de cette porte et d'une partie des fossés. Cette halle devait servir aussi à abriter les équipages des troupes de passage. La dépense devait s'élever à 5,569 livres. M. d'Aine approuva ce projet, qui, pour une cause inconnue de nous, n'eut pas de suite, car en 1778 la halle au blé fut établie provisoirement sur la place des Carmes, où stationnaient déjà les charrettes chargées de chaux et de vin venant du Périgord et de l'Angoumois. Ce provisoire a duré longtemps, car nous avons vu le marché au blé subsister sur cette place jusqu'en 1875 (2).

Les anciennes fontaines de Limoges virent s'adjoindre à la fin du XVIIIe siècle la fontaine de la place Boucherie, qui fut construite au moment de l'ouverture de la route de Toulouse en 1775, et dont les eaux venaient des Augustins. Les PP. Feuillants avaient acheté une prise d'eau sur cette fontaine moyennant 1,500 livres, et, de plus, ils devaient faire construire un château d'eau adossé à la porte Tourny (3).

L'exécution des deux fontaines qui vont suivre était décidée en principe depuis 1769 (4), sous l'administration de Turgot.

En 1772 fut achevée la fontaine dont Trésaguet était l'auteur et qui devait porter son nom. Le public la trouva si jolie qu'il préféra lui donner le nom de *fontaine des Fantaisies*. Elle était située près de l'entrée de la rue des Vénitiens actuelle, tout à côté de la maison que Trésaguet habitait. C'était un cube en granit de trois mètres de hauteur, orné sur chacune de ses faces

---

(1) *Arch. comm.*, série DD. 2.
(2) *Arch. départ.*, série C. 58 et 61.
(3) *Ibid.*, série C. 59.
(4) *Arch. comm.*, série BB. 4.

de guirlandes sculptées, et couronné par une urne aussi enguirlandée. Elle coûta 3,244 fr. 12 s. (1). On dut la démolir en 1854, lors de l'ouverture de l'avenue du Crucifix actuelle. Tripon nous a conservé l'image de cette fontaine dans son ouvrage.

Dix ans plus tard, Limoges voyait s'élever une fontaine plus monumentale, la *fontaine Dauphine*, construite, à l'occasion de la naissance du Dauphin en 1781, au centre de la place Montmailler, qui prit le nom de place Dauphine. L'architecte Broussaud s'était rendu adjudicataire des travaux le 12 août 1783, pour la somme de 25,300 francs (2), sur laquelle on lui paya 16,000 livres en 1784, date où la place Dauphine fut pavée. On paya en plus 240 livres au sieur Margrait, de Paris, pour avoir fourni les dessins des bronzes et en avoir surveillé l'exécution. La fontaine Dauphine était construite au milieu d'un perron circulaire. Elle consistait en une colonne tronquée et canelée, reposant sur un piédestal. A chacun des angles de ce piédestal se trouvait une console ornée d'un dauphin en bronze supportant un écusson du même métal. Les deux écussons faisant face à la route de Paris et au boulevard de la Poste-aux-Chevaux étaient aux armes du Dauphin ; un troisième, aux armes de la ville, regardait la route de Poitiers, et le quatrième, aux armes de M. d'Aine, regardait la rue des Combes. Les dauphins lançaient l'eau dans de larges coquilles en bronze placées au-dessous ; ils disparurent pendant la Révolution. La fontaine Dauphine subsista jusqu'en 1851.

Le prolongement de la rue Sainte-Valérie jusqu'au boulevard entraîna la suppression de l'ancienne fontaine du Chevalet, vers 1783. Déjà, en 1638, un seigneur « de marque » avait enlevé la statue équestre en bronze qui surmontait la fontaine, pour la placer dans la basse-cour de son château (3). Cette statue avait été remplacée par une autre en plomb, qui, d'après Legros, fut volée vers 1760. Allou nous dit que la vasque fut portée sur le boulevard Montmailler, au-dessous du mur de M. Muret, où elle recevait le trop plein des eaux de la fontaine Dauphine. Elle fut déplacée vers 1830, lorsque l'ouverture de l'avenue du Champ-

(1) *Arch. comm.*, série DD. 4.
(2) *Ibid.*, série CC. 22 et série DD. 5.
(3) *Annales manuscrites*, p. 57.

de-Juillet vint modifier l'alignement du boulevard Montmailler. La croix et le petit mur de l'Andeix de cette fontaine avaient disparu avant 1783.

La fontaine qui occupait le centre des bâtiments de l'abbaye se trouva au milieu de la place Royale actuelle après la démolition de ces bâtiments, au commencement de ce siècle.

La fontaine Saint-Pierre, qui n'avait de remarquable que sa margelle, monolithe de granite de 10 mètres de circonférence, fut enterrée sur l'emplacement même qu'elle occupait en 1845.

Il y a cent ans, Limoges était couvert d'arbres : il suffira pour s'en convaincre de jeter les yeux sur le plan que nous décrivons. Outre les boulevards qui avaient remplacé les anciens fossés du château, la place d'Orsay, la place de Notre-Dame-des-Arbres (place Fournier actuelle), la place des Arbres (partie de la place Royale actuelle), la place Saint-Gérald (place de l'Hôtel-de-Ville actuelle), la place des Jacobins, la place et le cours Tourny, offraient leurs ombrages aux promeneurs. A ces promenades venaient s'ajouter celles non moins agréables des jardins de l'évêché et des couvents, pour la plupart accessibles le dimanche après les offices. Il semble que les municipalités qui se sont succédé depuis la Révolution aient juré de nous priver de verdure, car, sauf le Champ-de-Juillet et son avenue, qui remontent à 1830; il ne reste plus aujourd'hui des anciennes plantations que nous venons d'énumérer que la place d'Orsay, et encore celle-ci a-t-elle perdu une partie des beaux arbres qui l'ornaient autrefois, par le défaut d'entretien et les récents *embellissements* (1).

Les places de Limoges qui correspondaient aux anciennes portes furent toutes agrandies, d'après le plan de Trésaguet : elles durent surtout leur extension aux larges boulevards et aux routes royales qui remplacèrent les anciens fossés.

La place des Arènes (2), à laquelle le plan de 1768 donnait une forme octogone pour conserver quelques maisons, vit doubler sa superficie de 1777 à 1779, par l'adoption de la forme carrée, qui supprima toutes les maisons bordant l'ancien parc des Arènes,

(1) Les plus beaux arbres, qui bordaient la place, ont été remplacés par des talus gazonnés.

(2) *Arch. comm.*, série DD. 1.

entre la place primitive et la rue du Balcon actuelle. Cet agrandissement devait permettre de tenir le marché au petit bétail sur la place des Arènes. Dès 1783, tout un côté de la place était bordé de maisons neuves. La place d'Orsay, qui devait primitivement avoir trois entrées sur la place des Arènes, n'en eut plus qu'une d'après le nouveau projet. On a vu plus haut que M. d'Aine fit les frais de cette entrée. Pour l'en remercier, la ville donna son nom à la place des Arènes à partir de 1783, et elle fit placer deux inscriptions très élogieuses pour lui sur les pilastres de l'entrée de la place d'Orsay (1).

En 1712, le nombre des places s'augmenta de celle de la Terrasse, derrière l'Hôtel de la Monnaie, que l'intendant d'Orsay avait fait tracer. En témoignage de reconnaissance pour cet embellissement et celui de la création de la place d'Orsay, la ville fit ériger sur cette place, contre le mur de ville, une pyramide en pierres dans laquelle était encastrée une plaque de cuivre où les armoiries de M. d'Orsay surmontaient la dédicace à cet intendant. La démolition de la muraille fit disparaître la pyramide vers 1840 ; une auberge très achalandée lui succéda, et la place prit le nom de place de la Pyramide.

Par une délibération du 1er septembre 1783, homologuée par l'intendant le 10 décembre 1785, la ville décida la démolition complète du mur de la terrasse, en partie écroulé, la reconstruction d'un autre mur sur l'alignement des boulevards, et l'agrandissement de la promenade par l'adjonction des terrains de la Pépinière. La nouvelle place prit le nom d'*allées de Fitz-James*, en considération des obligations que la ville avait à M. de Fitz-James, gouverneur de la province. Les travaux furent adjugés à M. Alluaud, entrepreneur, en janvier 1786, pour la somme de 7,588 fr. (2).

La place des Boutiques (place Royale actuelle) ne date que du commencement de ce siècle, après la démolition des bâtiments de l'abbaye de Saint-Martial. Elle devait d'abord former deux places séparées l'une de l'autre par le bâtiment principal de l'abbaye que l'on aurait conservé comme grenier. La fontaine de l'abbaye se trouva au milieu de la place par la suite.

---

(1) Rédigées par l'abbé Vitrac: *Feuille hebdomadaire de Limoges*, année 1783.
(2) *Arch. comm.*, série DD. I. — J.-J. Juge, *Changements survenus*, etc., p. 50.

Des ordonnances de police déterminaient les denrées qui se vendaient sur chacune des places de Limoges. Le bois et le charbon se vendaient sur les places Boucherie et Manigne. Cette dernière place servait aussi de marché au vin. La place des Carmes servait de marché à la chaux et au vin ; on y transporta le marché au blé à partir de 1778. La place du Foirail, qui était attenante, possédait le marché au bétail, qu'elle partagea par la suite avec la place d'Aine.

L'élargissement si nécessaire des rues fit disparaître successivement les croix des carrefours, dont les larges bases entravaient la circulation (1). Celle élevée à l'occasion du meurtre de Pierre Bermondet, place de l'Intendance, disparut en 1779 ; celle du Chevalet, vers 1783, à cause de l'accès de la rue Sainte-Valérie sur le boulevard ; en 1786, ce fut le tour de l'Arbre de l'Andeix-de-Manigne, au sommet du triangle de cet ancien marché, qui figure sur le plan (2). Cette croix avait été réparée en 1733, et on avait ajouté à sa partie supérieure un sujet de piété d'après les dessins de l'abbé Cluzeau. C'est ainsi que Tripon nous la représente dans son ouvrage.

Turgot avait fait étudier le projet de construction d'un pont sur la Vienne près de l'emplacement du pont Neuf actuel. Nous avons constaté plus haut que la feuille 15 du plan Trésaguet, qui comprenait cet emplacement, manque dans toutes les collections, probablement parce qu'on s'en servit pour les études. Peut-être aussi s'est-on servi de cette feuille lors de la construction du pont Neuf, de 1832 à 1838.

Tous les édifices civils furent agrandis ou reconstruits au XVIIIe siècle. Un seul vint s'ajouter à ceux qui existaient déjà, et son caractère peint bien la période de misère que la France traversait : c'est le *Dépôt des mendiants*.

Constatons aussi qu'à l'époque où cet établissement fut construit, de 1767 à 1779, jamais l'industrie du bâtiment n'avait été aussi florissante à Limoges. On reconstruisait en même temps : 1° le palais épiscopal ; 2° l'église de l'Oratoire ; 3° l'hôpital général (façade actuelle) ; 4° le collège royal (façade du lycée

---

(1) J.-J. Juge, *Changements survenus*, etc., p. 28 et 51.

(2) *Arch. comm.*, série DD. 2. — Allou, *Description des monuments*, etc., p. 200.

actuelle) ; 5° l'intendance, aile sur le jardin ; enfin 6° le présidial, sans compter un grand nombre de maisons particulières très importantes (1) qui tombaient en ruines ou qui étaient frappées d'alignement. Aussi les ouvriers et les matériaux furent-ils augmentés dans de notables proportions. La journée de manœuvre, qui était de huit à dix sous, s'éleva de douze à quatorze sous ; les maçons, de douze à quinze sous, furent payés de quinze à dix-huit sous, et ainsi des autres ouvriers. La chaux et les bois de charpente doublèrent de prix. C'est à cause de la cherté de la pierre que Turgot, toujours vigilant des intérêts de la ville, fit venir des ouvriers étrangers pour fabriquer de la brique, que les ouvriers du pays ne savaient pas faire. Plusieurs maisons, et notamment celles de la place Dauphine, qui remontent à 1784, furent construites en briques pour cette raison (2).

L'ancien palais du Breuil n'était pas disposé pour contenir les bureaux et le personnel administratif de l'intendance. « Quoique sa destination primitive fasse présumer que sa construction était aussi belle que le temps pouvait le permettre, elle n'était cependant qu'un ridicule assemblage de petites cellules, presque toutes bâties en bois, où il n'y avait ni goût, ni commodité, ni convenances » (3). M. Pajot de Marcheval, fondateur de la Société royale d'agriculture, sciences et arts de la généralité, en fit commencer la reconstruction en 1752. Turgot avait eu d'abord l'intention de transporter l'Intendance dans l'abbaye de Saint-Martin, occupée par les Feuillants ; mais il se ravisa, et fit continuer les bâtiments commencés par M. Pajot de Marcheval. La porte d'entrée fut construite en 1779, sous l'administration de M. d'Aine. Notre plan n'indique pas le corps de bâtiment qui borde la rue Croix-Neuve, parce qu'il ne fut construit qu'en 1785, sous M. Meulan d'Ablois, le dernier intendant de la généralité.

Pendant la Révolution, c'est à l'Intendance que s'installèrent les administrateurs du département et de la commune. La place au devant, qui s'appelait alors place du Département, fut le théâtre de toutes les manifestations populaires de cette époque. En 1800, le préfet s'y installa, et, malgré bien des projets de construction

(1) La maison Naurissart entre autres, hôtel de la Banque actuel.

(2) *Arch. départ.*, C. 362.

(3) Rougier-Chatenet, *Statistique générale de la France ;* Département de la Haute-Vienne, p. 204.

sur d'autres points de la ville, la préfecture est toujours restée à l'endroit où nous la voyons aujourd'hui.

Comme on a pu le lire dans l'excellente étude de M. Louis Guibert (1), auquel nous empruntons ce qui suit, « les bâtiments du Consulat furent en partie reconstruits entre 1710 et 1713. On y dépensa 2,500 livres sans les améliorer beaucoup. L'ancienne salle des assemblées générales, qu'on qualifiait alors d'arsenal, et qui se trouvait presque en face de l'entrée, devint la chambre du conseil. Le bureau du receveur, qui était au fond de la cour, le long de la venelle aboutissant à la rue Cruche-d'Or, sur la terrasse où l'on voulut plus tard construire la caserne du guet, fut transféré dans les dépendances du bâtiment principal.

» Le premier étage était occupé depuis 1682 par le tribunal des marchands ou de la Bourse, institué par deux édits de Charles IX, et qui avait tenu ses premières réunions dans le « Bastiment ». Sur le vestibule s'ouvraient deux chambres qu'une assemblée de ville céda, le 27 janvier 1744, aux juges de commerce, à la condition qu'ils les entretiendraient « ainsi que le clocher », et laisseraient « un passage pour aller à la cloche, appartenant à la ville ». Cette cloche était l'ancien tocsin de la porte Manigne, qu'on avait transporté avec son beffroi à la maison commune, longtemps avant la démolition de la tour, peut-être vers 1713. Elle fut plus tard, dit-on, vendue aux religieuses des Allois.

« Mais, malgré les travaux de 1710, l'hôtel de ville était menacé d'une ruine imminente en 1777. Pressés par les propriétaires voisins et par l'intendant, le maire et les échevins se décidèrent enfin, le 13 août 1777, à vendre l'ancien hôtel de ville et à acheter la maison occupée par le Bureau des finances, en face de l'Intendance ; ce bâtiment s'étant lézardé avant la consommation de la vente, on dut renoncer à ce projet. C'est alors que se posa la question de l'emplacement du futur hôtel de ville. Il est assez piquant de remarquer qu'à un siècle de distance cette question passionna autant les habitants de Limoges qu'en 1877, et que les mêmes emplacements furent proposés et discutés.

» Le 6 décembre 1785, il fut arrêté que le nouvel hôtel de ville serait construit sur le cours de la Pyramide, le long de la place Fitz-James, à peu près entre les deux escaliers qui accèdent au-

(1) Louis Guibert, *Les hôtels de ville de Limoges*, dans l'*Almanach limousin* de 1882.

jourd'hui à la place Royale. Un an plus tard (5 décembre 1786), l'immeuble de la rue du Consulat fut vendu à M. Farne, imprimeur, au prix de 16,000 livres (1), et dès l'année suivante on commença les fouilles nécessaires pour la construction du nouvel édifice, dont l'ingénieur Dumont avait dressé le projet. Le corps du commerce, qui tenait à rester l'hôte des consuls, avait promis de contribuer à la dépense pour 20,000 livres ; l'Election, que l'incendie de la rue des Combes, en 1715, avait privée d'une partie de son installation, offrait d'en verser 16,000 (plus tard 12,000 seulement), à la condition qu'un local convenable lui serait réservé dans le futur hôtel de ville. Ce fut M. Alluaud qui obtint l'entreprise des travaux. En attendant, le corps municipal loua, moyennant 300 livres, pour tenir ses réunions et installer provisoirement ses bureaux, la maison Daucour, sise au haut de la rue du Temple, n° 27 ou peut-être 21 actuel, côté de la rue du Consulat, auprès de la rue Ferrerie. Le tribunal de commerce alla, de son côté, tenir ses audiences dans une maison formant le coin de la rue Manigne et de la rue des Pousses. Mais, à bout de ressources en 1791, la ville abandonna tout projet de construction, et vendit à l'entrepreneur le Bâtiment, alors en voie de complète édification. On le couvrit un peu plus tard sans le terminer, et on l'a vu servir successivement d'auberge, d'école primaire, de caserne, enfin disparaître en 1863, lors du remaniement de la place Royale.

» En 1791, les administrateurs de la commune étaient installés dans l'ancienne intendance, à côté de ceux du département. En l'an VIII, ils affermaient, par un contrat du 15 floréal, reçu Bardy, notaire, pour une période de cinq années et moyennant 600 fr. par an, une maison sise place Saint-Gérald, qui avait jadis servi de couvent aux chanoines réguliers de la Congrégation de France. La ville se décida à s'installer définitivement dans cet immeuble, et l'acheta, le 13 messidor an XI, de M. Jean-Baptiste Guibert, ancien commissaire des guerres. Le prix du bâtiment et des jardins qui en dépendaient était fixé à 27,648 fr. ; mais, comme cette somme était payable en cinq pactes avec les intérêts, la Commune versa au vendeur une somme totale de 29,780 fr. 10 c. Cette acquisition avait été autorisée par une

(1) *Arch. comm.*, série BB. 4.

loi du 17 floréal an XI. — Une partie des jardins fut cédée à l'Etat par la commune, en 1818 et 1826, pour l'établissement des écuries de la caserne de cavalerie installée dans l'ancien séminaire des Ordinands ». On construisit sur l'emplacement de l'ancien couvent de Saint-Gérald une maison de forme rectangulaire, à un seul étage, surmontée d'un clocheton mesquin que n'ébranlèrent jamais les volées des cloches, et précédée d'un perron à double escalier. Les services municipaux s'y installèrent en 1811.

Sur la feuille 13 du plan Trésaguet, qui a reçu des rectifications d'alignement de l'an V à l'an VIII, on a effacé la maison louée à J.-B. Guibert le 15 floréal an VIII, pour lui substituer le projet d'un hôtel de ville monumental que bien peu de personnes connaissent à Limoges. On dirait que dès le commencement de ce siècle cet emplacement était prédestiné à recevoir l'hôtel de ville somptueux, trop somptueux peut-être pour les contribuables, que nous voyons aujourd'hui. Il est assez curieux de constater que dès le moment de la location la municipalité se soit occupée de doter la ville d'un édifice plus en rapport avec son importance.

L'hôtel de ville de l'an VIII s'appuyait d'un côté sur la rue de la Caserne, et il occupait tout l'emplacement de l'hôtel de ville actuel. Il se composait d'un corps de bâtiment principal regardant la place, duquel se détachaient perpendiculairement trois corps de bâtiments secondaires qui formaient deux cours sur la façade. C'est par les portes de ces cours que l'on pénétrait dans l'édifice. Comme on peut le voir, il était conçu dans d'excellentes proportions. Il jouissait de plus d'un grand jardin en partie planté de beaux arbres. Bien que plus modeste que l'édifice actuel, il est à croire qu'il eût suffi aux besoins de la ville de 1883 s'il avait été construit.

Le présidial, placé à côté de l'intendance, dans le bâtiment qui longe le côté nord de l'église Saint-Michel-des-Lions, fut entièrement reconstruit sous l'administration de M. d'Aine, de 1774 à 1784. Les prisons royales occupaient le rez-de-chaussée de l'édifice ; elles furent achevées le 10 avril 1777, car à cette date M. de Lépine, subdélégué de l'élection de Limoges, en prit possession au nom du roi. Pendant le temps que dura la construction, le présidial siégeait dans la maison en face, qu'occupait le bureau des finances. Ce dernier suivit le présidial dans son nouveau bâtiment en 1784. Le palais de justice resta dans ce local jusqu'à la construction de l'édifice que nous voyons aujourd'hui (1856). On y installa ensuite le musée, la bibliothèque communale et divers services départementaux. Les prisons y restèrent encore, en partie du moins, jusqu'en 1856, date de l'achèvement de la maison d'arrêt, place du Champ-de-Foire. Elles furent remplacées par la prison militaire jusqu'en 1870.

C'est en 1766 que fut posée la première pierre du palais épiscopal actuel, sous Mgr d'Argentré. Les travaux furent poussés activement par l'architecte Broussaud, auquel Limoges doit plusieurs de ses monuments. Les travaux ne furent achevés qu'en 1787. Placé au sommet d'un coteau qui domine la vallée de la Vienne, entouré de magnifiques jardins en amphithéâtre, l'évêché de Limoges passe à juste titre pour l'un des mieux situés et des plus agréables de France.

Le collège royal, qui avait perdu la dénomination de collège Sainte-Marie depuis l'expulsion des Jésuites en 1762, fut dirigé par des prêtres séculiers jusqu'en 1792. C'est sous l'administration de ces derniers que, pour remplacer les anciens bâtiments en ruine, « fut construit le magnifique bâtiment à trois étages qui forme aujourd'hui la façade principale du lycée. Les travaux projetés en 1765, et entrepris au commencement de 1767, ne furent achevés qu'en 1777. Les dépenses s'élevèrent à la somme de 156,285 livres » (1).

Les Etats de la province se réunirent dans la chapelle du collège le 16 mars 1789. Elle servit ensuite aux cérémonies décadaires sous la Terreur. Après l'établissement du lycée (1805), on l'affecta aux récréations des élèves; mais, la voûte s'étant en partie écroulée, on fut obligé de la découvrir en entier. La restauration de la chapelle date de 1816.

Comme le collège royal, l'hôpital général fit reconstruire les bâtiments de sa façade tels que nous les voyons aujourd'hui, de 1767 à 1775; mais il restait encore beaucoup à faire pour la salubrité de cet édifice, devenu insuffisant pour la quantité de malades de la ville ou étrangers. Le Refuge, qui dépendait de l'hôpital, fut réuni à cet établissement après la Révolution.

L'Hôtel de la Monnaie abritait encore le tribunal de l'élection à l'époque du plan Trésaguet. L'avant-corps où se tenait ce tri-

---

(1) A. Leroux, *Inventaire des Archives departementales de la Haute-Vienne*, série D; fonds de l'ancien Collège de Limoges. Introduction.

bunal fut démoli en 1784 et remplacé par la porte d'entrée actuelle. Depuis la suppression de l'atelier monétaire de Limoges, en 1837, les bâtiments de la Monnaie servent de caserne des pompiers.

Le seul édifice public nouveau dont le plan Trésaguet nous révèle l'existence est la *maison des Mendiants* ou maison de force. Le nombre toujours croissant des mendiants pendant le XVIIIe siècle n'était pas seulement la conséquence des disettes qui causaient tant de misère dans les campagnes : c'était aussi, pour les villes, le résultat des entraves apportées au travail. Le gouvernement, qui se sentait impuissant à soulager toutes ces misères, prit le parti de priver les mendiants de leur liberté, afin de les exciter au travail.

En exécution de la déclaration du roi et des arrêts du parlement de Bordeaux portant règlement pour la retraite, subsistance et renfermement des pauvres (1693-1709), de la déclaration du roi concernant les mendiants et vagabonds (juillet 1724), M. de Tourny rendit une ordonnance, le 27 mars 1736, par laquelle les nombreux mendiants autorisés à séjourner dans la ville devaient être munis de cette autorisation, et porter « sur l'épaule droite » un morceau de drap rouge en forme de cœur sur lequel il y » aurait la lettre M, sous peine d'être enfermés huit jours au » moins dans des prisons noires, où ils seraient couchés sur la » paille, nourris au pain et à l'eau, et au bout de ce temps con- » duits hors de la Ville, faubourgs et Cité, avec défense d'y » rentrer ». Les récidivistes étaient retenus quinze jours dans les prisons de l'Hôpital. Il paraît cependant que l'on se montra plus humain que les termes de l'ordonnance ne le faisaient supposer, car, d'après une nouvelle ordonnance du 25 juin 1739, la disette de grains ayant attiré à Limoges quantité de pauvres paysans, « c'eût été agir avec trop de dureté à leur égard que de les em- » pêcher de séjourner dans cette ville tant qu'ils n'avaient point » d'autres ressources ». Mais, comme la récolte approchait, et que la charité des habitants de la ville s'épuisait, on leur ordonna de se retirer dans leurs paroisses avant le 1er juillet, et d'y ramener tous leurs enfants, à peine d'être arrêtés. Le 1er mars 1756, nouvelle ordonnance de M. Rogier des Essards, et réquisitoire du lieutenant général de police, tendant à l'expulsion des mendiants (1).

Il y a une grande différence dans les sentiments d'humanité

(1) *Archives départ.*, série D, 360.

qui animaient Turgot, comparativement aux intendants qui l'ont précédé ou suivi. Ceux-ci, dans leurs ordonnances contre les mendiants, ont quelque chose de méprisant et de dur : Turgot au contraire est essentiellement bon et charitable. C'est à lui que l'on doit la création des ateliers de charité, qui rendirent tant de services à la province. Dans l'assemblée générale du bureau de charité de Limoges (11 février 1770), qu'il avait organisé de concert avec l'évêque, et à laquelle assistaient les curés de toutes les paroisses de Limoges, les supérieurs des communautés et les principales autorités de la ville, on arrêta les meilleures mesures à prendre pour secourir jusqu'à la récolte suivante les nombreux pauvres de la province attirés à Limoges par la disette. Toutes les personnes présentes s'inscrivirent pour une somme considérable. L'évêque de Limoges et Turgot s'engagèrent chacun pour 500 livres par mois.

La maison de force fut construite de 1765 à 1769 ; la dépense totale s'éleva à 28,403 livres, d'après la quittance de l'entrepreneur (15 avril 1769). On y ajouta un hangar pour servir d'atelier en 1770, et six loges pour les fous en 1771. L'édifice se composait d'un corps de bâtiments principal avec deux ailes en retour d'angle. On y accédait par la rue des Anglais, désignée souvent par rue de la Maison-de-Force.

Avant cette construction les mendiants étaient reçus à l'hôpital général ; mais après la déclaration du roi du 3 août 1764 ordonnant l'établissement des maisons de force, ceux-ci furent mis en état d'arrestation dès le 1er octobre 1768 et placés sous la surveillance immédiate de l'intendant. La maison de force était administrée par un régisseur chargé de toutes les fournitures moyennant un prix déterminé. On y occupait les hommes à battre du ciment, et les femmes à filer. Après 1801, la maison de force ne reçut plus que les fous, les épileptiques, les filles publiques et les vénériens ; c'était aussi l'infirmerie des prisons. Elle prit le nom d'Asile des aliénés en 1838, et elle subsista en cette qualité jusqu'à la construction de l'Asile de Naugeat actuel, en 1864. Depuis, la ville y a placé des écoles communales de garçons et de filles. Le musée céramique, lorsqu'il fut forcé de quitter l'ancien Palais de Justice, s'y installa en 1869, ainsi que l'école municipale de dessin appliqué à l'industrie créée par M. Adrien Dubouché. L'Etat a pris à sa charge ces deux établissements, qui ne tarderont pas à posséder un local plus en rapport avec leur importance et leur valeur.

Si Turgot était resté quelques années de plus parmi nous, nous verrions aujourd'hui les casernes dont il voulait doter la ville, autant pour lui épargner les frais énormes des logements militaires que pour donner un débouché aux fourrages de la contrée. Nous savons, d'après ce que la ville dépensait en 1782 pour le régiment d'Artois-dragons, combien cet impôt pesait lourdement sur ses finances. Ce régiment était logé dans vingt-trois maisons, dont le loyer était de 4,478 livres; les magasins de meubles et les effets étaient aux Jacobins et aux Augustins, auxquels on payait 280 livres de loyer; les magasins de fourrages étaient répartis dans cinq maisons pour lesquelles on payait 864 livres, et enfin le logement des officiers coûtait 7,920 livres. Au total : 18,232 livres (1).

M. d'Hugues (2) nous fait le tableau de la situation en ces termes : « Avant l'arrivée de Turgot, les régiments étaient disséminés dans les villes de Limoges, Saint-Yrieix, Lubersac et Brive; mais comme M. de Choiseul avait désiré qu'un manège fût établi à Limoges et que des détachements de chaque escadron y passassent tour à tour, ce qui chargeait la ville de Limoges sans diminuer les charges des autres localités, Turgot résolut de réunir trois escadrons à Limoges et d'en laisser un à Brive. Il pensa aussi qu'il serait injuste de faire supporter à la seule ville de Limoges une charge aussi forte, tandis que l'avantage résultant de la plus grande consommation de fourrages et des autres denrées du pays se répartissait principalement dans les campagnes et de proche en proche dans toute l'élection. Il répartit donc l'imposition sur Limoges et le reste de l'élection, et il comprit dans la dépense du casernement celle des lits de caserne, qui s'imposaient d'une façon très peu équitable jusqu'à lui. Turgot pensait que, puisque la construction des casernes devait coûter environ 200,000 livres et que la ville de Limoges payait annuellement 15,000 livres de casernement, elle pourrait payer ses casernes au bout d'une dizaine d'années. Elle gagnerait ainsi la tranquillité

---

(1) *Archives départ.*, série C, 59. — « Le 3 octobre 1711, les habitants ayant été convoqués par ordre de l'intendant pour désigner les locaux où l'on devait caserner les troupes, lors du passage de la 2e compagnie du régiment d'Audicourt, personne ne se présenta. L'intendant désigna d'office les locaux dans les huit cantons de la ville. » (*Reg. consul.*, D. f° 143.)

(2) D'Hugues, *Essai sur l'administration de Turgot*, p. 130.

de ses habitants, et les troupes casernées seraient mieux logées et mieux disciplinées.

» Il fit donc lever dès 1757 une première imposition de 15,000 livres qui servit en partie à payer les terrains du Chapeau-Rouge, route de Paris, qu'il venait d'acheter, par acte du 10 janvier 1767, au bourgeois Jean Garat d'Aigueperse. Le surplus servit à payer: 1° les propriétaires des anciens logements du régiment de Bercheny, qui venait de partir, que les consuls voulaient conserver pour le cas où un autre régiment de cavalerie reviendrait dans la province ; 2° les frais de décrètement des murs et du transport des pierres aux futures casernes, ainsi que les nivellements des terrains qu'elles devaient occuper.

» En 1768, Turgot fit lever la même imposition afin de pourvoir aux dépenses ainsi détaillées : 1° continuation de l'écrètement des murs ; 2° établissement de fours à briques pour suppléer à la pierre de taille, qui était fort chère à Limoges ; 3° recherche et conduite des eaux nécessaires pour approvisionner les casernes et former des abreuvoirs ; 4° achat de bois de charpente (1). »

Cette même année, il approuva les plans qui avaient été faits dés 1767, mais qu'il avait dû faire recommencer parce qu'il les trouvait *trop ornés,* et les ouvrages furent mis en adjudication. Turgot put présenter au contrôleur général le tableau de toute la dépense, et il obtint son approbation avec l'autorisation d'une imposition annuelle sur toute l'élection.

Nous étions obligé de donner ces explications avant de parler du plan des casernes que nous trouvons à la feuille VIII du plan Trésaguet. Les casernes s'offrent à nous sous la forme d'un immense fer à cheval dont les deux branches touchaient la route de Paris. La façade principale, précédée d'une belle cour, se trouvait au centre de la courbe, et regardait le carrefour Tourny, qu'une magnifique avenue plantée d'arbres devait relier directement aux casernes, en empruntant une partie de la rue des Vénitiens ; deux avenues latérales aboutissaient : l'une au boulevard de la Pyramide, à l'entrée de la rue des Augustins actuelle, l'autre aux terres de Poislevé (Champ-de-Juillet actuel). Trois autres corps de bâtiments secondaires placés du côté des Augustins, complétaient l'ensemble des casernes.

Comme on le voit, le plan était excellent, les matériaux étaient

(1) D'HUGUES, *Essai sur l'administration de Turgot*, p. 138.

sur place, l'eau en quantité suffisante avait été conduite (1), toutes les mesures financières étaient prises pour que l'édifice soit mené à bonne fin : il n'a manqué pour cela que la volonté. En effet, Turgot ayant quitté Limoges en 1774, son successeur, M. d'Aine, qui n'avait plus les mêmes idées ni le même dévouement aux intérêts de la ville, prétexta que l'on n'avait pu conduire l'eau nécessaire sur l'emplacement, pour abandonner le projet de Turgot (2). Le 20 juillet 1779, un arrêt du Conseil autorisait la concession des terrains du Chapeau-Rouge, moyennant le prix de 45,000 livres, aux paroisses de Saint-Pierre, Saint-Maurice et Saint-Michel, pour y établir leur cimetière, afin de satisfaire à la déclaration du 19 novembre 1776 concernant les inconvénients que présentaient les inhumations dans l'intérieur des villes. Cet arrêt ne dut pas recevoir d'exécution, puisque en 1792 les anciens cimetières furent abandonnés au profit de celui des Arènes. Son insuffisance obligea bientôt la ville à acheter les vastes terrains de Louyat, qui servent de cimetière depuis le 10 avril 1805.

Cependant la construction des casernes s'imposait toujours aux habitants. Le 2 juillet 1782, le corps de ville avait pris une délibération par laquelle il demandait l'autorisation d'emprunter 40,000 livres pour acheter l'ancienne manufacture de siamoises du sieur Thévenin, afin d'y loger le mobilier appartenant à l'armée. Ce mobilier occupait auparavant trois vastes maisons particulières que leurs propriétaires ne voulaient plus louer. L'intendant n'accorda pas cette autorisation, dans la crainte que la dépense retombât en grande partie sur le trésor royal. M. Trésaguet, consulté, répondit que l'on devait poursuivre cette affaire et imposer la ville dans le cas où elle ne pourrait rembourser la somme (3).

---

(1) *Archives départ.*, série C, 59. — En 1773, on avait détourné une partie de l'eau de la fontaine de la Bregère, malgré les protestations de MM. de La Bastide et Navières, qui prétendaient que ces eaux leur appartenaient. La pièce donne un croquis de l'église de la Bregère.

(2) La construction fut si bien à la veille de s'opérer que, s'appuyant sur les papiers de l'Intendance, deux personnes étrangères au Limousin ont considéré les casernes comme construites : c'est M. d'Hugues, déjà cité, et M. Belin, avocat général, dans son discours prononcé à l'audience de rentrée du 3 novembre 1875.

(3) *Archives départ.*, série C, 59.

La question fut agitée en 1785, et, le 3 avril 1786, le corps de ville déclara qu'il ne demandait pas mieux que l'on établît un régiment de cavalerie à Limoges, pourvu que la ville ne contribuât pas toute seule à la construction des casernes. C'était l'idée de Turgot, qui voulait que les cultivateurs qui bénéficiaient de cet établissement participassent aussi à la dépense, et par conséquent que la somme nécessaire soit prélevée sur toute l'élection. Les choses restèrent dans le même état jusqu'à la Révolution, pendant laquelle les troupes furent logées au séminaire des Ordinands. Plus tard, de 1816 à 1820, on construisit sur ce dernier emplacement les casernes de cavalerie que nous voyons aujourd'hui.

Nous allons exposer brièvement les changements survenus dans les édifices religieux pendant le XVIIIe siècle et leur destination pendant et après la Révolution.

Limoges avait deux chapitres : celui de Saint-Etienne, dont l'église devint paroissiale, comme on le verra plus loin, et celui de Saint-Martial, qui a été emporté par la tourmente révolutionnaire.

L'ancienne basilique de Saint-Martial menaçait ruine depuis longtemps lorsque la Révolution arriva. On aurait pu la réparer ; mais l'argent manquait complètement, et ce fut la principale, sinon la seule raison, qui entraîna sa destruction. L'antiquité de la basilique, à laquelle la ville devait sa formation, les nombreux souvenirs historiques qui s'y rattachaient, son importance architecturale, auraient dû la protéger. Il n'en fut rien : c'est elle qui fut la première atteinte par la pioche des démolisseurs. Par un de ces retours dont les révolutions offrent de trop nombreux exemples, ce fut l'architecte payé pour veiller à sa conservation qui l'acheta à vil prix pour la démolir. L'œuvre de destruction dura dix-huit ans, de 1792 à 1809. La partie qui resta debout le plus longtemps fut le clocher, que l'on voyait encore en 1797. Il avait été complètement restauré en 1752, date où l'on avait remplacé la pyramide qui le surmontait par une galerie octogone assez légère.

D'après Legros, on avait démoli en 1752 une partie des bâtiments de l'abbaye. En effet, le plan Trésaguet ne nous indique que le vaste bâtiment qui avait servi de dortoir, et qui, en 1768, servait de grenier à blé. C'est ce bâtiment que l'on eut l'intention de conserver encore comme grenier, mais qui fut démoli ensuite pour ne pas diviser en deux la place que la disparition des bâtiments laissait libre. Cette place prit d'abord le nom de place des Boutiques, puis celui de place Royale. Nous avons trouvé un plan rectificatif des voies de ce quartier qui date de 1796 à 1800. Le théâtre occupe depuis 1840 l'emplacement de l'ancienne basilique de Saint-Sauveur (1), et, par une coïncidence des plus bizarres, la scène correspond au sanctuaire.

Dès le début de la Révolution, en 1789, on se proposait de longer la collégiale par une rue aboutissant à l'hôtel-de-ville, que l'on construisait sur le boulevard de la Pyramide, et qui devint plus tard la *petite caserne*.

Par décret du 1er juin 1791, les seize paroisses de Limoges furent réduites à quatre : Saint-Etienne, Saint-Pierre-du-Queyroix, Saint-Michel-des-Lions et Saint-Thomas-d'Aquin, devenue plus tard Sainte-Marie. C'est par ces quatre nouvelles paroisses que nous commencerons :

L'église cathédrale de Saint-Etienne vit mutiler, en 1789, ce qu'elle renfermait de plus précieux au point de vue architectural. Mgr d'Argentré fit transporter, à la place qu'il occupe aujourd'hui, le magnifique jubé de la Renaissance qui fermait le chœur. Ce transport, exécuté par des ouvriers inexpérimentés, fut le prélude des mutilations que la Révolution devait entraîner. L'église resta ouverte au culte comme église paroissiale cinq à six mois après le décret de 1791, puis elle servit de grenier à foin pendant la période révolutionnaire. Elle fut de nouveau ouverte au culte vers 1802. La paroisse de Saint-Etienne comprend dans son territoire les anciennes paroisses de Saint-Jean-en-Saint-Etienne, Saint-Domnolet, Saint-Christophe, Saint-Maurice, Saint-Paul-Saint-Laurent, Saint-Julien-Sainte-Affre et Saint-Gérald.

Saint-Pierre-du-Queyroix servit pendant la Révolution de fabrique de salpêtre. C'est dans cette église que les dames de Limoges apportaient les fougères qu'elles allaient couper dans les environs. Aujourd'hui c'est la paroisse la plus étendue de la ville : elle comprend une partie des anciennes paroisses de Saint-Paul-Saint-Laurent, de Sainte-Madeleine-de-la-Bregère et de Saint-Cessateur-Saint-Aurélien.

(1) La Société Archéologique du Limousin possède les plans de la collégiale de Saint-Martial et de son clocher, faits par l'abbé Legros en 1784, dont parle Allou. (*Description des monuments*, p. 161.)

Saint-Michel-des-Lions fut fortement endommagé en 1754 par la foudre, qui renversa l'une des tourelles du clocher. Dans sa chute, cette tourelle écrasa une partie de la voûte et détruisit l'orgue. Plusieurs maisons voisines furent plus ou moins atteintes (1). Antérieurement au décret relatif à la fermeture de la basilique de Saint-Martial, les reliques de saint Martial furent transportées à Saint-Michel-des-Lions. C'est dans cette église, devenue le temple de la Raison en 1793, qu'eurent lieu les saturnales qui amenèrent la destruction du beau vitrail de la nef représentant le Calvaire. Les nouvelles limites de la paroisse comprirent une partie de celles de Saint-Cessateur, Saint-Martial-de-Montjovis et Sainte-Marie-l'Egyptienne d'Usurat.

Saint-Thomas-d'Aquin fut le premier nom d'une paroisse créée le 1er juin 1791, et qui comprenait le territoire des anciennes paroisses de Saint-Michel-de-Pistorie, Sainte-Félicité, Saint-Gérald, Saint-Cessateur et Sainte-Claire-de-Soubrevas (2). Le culte fut d'abord célébré dans l'ancienne chapelle du séminaire des Ordinands; mais pendant la Révolution le séminaire et la chapelle furent affectés aux casernes, et on transporta le culte dans la chapelle des Jacobins, dont le couvent avait été supprimé en 1790. Après le Concordat, l'église fut placée sous le vocable de Sainte-Marie-du-Séminaire.

Saint-Jean-en-Saint-Etienne fut vendu à des particuliers, qui ne bâtirent rien sur ses ruines. La place qu'elle occupait en face du portail nord de la cathédrale est toujours libre. On voyait encore, il y a une vingtaine d'années, près de l'emplacement de cette église, une maison à tourelle, dans laquelle est mort Foucaud, le fabuliste patois si populaire dans notre pays.

---

(1) Allou, *Description des monuments*, p. 172. C'est à la suite des réparations à la flèche du clocher, qui avait été renversée par un coup de foudre en 1810, que cette flèche fut surmontée, en 1829, de l'énorme boule qui excite le sourire des gens de goût.

Le plan de Trésaguet indique bien la chapelle de Notre-Dame-des-Aides, à l'angle de la place Fontaine-Saint-Michel, et démolie en 1857. Dans une chapelle située du côté des prisons, il y avait autrefois une représentation du tombeau de Notre-Seigneur, appelée le *Monument*, comme il en existait une à Saint- Etienne et à Saint-Pierre. Il fut dégradé par une ouverture pratiquée par les prisonniers dont les cachots étaient adossés, afin de s'évader par l'église. On acheva de le détruire complètement en 1774.

(2) La paroisse de Sainte-Claire de Soubrevas paraît avoir survécu à la Révolution : les *Calendriers* et *Annuaires* de 1806, 1807 et 1808 l'indiquent.

Saint-Domnolet subit le même sort que la précédente. Un linteau qui surmonte le portail d'une maison bâtie sur son emplacement est tout ce qui nous reste de cette église. Son presbytère formait l'angle de la rue des Roches actuelle. La façade de cette maison présente encore quelques détails d'architecture du XIIIe siècle.

Saint-Maurice fut acheté par un charron, qui en fit son atelier. C'est à ce dernier que les Carmélites l'achetèrent, en 1836, pour en faire leur chapelle actuelle. On peut juger, par les dimensions de cette ancienne église, combien les autres églises paroissiales étaient petites, par rapport aux églises du Château.

Saint-Michel-de-Pistorie avait été réparé en 1746. Acheté par un particulier après 1791, il a été remplacé par un jardin.

Sainte-Félicité est la seule église paroissiale *extra muros* qui subsiste encore : elle forme le fond de la place de ce nom. Des logements d'ouvriers l'occupent aujourd'hui.

Saint-Gérald, achetée d'abord par M. J.-B. Guibert, devint une propriété communale en l'an XI : c'est sur son emplacement que s'éleva l'hôtel-de-ville au commencement de ce siècle, remplacé aujourd'hui par un hôtel-de-ville plus en rapport avec l'importance de Limoges.

La paroisse de Saint-Cessateur avait pour église, depuis la première moitié du XVIIIe siècle, la chapelle de Saint-Aurélien, ce qui nous indique que l'ancienne église Saint-Cessateur était ruinée. Une maison particulière s'élève sur son emplacement, dans le bas de la rue des Pénitents-Rouges.

Saint-Christophe, dont le territoire forma une municipalité distincte de celles de la Ville et de la Cité en 1790, fut la dernière église fermée au culte, de novembre à décembre 1792 (1). L'église fut démolie de 1811 à 1820, lors de la construction de la Maison centrale de détention, sur l'emplacement de l'ancienne abbaye de Saint-Augustin.

Saint-Julien devint une propriété particulière. Son emplacement fut acheté plus tard par les Sœurs de Marie-Thérèse. C'est la maison du Bon-Pasteur actuelle.

Saint-Paul servit encore quelque temps d'oratoire aux pénitents bleus, après 1791. Il fut transformé ensuite en teinturerie. Le

---

(1) L. Guibert, *Anciens registres paroissiaux.*

tunnel de la ligne de Périgueux s'ouvre aujourd'hui au-dessous de son emplacement.

Saint-Martial-de-Montjovis, seule paroisse de la banlieue que les plans puissent nous indiquer, a fait place aujourd'hui à une maison particulière qui domine toute la ville.

Parmi les chapelles qui existaient à Limoges avant la Révolution, la chapelle de la Maison-Dieu, à l'entrée de la route d'Ambazac, et celle de Sainte-Anne, au-delà du pont Saint-Martial, avaient disparu dès le commencement du XVIIIe siècle.

La chapelle de Sainte-Marthe, placée dans le cimetière de Saint-Paul, place Tourny, disparut au moment de la création de cette place, en 1738. Elle fut suivie de près (1740) par la chapelle du Puy-Lanneau, au-delà du pont Saint-Etienne. L'ouverture de la rue Porte-Tourny, en 1743, fit démolir celle de la Courtine.

La chapelle du Crucifix, qui avait été reconstruite en 1784, et dont on avait démoli une partie pour dégager le chemin vicinal, fut vendue à un boulanger après 1791. La Révolution fit encore disparaître celle du cimetière du Maupas (1), dans la rue de ce nom, celle du Naveix, dans l'ancien cimetière de Saint-André, boulevard des Petits-Carmes.

La chapelle de Saint-Antoine, placée dans le cimetière des Arènes, servit aux réunions du corps électoral en 1791. Elle disparut en 1831, avec les dernières traces de l'ancien cimetière, transformé en champ de foire (2).

La chapelle du Calvaire, située à l'angle de la rue des Pénitents-Blancs et du boulevard Saint-Maurice actuel, n'a été démolie que vers 1850. Elle ne servait plus au culte depuis la Révolution.

La chapelle de Saint-Aurélien, la seule de toutes ces chapelles qui subsiste encore, servait d'église à la paroisse de Saint-Cessateur depuis le commencement du XVIIIe siècle ; mais le territoire de cette paroisse était tout entier *extra muros*. La belle croix en pierre du XIVe siècle que l'on voit à la porte se trouvait autrefois à l'entrée de la chapelle des Grands-Carmes. Les bouchers

---

(1) C'était le troisième cimetière de la paroisse de Saint-Pierre, qui en possédait déjà deux autour de l'église. Le cimetière de la paroisse de Saint-Maurice touchait à celui du Maupas.

(2) Le cimetière des Arènes servit seul aux inhumations de 1792 à 1805, date où il fut remplacé par le cimetière de Louyat.

l'achetèrent lors de la démolition de cette dernière, en 1795. C'est un monolithe d'environ quatre mètres de hauteur, très-curieusement sculpté.

On sait qu'en 1791 toutes les communautés furent fermées et plus tard vendues comme biens nationaux. En 1801, lorsque la liberté fut rendue aux cultes, plusieurs de ces communautés, que la Révolution avait complètement ruinées, ne se rétablirent plus à Limoges. Sauf les Sulpiciens, qui dirigent le Grand-Séminaire, autrefois séminaire des Ordinands, les communautés d'hommes disparurent, et, parmi les communautés de femmes, les Bénédictines de la Règle et des Allois, et les Ursulines n'eurent plus de maison à Limoges.

L'ancienne abbaye de Saint-Augustin-lez-Limoges, désignée depuis le XVIIe siècle du nom des derniers occupants, les Bénédictins, fut achetée d'abord par Mlles de Brettes, qui y installèrent un pensionnat de demoiselles; puis, en 1810, l'Etat l'acheta à son tour pour y établir la Maison centrale de détention. L'abbé Bullat nous donne une autre version : « L'enclos des Bénédictins fut vendu 90,000 francs à M. Grellet des Prades, qui fit démolir la partie du monastère qui n'était pas bâtie à neuf, ainsi que la petite église Saint-Christophe, située au devant, pour en vendre les matériaux. Son héritier, M. de Fleuret, les revendit à Bonaparte 100,000 francs, non en papier comme il l'avait payé, mais en argent espèces ; encore se réserva-t-il le vaste pré attenant. » L'église et quelques parties de l'ancien monastère furent conservées. Depuis 1871, on en a fait une caserne d'infanterie.

L'ancienne abbaye de Saint-Martin-lez-Limoges, désignée par le nom des Feuillants qui l'occupaient depuis 1622, où Turgot avait songé un instant à établir l'Intendance, fut achetée en 1791 par M. Barbou, pour y établir son imprimerie. Les dames de Brettes, qui venaient de vendre à l'Etat l'emplacement des Bénédictins, y transportèrent ensuite leur pensionnat. Depuis 1865, les anciens bâtiments ont fait place à l'Hôtel du XIIe corps d'armée.

Les bâtiments des Cordeliers, situés en face, dont la démolition était commencée depuis 1784, furent vendus à M. Juge de Saint-Martin. Celui-ci les revendit à divers particuliers, et entre autres à MM. Pouyat, qui y avaient leur maison de roulage. L'ouverture de l'avenue de Fleurus a fait disparaître la majeure partie de cet ancien couvent; quelques-uns des bâtiments accessoires bordent encore la rue Neuve-de-l'Evêché. La maison qu'occupe le cercle de l'Union s'élève sur l'emplacement du bâtiment principal et de la chapelle.

Le couvent des Jacobins, dont l'ordre avait été supprimé en 1790, fut offert aux Ursulines à la suite du grand incendie de la même année. La Révolution transforma l'ancien couvent en atelier pour la fonte des cloches et la fabrication des outils pour l'hôtel de la Monnaie, dirigée par MM. Chevalier frères. Déjà, en 1778, une partie des bâtiments avait été louée par M. d'Aine, pour servir de manége de cavalerie et pour d'autres services militaires. C'est la destination qu'on leur donna sous l'Empire. Aujourd'hui les bâtiments servent de magasins à fourrages et de manutention. Le manége de cavalerie fut construit en 1840 un peu au-dessous, sur l'emplacement des jardins du couvent. Pendant cette construction, on découvrit une mosaïque très-curieuse qui appartient aujourd'hui au Musée. La chapelle des Jacobins, dont une partie sert aujourd'hui d'église à la paroisse de Sainte-Marie, s'étendait autrefois jusqu'à la rue des Sœurs-de-la-Rivière.

Les bâtiments des Grands-Carmes furent, comme ceux des Cordeliers, achetés par M. Juge de Saint-Martin, qui établit une pépinière dans leurs beaux jardins. C'est dans cette pépinière que furent transportés d'abord les monuments épigraphiques provenant de la démolition du clocher de Saint-Martial, dont le Musée possède quelques-uns. L'église des Grands-Carmes était surmontée d'un clocher assez remarquable; elle fut démolie en partie en 1795. Un côté des bâtiments de l'ancien couvent borde encore aujourd'hui la rue Neuve-des-Carmes; M. Dussoubs y a installé sa fabrique de poterie.

Les bâtiments des Augustins furent vendus à divers particuliers; MM. Monnerie et Baignol y établirent les premières fabriques de porcelaine à Limoges, pendant la Révolution. La portion des bâtiments du côté de la rue de l'Ecole-de-Médecine subsiste encore.

Les bâtiments des Récollets de Saint-François furent achetés par M. de Roulhac du Rouveix. Un café, une loge maçonnique et des bains publics occupèrent longtemps ces bâtiments. L'église fut transformée en salle de comédie après 1791, et louée dans ce but par MM. Besse et Vacquand, entrepreneurs de l'ancienne salle de la rue Banc-Léger, que le grand incendie de 1790 avait fait disparaître. Aujourd'hui, après avoir servi de club en 1848, l'église sert de magasin aux accessoires pour la commune, et l'ancien couvent a fait place à une école primaire supérieure.

Les bâtiments des Récollets-Sainte-Valérie, situés auprès du séminaire des Ordinands, avaient été offerts aux Ursulines par la ville, après l'incendie de 1790; ils furent vendus à divers particuliers. Une école communale en occupe actuellement une partie.

L'Oratoire, dont la maison avait été entièrement reconstruite de 1765 à 1773, faisait édifier sa chapelle au moment où l'incendie de 1790 se déclara tout auprès. Les bâtiments, qui furent entièrement consumés, restèrent à l'état d'abandon jusqu'en 1791, époque où ils furent vendus à divers particuliers. La maison de M. Pétiniaud de Champagnac s'appuie aujourd'hui sur les restes de la chapelle, dont quelques pans de murs bordent encore la rue Manigne.

Les bâtiments des Carmes-Déchaussés ou Petits-Carmes venaient d'être reconstruits lorsque la Révolution éclata; ils servirent d'abord aux assemblées primaires de la Cité, puis ils furent vendus à divers particuliers. Plus tard, les religieuses de la Visitation achetèrent l'ancien couvent 30,000 francs à M. Constantin, et s'y établirent. Celui qui avait acquis l'église, et qui en avait enlevé la toiture pour qu'elle ne servît plus au culte, refusa de la leur vendre (1).

Le séminaire de la Mission fut englobé par l'hôpital général, dont la chapelle est celle des anciens missionnaires.

Le séminaire des Ordinands fut occupé par les troupes et finalement transformé en caserne de cavalerie de 1816 à 1820. Sa chapelle, sous le vocable de Sainte-Marie, servit quelques semaines d'église à la nouvelle paroisse de Saint-Thomas-d'Aquin. Le culte fut transporté ensuite dans la chapelle des Jacobins. Les Sulpiciens, qui dirigeaient cette maison, se logèrent, après la Révolution, dans l'ancienne abbaye des Allois, puis dans l'ancienne abbaye de la Règle, où ils sont aujourd'hui.

L'abbaye de la Règle servit, par arrêté du département (septembre 1792) de maison de détention pour les prêtres insermentés. Elle fut vendue, en 1796, à un entrepreneur de vivres

---

(1) Abbé Bullat, *Tableau ecclésiastique et religieux de la ville de Limoges*, jusqu'à l'époque de la prétendue constitution civile du clergé proposée au serment des évêques, curés, etc., en 1791, déclarée schismatique par Pie VI ; ms.

de l'armée, qui la revendit lui-même à un spéculateur, M. Chevalier. Ce dernier l'échangea contre l'abbaye des Allois. Lorsque Mgr Dubourg voulut y établir le grand-séminaire, en 1821, il ne restait plus de l'abbaye que les appartements de l'abbesse et quelques bâtiments accessoires qui bordent encore la rue de la Règle. Les constructions du commencement de ce siècle sont appelées à faire place bientôt à des bâtiments plus en rapport avec l'importance du séminaire. Déjà l'aile de gauche est achevée, et l'Etat ne voudra pas laisser cet édifice incomplet.

Les religieuses des Allois étaient venues se fixer, depuis 1750, dans la haute Cité; elles occupaient l'ancienne communauté des Clairistes-Urbanistes, sur l'emplacement de laquelle elles firent construire un grand établissement. Cette abbaye, qui remontait au XIIe siècle, était primitivement établie aux Allois, sur la route d'Eymoutiers, à treize kilomètres de Limoges. Sous l'Empire, les bâtiments de l'abbaye furent occupés provisoirement par le séminaire des Ordinands et vendus ensuite à divers particuliers. Mgr Berteaud, évêque de Tulle, l'une des gloires de notre pays, y habita quelque temps.

Les Carmélites, dont la maison et les jardins couvraient l'île qui borde la place des Jacobins, furent remplacées dans ce local, en 1804, par les Filles de Notre-Dame. Après avoir habité pendant quelque temps auprès de leur ancienne maison, elles firent construire, en 1823, sur l'emplacement de la communauté des Prêtres de Saint-Maurice, la maison où elles sont actuellement. L'ancienne église paroissiale de Saint-Maurice leur sert de chapelle.

Les Filles de Notre-Dame, qui avaient remplacé les Carmélites dans leur local de la place Fontaine-des-Barres, en 1634, les remplacèrent encore dans celui de la place des Jacobins en 1804. Elles demeurèrent dans ce local jusqu'en 1864, date où fut achevé le bel établissement de la rue Pétiniaud-Beaupeyrat qu'elles occupent aujourd'hui.

Les Ursulines, dont la maison avait été complètement détruite dans le grand incendie de 1790, s'étaient attirées les sympathies de la ville à cause de leurs écoles. Le corps de ville leur offrit de les installer d'abord aux Jacobins, puis aux Récollets de Sainte-Valérie. Elles ne profitèrent pas de ces offres ; dispersées pendant la Révolution, elles ne revinrent pas à Limoges. C'est sur les ruines de leur maison que furent bâtis les bains Chinois en 1817.

La Visitation venait de faire construire ses bâtiments lorsque la Révolution éclata. Son église, de forme circulaire et surmontée d'un dôme, avait été commencée en 1771 et consacrée en 1775. Après 1791, cette communauté abrita de nombreux services : tribunal, maison d'arrêt, école de médecine (1840-41), académie, bibliothèque communale, écoles, etc., etc. Son jardin devint la pépinière royale, et servit de promenade publique jusqu'en 1854. Depuis on y a construit une vaste caserne d'infanterie, et l'église sert de magasins d'habillement pour la troupe. Les religieuses de la Visitation occupe depuis 1809 l'ancien couvent des Carmes déchaussés.

La Providence, comme la Visitation, ne profita guère de sa chapelle, qui fut achevée en 1779. Comme elle aussi, elle vit transformer ses bâtiments en caserne d'infanterie ; la chapelle servit de grenier à foin après 1791. L'ancienne chapelle de Notre-Dame du Puy-en-Velay, placée derrière l'église, se voyait encore en 1787, comme le plan Trésaguet l'indique. Depuis 1819, la Providence occupe l'ancienne maison des Sœurs de la Croix, place de la Cité.

Les hospitalières de Saint-Alexis virent démolir leur maison pendant la Révolution. Elles occupèrent plus tard les anciens bâtiments de la Mission, qui touchaient à l'Hôpital général. L'abbé Bullat nous dit que la nécessité qu'on avait de leurs soins à l'Hôpital général et à la Maison de force fit qu'on ne les renvoya pas pendant la Révolution. Le pénitencier appelé le Refuge, dirigé par une sœur de Saint-Alexis, disparut après la Révolution. C'est dans la salle du Refuge qu'eut lieu, en 1791, le scandale causé par la garde nationale.

Les bâtiments des Clairettes réformées, à l'entrée du faubourg des Arènes, furent vendus à divers particuliers. Après le Concordat, les Clairettes achetèrent une maison en face de l'Evêché, où elles sont encore aujourd'hui.

Les Filles de la Croix avaient fait construire leur chapelle en 1758. Leur ancienne maison ayant été achetée en 1819 par la Providence, elles s'établirent en 1820 au Portail-Imbert, où elles sont encore aujourd'hui, dans une maison qui a appartenu à la famille de Maleden et qui servit de caserne à la garde départementale sous l'Empire.

Les Sœurs de la Rivière avaient dû abandonner leur pensionnat, derrière les Jacobins, depuis le commencement du XVIIIe siècle.

Les Sœurs de la Charité, dont l'établissement était projeté

depuis 1714, obtinrent en 1776, grâce aux démarches de M. Navières, curé de Saint-Pierre, et des marguilliers de cette paroisse, la concession d'un terrain près de la porte Tourny, en face de la maison curiale de Saint-Pierre. La construction de leur maison, commencée en 1777, ne fut terminée qu'en 1783. La Révolution les respecta en raison des services de toutes natures qu'elles rendaient aux malheureux (1).

Le plan de Beauménil nous indique la maison affectée au culte réformé avant la Révolution, la Grange, à l'angle du cours Bugeaud et de l'avenue de la Gare d'Orléans. On voyait encore, il y a une vingtaine d'années, sur les murs du grenier de cette maison, qui servait aux réunions du prêche, des décorations architectoniques au milieu desquelles étaient écrits des versets de la Bible. Cette indication est une preuve que le souvenir des protestants n'était pas complètement effacé à Limoges.

Il nous reste maintenant à parler d'un nouveau genre de construction particulier au XVIIIe siècle, et qui figure pour la première fois sur les plans : ce sont les manufactures.

Le plan de Trésaguet nous indique plus spécialement la manufacture royale d'étoffes du sieur Laforest et celle des sieurs Thévenin et Labrousse, la teinturerie du sieur Reculet, la manufacture de faïence du sieur Massier, qui devint la manufacture royale de porcelaine en 1784.

Le plan de Legros nous indique à son tour les blanchisseries de cire des sieurs Martin, Dominique d'Héralde et Senamaud, toutes trois dans la rue Croix-Mandonnaud. C'était une des plus anciennes et des plus importantes industries de Limoges. En 1770, les ciriers étaient au nombre de onze, et ils possédaient en totalité cent toiles à sécher (2). Le plan Legros nous montre encore la teinturerie de M. Niaud, à côté de la manufacture de sia-

---

(1) En 1786, les Sœurs de la Charité obtinrent la cession d'un terrain place Fitz-James, à l'extrémité de la pépinière, pour y établir des fourneaux économiques et y cultiver des plantes médicinales. (*Arch. comm.*, série DD. I.) Voy. le *Calendrier ecclésiastique* pour 1784.

(2) Voici, d'après le *Calendrier ecclésiastique* pour 1770, les noms des ciriers et le nombre de toiles employées par chacun : Ve Georges Ardant du Masjambaux, 40 toiles ; les héritiers de Georges Martin, 17 toiles ; Teulier, 10 toiles ; Lagorce, 3 toiles ; v[e] Senamaud et neveu, 6 toiles ; Barelier aîné, pour les héritiers de Léonard Poncet, 4 toiles ; Martial Baralier, 4 toiles ; Etienne Begogne le jeune, 6 toiles ; Poncet l'aîné, 6 toiles ; Pierre-Dominique d'Héralde, 2 toiles ; Senamaud, 2 toiles.

moises de M. Thévenin, le moulin à carton du sieur Deschamps, au-dessus du pont Saint-Martial, remplacé en 1804 par la filature de coton de MM. Constantin et Mourier, et, près du Puy-Lanneau, le chemin du martinet de M. Morin, pour la fabrication du cuivre jaune.

M. Joseph Morin, auquel la *Feuille hebdomadaire* de 1784 (p. 132) a consacré un article nécrologique, avait trouvé le secret de rendre le cuivre très ductile. Turgot visita plusieurs fois sa fabrique, *unique* dans le royaume. Il voulait engager cet *artiste* à lui dévoiler son secret, et promettait de lui faire accorder une gratification du gouvernement, ce qui ne fut pas exécuté. Depuis 1765, M. Morin avait transféré sa fabrique du moulin d'Auzette au moulin du Prouhet, sur la Vienne. Desmarets, dans ses *Ephémérides de la Généralité de Limoges* de 1765, a consacré un article spécial à la manufacture de M. Morin, et il se proposait d'en donner un second l'année suivante.

Mais nous ne voyons là que cinq industries représentées : Limoges en comptait d'autres qui, sans exiger de grands locaux, occupaient cependant un certain nombre d'ouvriers, telles que les épingles, les clous, les mouchoirs (1), les bas, la librairie, les cartes à jouer, les cuirs tannés, les objets en corne. Il existait aussi des usines sur les bords de la Vienne ou d'autres cours d'eau dont les magasins étaient à Limoges : citons les papeteries, les filatures, les forges, les tréfileries.

Au sujet des émaux sur cuivre, Desmarets se promettait de donner dans les *Ephémérides* de 1766, qui malheureusement n'ont jamais vu le jour, la « description de toutes les manipula-
» tions de cet art, avec l'histoire de ses progrès et de ses révolu-
» tions, accompagnée d'une notice sur les monuments qui en
» restent » (2). Il tenait ces détails du *seul* artiste qui possédât et exerçât cet art, Baptiste Noailhier, professeur de dessin.

Mais nous sortirions du cadre que nous nous sommes tracé en nous étendant sur chacune des industries de Limoges : nous nous bornerons à dire un mot de la principale au XVIIIe siècle, celle des tissus, que Limoges n'a pas su conserver, et de l'aurore de celle qui devait plus tard lui acquérir tant de renommée, la céramique.

---

(1) Les mouchoirs teints de MM. Ruaud jouissaient d'une grande réputation.

(2) DESMARETS, *Ephémérides de la Généralité de Limoges* pour 1765, p. 217.

Nous avons déjà dit que la grande manufacture à travail divisé n'a fait son apparition à Limoges qu'à la fin du XVIIe siècle (1). C'est en 1696 que les *Registres consulaires* (D. f° 88) mentionnent pour la première fois la nomination de quatre gardes-jurés pour la visite et marque des étoffes qui se fabriquaient et se vendaient à Limoges.

D'après une note de M. Cornuau, inspecteur des manufactures de la généralité, écrite en 1775, les nominations de gardes-jurés se firent régulièrement jusqu'en 1761, date de l'arrivée de Turgot. A partir de cette époque seulement, et pendant le temps où Turgot fut à la tête de la généralité, les industriels jouirent d'une liberté sans laquelle il n'y a plus d'industrie possible. Colbert, qui avait cependant accordé des encouragements aux industries, n'avait pas compris que la meilleure manière de les faire prospérer était de les livrer à elles-mêmes, et surtout de les affranchir de ces jurandes, règlements, visites, enfin de toutes ces mesures vexatoires qui en arrêtaient le développement. M. Cornuau constate que pendant les seize ans où ils n'avaient pas eu de gardes-jurés les fabricants n'avaient pas abusé de leur liberté (2).

Turgot aura toujours droit à la reconnaissance du Limousin pour les réformes libérales qu'il s'efforça d'introduire dans le système industriel du pays et l'impulsion qu'il donna à ses manufactures. Dans une lettre à l'abbé Terray (3), il disait : « Je ne » connais de moyen d'animer un commerce quelconque que la » plus grande liberté et l'affranchissement de tous les droits que » l'intérêt mal entendu du fisc a multipliés à l'excès sur toutes » les espèces de marchandises ». Pour mettre en pratique cette idée généreuse, il s'opposait, en 1763, dans une lettre à M. Trudaine, au renouvellement du privilège de MM. Laforest, qui

(1) Dans la *Correspondnce administrative sous le règne de Louis XIV*, recueillie par G.-B. Depping (Paris, imp. nat. 1852, 4 vol. in-4°), il n'est pour ainsi dire pas fait mention des industries limousines. Une seule lettre de Colbert à Chamillart (21 novembre 1670) fait allusion aux fabriques de papier du Limousin, « qui n'a presque aucune autre manufacture ».

(2) « L'application des règlements est une grande entrave, parce que tel règlement qui est possible à Rouen ne l'est pas à Limoges pour les siamoises, parce que les fabricants sont obligés de faire filer le fil et le coton et de les employer tels que les fileuses les leur remettent. Ils font, il est vrai, un triage; mais malgré cela ils sont forcés de fabriquer des étoffes plus ou moins grosses et par conséquent plus ou moins larges. » (*Arch. départ.*, série C. 13.)

(3) TURGOT, *Œuvres* : lettre à l'abbé Terray sur la marque des fers, t. I, p. 377.

avaient obtenu, avec le titre de manufacture royale, un monopole de vingt ans. Ceux-ci demandaient le renouvellement du monopole, l'exemption du vingtième d'industrie, la libre entrée des matières premières et la libre sortie des produits, plus enfin des lettres de noblesse. Turgot ne demandait pas mieux qu'on leur accordât l'exemption des droits de sortie et d'entrée tant du royaume que des cinq grosses fermes, mais il pensait qu'ils avaient assez joui pendant vingt ans d'un privilège exclusif, propre à étouffer ce genre d'industrie dans la province (1). Il semble, d'après le *Calendrier ecclésiastique* de 1769, que MM. Laforest finirent par obtenir ce qu'ils demandaient. Un arrêt du Conseil du 2 février 1768 les confirma pour quinze ans dans leurs premiers privilèges.

On sait que Turgot fit abolir les jurandes et les maîtrises en 1776, mais elles étaient abolies de fait dans la généralité de Limoges pendant qu'il fut à sa tête. Les corporations furent rétablies après la disgrâce de Turgot, et ne furent supprimées définitivement que par la Constituante (décret du 13 février 1791).

M. d'Aine, avec son esprit rétrograde et son ignorance en économie politique, fit rétablir le bureau des marques par lettres-patentes du 1er juin 1780, enregistrées au Parlement de Bordeaux le 6 août suivant, malgré les protestations des fabricants (2). Le 22 décembre 1781, les syndics du corps des marchands, les juges consuls en charge, les anciens juges et autres négociants, se réunirent dans la salle de la Juridiction consulaire, décidèrent que, pour éviter des frais, le bureau des marques se tiendrait dans la salle de la Bourse, et arrêtèrent, par voie de scrutin, une liste de quatre-vingt-trois électeurs (3). On peut juger par cet acte de M. d'Aine des droits qu'il avait aux remercîments des Limousins pour l'impulsion donnée à leurs industries.

On ne trouve aucun mémoire sur l'origine de la filature de coton à Limoges, d'après M. Cornuau ; mais il est certain que

(1) D'Hugues, *Essai sur l'administration de Turgot*, p. 174.

(2) *Arch. comm.*, série AA, 5.

(3) *Arch. départ.*, série C, 13. — D'après un état envoyé au roi en 1777, Limoges avait à cette date 22 corps d'arts et métiers en jurande et environ 57 corps d'arts et métiers s'exerçant librement.

les filatures ont existé concurremment avec les fabriques de tissus, c'est-à-dire dès le commencement du XVIIIe siècle. C'est M. de la Millière, intendant (1753-1762), qui fit venir à Limoges plusieurs femmes étrangères pour former une école de filature. Ces maîtresses fileuses devaient être d'une ville du nord de la France, peut-être de Rouen ; elles restèrent quelques années et formèrent un certain nombre d'élèves, qui augmentèrent considérablement par la suite. Les établissements de filature se multiplièrent dans la plupart des villes du Limousin, sous l'administration de Turgot. Les plus considérables étaient ceux de Limoges, Eymoutiers et Treignac. M. Cornuau écrivait en 1775 : « Dans la classe » des pauvres artisans et manœuvres, qui comprend au moins » le quart des habitants de la ville, les femmes et les enfants, » depuis l'âge de six à sept ans, n'ont d'autre occupation que » la filature. Il est à désirer que cette ressource ne leur manque » point, car c'est *la seule* qui puisse leur procurer le moyen » de gagner leur vie. »

De 1762 à 1774, Turgot fit distribuer plus de 1,500 rouets aux pauvres fileuses. Ces rouets étaient entretenus aux frais de l'Etat, sauf à partir de 1775, où l'on cessa de fournir les cordes et les broches.

La quantité de fonds annuels accordés par les intendants pour l'achat et l'entretien des rouets a varié suivant les circonstances et les besoins : en 1771, Turgot en fit distribuer plus de 200 ; en 1774 et au commencement de 1775, M. d'Aine en avait fait distribuer environ 150 ; mais depuis ce temps on se borna à quelques raccommodages, et encore n'étaient-ils pas coûteux, car en six mois ils s'élevèrent à 74 livres.

Quoique la filature de coton se soit fort étendue à Limoges, elle ne s'y était pas perfectionnée dans la même mesure. C'est de Treignac et d'Eymoutiers que l'on tirait le plus beau coton filé. La plus grande partie de celui qui se fabriquait à Limoges ne pouvait être employée que pour les grosses siamoises. Pour remédier à ce défaut, Turgot, toujours à l'affût de ce qui pouvait perfectionner nos industries, avait fait construire, en 1770, plusieurs dévidoirs connus sous le nom de *dévidoirs à l'anglaise*, qui permettaient de connaître de la manière la plus précise le degré de finesse des différents écheveaux de coton. Les manufacturiers n'eurent pas l'énergie suffisante pour obliger leurs fileuses à s'en servir (1).

M. Martin Rouard fut le premier qui, en 1788, établit à Limoges une mécanique pour la filature des cotons. Cet établissement ne réussit pas, et tomba peu de temps après sa création (2). En 1804, MM. Constantin et Mourier établirent au-dessus du pont Saint-Martial une filature hydraulique. Cette manufacture, filant toutes sortes de coton, était très importante : elle possédait 30 métiers et employait 150 ouvriers. Ses beaux produits étaient recherchés par les premières fabriques de l'Empire.

En 1801, la filature de coton à la main occupait encore 4,000 personnes de tout âge et de tout sexe, tant à Limoges et ses environs que dans quelques petites villes de la Creuse et de la Corrèze. Les coups portés à l'industrie des tissus à Limoges par les villes du Nord entraînèrent par la suite la disparition des filatures.

Au sujet de la fabrication des tissus dans le Limousin, les Archives départementales possèdent un état très détaillé de ces fabriques en 1731, qui présente un intérêt d'autant plus grand qu'un échantillon de chaque genre d'étoffes fabriqué est attaché en face de sa dénomination. D'après cet état, Limoges possédait, en 1731 : une fabrique de popeline avec les laines du Quercy et la soie de Lyon, douze fabriques de serges et de droguets et dix d'étamines avec les laines du pays (3).

Dès 1729, M. Thévenin avait acheté à la ville le terrain qu'elle avait acquis elle-même du sieur Desflottes, en 1719, pour la construction d'une caserne. M. Thévenin fit construire sur cet emplacement, qui correspond aujourd'hui à celui de la Banque et du Bureau de bienfaisance, de grands bâtiments dans lesquels il fabriquait des siamoises (4), mouchoirs, fichus et

(1) *Arch. départ.*, série C, 13.

(2) Pendant la Révolution, M. Martial Ardant, qui avait un atelier de filature de coton de diverses qualités et couleurs propres à la fabrication des bazins, futaines, etc., demanda l'autorisation de s'approvisionner à Rochefort d'une centaine de quintaux de coton et d'une dizaine d'indigo.

(3) *Archives départ.*, série C. 13.

(4) Sorte de tissus dont la chaîne était en fil de la Mayenne ou de Flandre et la trame en coton ; les dessins rappelaient les étoffes chinoises que l'on employait pour les robes. Les premières siamoises furent apportées en France par les gens de l'ambassade du roi de Siam, à la fin du règne de Louis XIV.

autres étoffes fil et coton. Peut-être fabriquait-il, dans le principe, d'autres genres de tissus, car M. Cornuau ne fait remonter l'origine de la fabrication des siamoises que de 1745 à 1750. Cette nouvelle industrie fit, dès son début, des progrès considérables, surtout à cause de la décadence de l'industrie des épingles, autrefois très florissante à Limoges. Il fallait que l'établissement de la manufacture de M. Thévenin ait fait sensation à Limoges pour que la rue des Vénitiens, le long de laquelle elle était établie, ait été désignée souvent par *rue des Siamoises*. Elle possédait 120 métiers battants (1). Le plan Beauménil la désigne à tort par manufacture royale, peut-être à cause de ses débuts heureux. La manufacture Thévenin dut péricliter à la mort de celui-ci. En 1768, date du plan Trésaguet, elle appartient à la veuve, et elle est désignée par *manufacture ruinée*. La ville la racheta plus tard à la veuve Thévenin, pour y mettre le mobilier militaire.

Vers 1743, MM. Laforest avaient établi, à l'angle du cours Tourny, une importante fabrique de cotonnade, chanvre-fil et chanvre-coton, pour laquelle ils avaient obtenu le titre de *Manufacture royale* et les privilèges attachés à ce titre, entre autres celui d'avoir un portier à la livrée de Sa Majesté (2). M. Desmarets (3) a consacré un article intéressant à la manufacture de MM. Laforest, auquel nous renvoyons. Elle se composait de deux ateliers de 120 pieds de long sur 24 de large, occupant 60 métiers battants. Elle était munie d'outils perfectionnés tels que cylindre et calendre pour lustrer les étoffes, métiers nouveaux, etc., etc. MM. Laforest étaient les seuls particuliers de Limoges qui élevassent des vers à soie, malgré les gratifications promises par Turgot à ceux qui voudraient s'occuper de sériciculture (4).

Il existait une autre fabrique très importante de siamoise et de flanelle dans le faubourg Manigne : c'était l'ancienne fabrique Penelle et Sénemaud, qui passa ensuite sous la direction de MM. Martin, Labrousse et Cie : elle occupait 60 métiers battants. C'est dans cette fabrique que Turgot avait fait installer, à ses frais, en 1768, un cylindre qui devait communiquer aux sia-

---

(1) Desmarets, *Ephémérides de la Généralité de Limoges* pour 1765, p. 224.
(2) *Calendrier ecclésiastique* de 1769.
(3) *Ephémérides de la Généralité de Limoges* pour 1765, p. 218.
(4) *Calendrier ecclésiastique* pour 1766.

moises le même lustre que celles de Rouen, avec lesquelles elles étaient en concurrence. MM. Martin et Labrousse pouvaient se servir du cylindre, mais ils étaient tenus de faire passer dessous toutes les étoffes que les fabricants ou marchands de Limoges leur présenteraient, moyennant une légère rétribution fixée par l'intendant. On espérait qu'avec ce nouveau secours les fabriques de siamoises seraient très encouragées, et que, par suite, les filatures de lin et de coton en recevraient un accroissement considérable (1).

En 1784, MM. Martin et Labrousse exposèrent à M. Meulan d'Ablois, intendant, que, par arrêt du 11 décembre 1775, ils avaient obtenu du roi une gratification de deux livres par pièce de siamoise ou de flanelle de 20 aunes fabriquée dans leur manufacture, au-delà des 800 premières pièces, jusqu'à concurrence de 2,000 pièces par an, pendant dix ans, à compter du 1er janvier 1776 ; en sorte que la gratification portait annuellement sur les 1,200 dernières pièces fabriquées. Et, comme le roi voulait que, dans le cas où les entrepreneurs ne pourraient remplir dans les premières années le nombre fixé de 2,000 pièces, ils aient la faculté de le compléter dans les années suivantes, ils demandaient la nomination d'un commissaire pour vérifier la quantité de pièces fabriquées. M. Meulan d'Ablois désigna M. de Lépine, subdélégué, pour faire cette vérification. Il en résulta que, du 1er janvier au 31 décembre 1783, il avait été fabriqué dans la manufacture de siamoises des sieurs Martin, Labrousse et Cie 43,322 aunes un quart, ce qui faisait 2,166 pièces de 20 aunes et 2 aunes 1/4 (2).

Desmarets, après avoir parlé des fabriques qui précèdent, signale encore celles de MM. Maurensanne jeune et Pigney de Montignac.

En 1801, Limoges comptait neuf fabriques de droguets et de flanelles, savoir : celles de MM. Pierre Laforest, Joseph Senamaud et Baudet, Noualhier, Juge Saint-Martin, Morterolle, Delage, Châtain, Gay-Bellile, Châtenet. Le produit annuel de ces manufactures était de 1,500 pièces de flanelle, s'élevant à 92,000 fr.,

(1) *Calendrier ecclésiastique* pour 1769.
(2) *Arch. départ.*, série C, 13.

et 4,500 pièces de droguet, s'élevant à 223,000 francs, soit au total 315,000 francs.

L'industrie des tissus, après avoir fait vivre la population ouvrière de Limoges pendant le XVIIIe siècle, est complétement déchue aujourd'hui. Les villes du Nord, par l'empressement qu'elles mirent à adopter les outils perfectionnés, par la surveillance qu'elles exercèrent sur le travail et par la beauté de leurs produits, nous ont dépouillés de cette industrie limousine.

Il nous reste à dire un mot des débuts de la céramique à Limoges. Le plan Trésaguet nous indique simplement la faïencerie que M. Massier avait fondée le 8 octobre 1737, route de Paris, derrière le n° 37 actuel (1). Après que le chirurgien Darnet eut découvert le kaolin, en 1765, au Clos-de-Barre, près Saint-Yrieix, c'est dans cette faïencerie que furent faits, en 1771, les premiers essais de fabrication de porcelaine dure, par MM. Gabriel Grellet, Massier et Fournérat. C'est donc en même temps que la manufacture de Sèvres, et six ans après la découverte du kaolin, que les premières porcelaines dures de Limoges firent leur apparition. D'après les *Ephémérides* de Laurent (2), M. Maurice Ardant possédait dans sa collection d'antiquités une plaque ronde en porcelaine, portant d'un côté : *Première porcelaine des terres du Limousin*, MDCCLXXI ; et au revers, autour des armes de Turgot : *A. R. J. Turgot, intendant à Limoges.* Cette plaque appartient aujourd'hui au Musée national Adrien Dubouché. Nous insistons sur cette date de 1771, parce que tous les auteurs d'ouvrages sur la céramique ont assigné une date postérieure à l'origine de la fabrication limousine.

Voici ce que nous lisons dans le *Calendrier ecclésiastique* de 1772, rédigé en 1771 : « MM. Gabriel Grellet frères, Massier et Fournérat ont établi à Limoges une manufacture de porcelaine dure qui ne le cède en rien pour la blancheur, la transparence, la solidité et la bonté à celle de l'ancien Japon. C'est le sieur Fournérat qui a procuré la connaissance et la combinaison des différentes terres nécessaires à cette opération, et c'est aux soins de

(1) Le grand plat en faïence de Limoges que possède le Musée national Adrien Dubouché est daté de 1741.

(2) *Nouvelles Ephémérides du ressort de la Cour royale de Limoges*, publiées en 1837 par F. Laurent.

M. Turgot, intendant de cette généralité, *que cet établissement doit sa naissance.* La protection qu'il lui accorde laisse tout à espérer de ses succès, puisqu'il en sort déjà des pièces magnifiques en tous genres. Un semblable établissement est d'autant plus avantageux pour la province que, outre le nombre de bras qui y sont employés, on tire bon parti des terres dont les environs de Limoges sont abondamment pourvus. »

D'autre part, l'un des registres de la Société royale d'agriculture, sciences et arts du Limousin, section du Bas-Limousin, siège à Brive, nous a conservé une lettre adressée par M. de Lépine, secrétaire du Haut-Limousin, concernant le début de la fabrication de la porcelaine à Limoges. Dans cette lettre, écrite en 1771, M. de Lépine parle à ses collègues de Brive de la fabrication *déjà prospère* de Limoges; il les invite à rechercher ce kaolin de Saint-Yrieix, qui doit certainement exister dans leurs environs. Une cafetière blanche allant au feu et un moutardier décoré expédiés à Brive comme échantillons de la nouvelle fabrication excitèrent l'enthousiasme; mais l'art de la peinture sur porcelaine avait encore des progrès à faire, car le moutardier, touché seulement avec les doigts humides, abandonna toutes ses couleurs (1).

Turgot entretint une correspondance très suivie relativement aux premiers essais de porcelaine à Limoges avec Macquer, de l'Académie des sciences, l'introducteur du kaolin à la manufacture de Sèvres. Nous faisons des vœux pour que cette intéressante correspondance, dont la famille Alluaud possède une partie, soit publiée.

La fabrique de MM. Grellet, Massier et Fournérat continuait à progresser. Le 15 novembre 1774, le comte d'Artois la prit sous sa protection ; les produits étaient marqués à ses initiales: C D (2),

---

(1) *La Société d'Agriculture du Limousin* de 1763 à 1791, par M. Edouard Taillebois, publié dans le *Bulletin de la Société scientifique, historique et archéologique de la Corrèze*, siège à Brive, tome Ier, 4e livraison.

(2) *Almanach général du commerce*, des marchands, négociants, armateurs, etc., de la France, de l'Europe et des autres parties du monde....., année 1788, par M. Gournay, avocat en Parlement. — *Paris*, chez l'auteur, rue Saint-Jacques, près Saint-Yves, no 27.

La marque C D était faite tantôt en creux dans la pâte et sous émail, tantôt elle était peinte en couleurs de moufle. (Note de M. Henri Ardant, *Almanach limousin* pour 1870, p. 25.)

A la même époque, M. de La Seinie fondait une manufacture à Saintet ils étaient affranchis de tous droits, même à la sortie du royaume. MM. Grellet frères paraissent seuls en nom à ce moment.

Le 1er juillet 1784, la fabrique prenait le titre de *Manufacture royale,* en vertu de la vente faite à Louis XVI, au mois de mai précédent, devant Me Monet, notaire au Châtelet. Elle devint alors une succursale de la manufacture royale de Sèvres. La prise de possession au nom du roi fut faite par d'Arcet, de l'Académie des sciences, en vertu d'un ordre signé à Versailles par le comte d'Angevillers (1). M. Gabriel Grellet en fut nommé directeur, aux appointements de 7,000 francs, et M. Massier, contrôleur. D'Arcet réorganisa la manufacture, qui, dirigée par ses conseils, répandit d'abord de beaux produits dans le commerce. Mais, par suite de l'introduction de kaolins de mauvaise qualité, ces résultats ne se soutinrent pas : M. Grellet reçut des reproches, et donna sa démission le 6 avril 1788.

La manufacture royale avait d'abord pris ses kaolins à la carrière du Clos-de-Barre, appartenant à M. Leymarie de Lavergne, qui passaient pour les plus purs ; elle en prit ensuite à Coussac-Bonneval, dans les propriétés de M. Michelet, et aux carrières que l'on venait de découvrir à la Maison-Rouge, (2) ; ces dernières n'étaient pas de bonne qualité. Elle possédait deux moulins sur la Vienne, au-dessous du pont Saint-Martial, « avec dix meules » tournantes et vingt pilons chacun pour écraser et broyer les » matières nécessaires à la fabrication » (3).

En 1788, M. Alluaud, ingénieur-géographe du roi, l'auteur du plan Trésaguet, remplaça M. Grellet comme directeur de la manufacture. Sous son administration, celle-ci reprit une nouvelle activité et le succès répondit aux soins du nouveau directeur. Au moment de la Révolution, M. Alluaud, jaloux de con-

---

Yrieix, dont la marque était L S. Cette fabrique ne subsista pas longtemps ; M. Baignol en prit la suite de 1789 à 1797. (Rougier-Chatenet, *Statistique générale de la France*, p. 435.)

(1) Nous devons une partie des notes concernant la manufacture royale et la fabrique Baignol à l'obligeance de M. Nivet-Fontaubert, qui les a copiées dans les registres de la Manufacture nationale de Sèvres. Nous sommes heureux de pouvoir l'en remercier ici.

(2) C'est par erreur que l'on a indiqué la Maison-Rouge, commune de Bonnat. Il doit s'agir de la Maison-Rouge, commune de Saint-Maurice-les-Brousses, près de laquelle se trouvent les gisements bien connus de Pommaret et de Laforêt.

(3) *Almanach général du commerce* pour 1788, p. 308.

server cet établissement à la ville de Limoges, la soutint longtemps aux dépens de sa fortune. Appelé par le gouvernement à diriger la Monnaie, ce fut M. Massier qui en devint le gérant de 1793 à 1795, et qui fut préféré au citoyen Pélat, très chaudement appuyé cependant par Xavier Audouin et Gay de Vernon. Enfin, le 18 vendémiaire an V, la manufacture fut vendue à deux de ses anciens ouvriers, MM. Joubert et Cacatte.

MM. Joubert et Cacatte se séparèrent quelque temps après et ne purent faire prospérer la manufacture. Par la suite, M. Alluaud fils leur loua l'établissement pendant qu'il achevait la construction de la grande fabrique des Casseaux (1).

M. Monnerie, ancien employé de la manufacture royale, avait acheté, en septembre 1793, une partie du couvent des Augustins. Il y installa une fabrique de porcelaine en 1794. Jusqu'en 1800, les opérations de cette manufacture furent assez régulières. Il s'y faisait annuellement 18 fournées, qui occupaient une vingtaine d'artistes et de manœuvres. Mais après cette date elle se soutint plus péniblement.

M. Etienne Baignol, ancien tourneur de la manufacture royale sous la direction de M. Grellet, était allé diriger, en 1788, la manufacture de M. La Seinie, à Saint-Yrieix. Après avoir vendu sa fabrique à M. Honoré, de Paris, il revint à Limoges en 1797, et acheta à M. Mourier une autre portion des Augustins, où il établit une fabrique. Celle-ci avait deux fours constamment en activité, et occupait 64 ouvriers. C'étaient, avec celle de M. Alluaud, dont nous allons parler, les fabriques les plus considérables de la Haute-Vienne. Par la suite, cette fabrique passa entre les mains de son fils cadet, qui créa plus tard la fabrique de La Forêt, près Brigueil. Au début M. Baignol tirait les matières de ses pâtes des carrières de MM. Robert, Burguet, Chapetias dit Valette, qui presque tous se ruinèrent. Parmi les artistes qui avaient suivi M. Baignol à St-Yrieix, on remarquait MM. Dubois et Bonnevie, qui revinrent à Limoges avec lui. M. Fayette, de Bordeaux, s'était associé avec M. Etienne Baignol pour la décoration seulement. Cet atelier occupait environ dix ouvriers ou

---

(1) La manufacture royale a appartenu successivement à MM. Pierre Tharaud, Legay, Barbe et Poncet, Poncet, Poncet et Brisset, Poncet et Ardant. Vaslet de Fontaubert, possesseur actuel.

élèves, parmi lesquels se distinguaient Cloesterman, chimiste, l'un des ouvriers envoyés par la manufacture de Sèvres en 1784, probablement le même qui dirigea la manufacture de Saint-Yrieix en 1805 ; puis Dutreix, Magnon, Gribouille, Bordas et sa femme ; cette dernière s'occupait particulièrement du genre barbeau ou bluet, que faisaient les fabriques de Limoges.

En 1798, M. Alluaud, malgré son âge avancé, fit construire, rue des Anglais, une petite fabrique qui n'avait qu'un four ; il voulait ainsi avoir la facilité d'essayer avec plus de certitude les pâtes et les kaolins qu'il fournissait aux autres fabriques. Il avait acheté à M. Leymarie de Lavergne les belles carrières de Marcognac, à 2 kilomètres de Saint-Yrieix, et il avait fait construire aux portes de Limoges le moulin de la Garde, qui passait pour le plus considérable de ceux d'alors. Il se composait de seize meules et de douze pilons, et il pouvait fournir annuellement 20,000 myriagrammes de pâtes ou couvertes. La mort enleva M. Alluaud à l'affection de ses concitoyens en juillet 1799, sans qu'il ait pu prendre le repos auquel sa vie laborieuse lui donnait droit. Son fils, M. François Alluaud, dès qu'il fut revenu des armées, donna une nouvelle impulsion à la fabrication. Dès les premières années de ce siècle, il entreprit la construction de la grande fabrique des Casseaux, au bord de la Vienne, qui ne fut achevée qu'en 1816. Cette fabrique avait deux fours ; elle faisait 70 fournées par an, dont la valeur moyenne était de 1,200 fr. (1).

---

(1) Au sujet des progrès de la céramique au commencement de ce siècle, nous avons pensé que l'on ne lirait pas sans intérêt le compte-rendu des expositions industrielles organisées à Limoges par la Société d'agriculture en 1801 et 1802 :

« La porcelaine était plus belle et plus richement décorée que l'année dernière (1801).

» *Fabrique du C. Baignol.* — On a particulièrement remarqué trois vases, dont un grand, forme Médicis, peints en sujets de la fable, par Viennot-Lafayette ; quatre vases blanc et or, décorés par Cloesterman ; un pot à eau et sa jatte, peints et décorés par Faure, âgé de dix-sept ans, élève de l'Ecole centrale ; une corbeille en blanc ; un porte-pendule en biscuit, et trois christs modelés par Bonevie. Attendu la grande activité qui règne dans cette fabrique, les progrès sensibles que l'art y a faits depuis l'année dernière, le jury déclare que le C. Baignol mérite une médaille d'or.

» *Fabrique du C. Alluaud.* — La fabrique du C. Alluaud aîné a offert de beau blanc, sans aucune décoration, et, parmi les peintures, en petit nombre, on a remarqué un pot à eau, sujet pastoral, peint par Viennot-Lafayette avec autant de grâce que de vérité. Les talents et les connaissances du C. Alluaud, l'acti-

Jusqu'à la Restauration Limoges ne compta que les quatre fabriques que nous venons de nommer ; elles restèrent au nombre de neuf de 1822 à 1836, auquel vinrent s'ajouter plusieurs autres après cette époque.

D'après la *Statistique générale,* publiée par M. Rougier Châtenet et l'article de M. Alluaud, dans les *Ephémérides* de 1837 de Laurent, les quatre fabriques de Limoges jointes à celle de Saint-Yrieix avaient sept fours, et elles faisaient en 1810 un chiffre d'affaires de 300,000 francs.

En 1880, Limoges comptait trente-cinq fabriques de porcelaine en pleine activité, possédant quatre-vingts fours, dont la production annuelle était de quatorze millions.

---

vité qui règne déjà dans sa fabrique, quoique naissante, sont un sûr garant qu'il écartera tout ce qui tient à la routine, et que, sous sa direction, l'art fera des progrès rapides. Comme membre de la Société, le jury n'a pu lui décerner un prix ; mais il lui vote des remerciements au nom de ses concitoyens.

» *Fabrique du C. Monnerie.* — Le C. Monnerie, créateur de sa fabrique dans des temps difficiles, n'a offert qu'un vase de pharmacie, sans peinture ni dorure, et un plateau de déjeûner peint et doré. Le vase, d'ailleurs remarquable par sa grandeur, a paru fumé, et les mascarons servant d'anses ne sont pas de bon goût ; le plateau, peint par son fils, élève de l'Ecole centrale, présente, dans la femme sortant du bain qui en fait le sujet, des formes gracieuses, un fini moëlleux, qui, en annonçant de grandes dispositions, faisaient oublier les incorrections de ce joli tableau..... Comme fondateur d'un établissement qui tend à augmenter la fortune publique, le Jury décerne au C. Monnerie une médaille d'argent. »

— En 1806, l'Empire organisa à Paris une exposition industrielle à laquelle prirent part une vingtaine d'industriels de la Haute-Vienne. Nous extrayons des notices sur les objets envoyés celles qui concernent les deux fabricants de porcelaine de Limoges qui exposèrent (1) :

« *L'Enlèvement des Sabines* et *le Cheval de Marly,* en biscuit de porcelaine, de la fabrique de M. Baignol, de Limoges, dont l'industrieuse activité est digne d'éloges.

» Des vases et autres objets en porcelaine de la fabrique de M. Alluaud aîné, de Limoges, qui occupe cent ouvriers. Une blancheur éclatante distingue la porcelaine de cet estimable fabricant, qui est propriétaire des carrières de kaolin de Saint-Yrieix : il prépare cette matière à Limoges dans des moulins établis sur la rivière de Vienne, et fournit le kaolin à la manufacture impériale de Sèvres et à la plupart des manufactures du même genre exploitées en France.

(1) Ces notices sont reproduites dans le *Calendrier de la Sénatorerie* et l'*Annuaire de la Haute-Vienne* pour 1807.

A côté de ces fabriques, quarante ateliers de décoration alimentent deux cent-soixante moufles ou fours à cuire la peinture, et font un chiffre d'affaires de six millions par an.

C'est donc à vingt millions par an qu'il faut évaluer la production de la céramique à Limoges.

Actuellement l'industrie porcelainière occupe à Limoges 5,000 ouvriers. Chacun de ces ouvriers représentant en moyenne quatre têtes, c'est 20,000 personnes que font vivre la fabrication et la décoration de la porcelaine. On a donc eu raison de dire que, en dépit de la concurrence française et étrangère, en dépit du développement pris par la faïence, non-seulement chez nos voisins, mais dans notre propre pays, Limoges est demeuré le plus grand centre de production céramique du monde entier (1).

En résumé, nous avons cherché dans cette description des plans de Limoges à retirer un peu de l'ombre la physionomie de notre vieille cité, à montrer ses remparts, ses monuments disparus, ses rues tortueuses, tous ses souvenirs auxquels celui de nos ancêtres est intimement lié, pensant que ce retour vers le passé ne pourrait qu'ajouter à l'attachement que chacun doit avoir pour sa ville natale.

Nous avons essayé aussi de dégager de ce travail topographique la trace des préoccupations et des besoins des habitants de Limoges pendant les trois derniers siècles.

Au XVIe siècle, le sentiment patriotique semble dominer tous les autres : la commune sacrifie presque toutes ses ressources à l'entretien et aux réparations de ses murailles, à la reconstruction de tours mieux appropriées au nouveau système de défense. Les forts Saint-Martin et Saint Martial, l'éperon du Saint-Esprit, construits à cette époque, viennent affirmer son amour d'indépendance.

Au XVIIe siècle, il semble que Limoges subisse le contre-coup des guerres de la Ligue, qui ensanglantèrent ses rues à la fin du siècle précédent. La réaction religieuse se traduit dans la ville par l'établissement de dix-huit communautés nouvelles et la fon-

---

(1) Exposé des motifs du projet de loi ayant pour objet la création d'une Ecole nationale d'art décoratif et d'un Musée national à Limoges. (Chambre des députés, séance du 22 février 1881.)

dation de six confréries de pénitents. L'extension donnée au Collège, alors dirigé par les Jésuites, nous montre l'enseignement secondaire atteignant son plus grand développement à Limoges dans ce siècle. L'établissement de l'hôpital général, grâce au dévouement de M. Maleden de Savignac, son fondateur, atteste que les traditions charitables des habitants étaient aussi vivaces que par le passé.

Le XVIIIe siècle fut surtout le siècle de la misère; mais cette plaie affreuse trouva son remède dans la liberté du travail, qui favorisa l'essor des manufactures.

Nous voyons les intendants s'ingénier pour trouver le moyen de nourrir les habitants des campagnes, que les disettes font affluer vers la grande ville, et finalement les faire enfermer dans la *Maison des mendiants,* afin que le désir de recouvrer leur liberté leur donne plus de courage au travail.

Turgot émet pour la première fois l'idée que le commerce ne peut vivre *sans la plus grande liberté,* et, joignant la pratique à la maxime, ce grand homme sauve la province de la famine en assurant la liberté du commerce des grains et en créant les ateliers de charité. Mais où nous devons admirer le génie de Turgot, c'est dans les encouragements intelligents qu'il accorda aux industries naissantes de notre ville, et en particulier à celle de la porcelaine, dont le développement devait donner à Limoges un rang si honorable parmi les grandes villes de France (1).

---

(1) Nous n'avons pas cru devoir parler des plans postérieurs à 1789, l'époque contemporaine ne présentant plus le même intérêt. Nous donnons cependant la nomenclature des plans exécutés depuis cette date :

Plan du cadastre, atlas n° 31, aux Archives du département, commencé en 1810, par M. J.-B. Dutreix, géomètre du cadastre, et achevé le 1er janvier 1815, sous l'administration de M. Texier-Olivier, préfet, et de M. Noualhier, maire. Echelle de 1 à 2,500[m];

Plan géométrique et topographique de la ville et des environs de Limoges, dessiné et lithographié par J.-B. Tripon, auteur de l'*Historique monumental de l'ancienne province du Limousin*. Dédié à M. S. Germeau, préfet de la Haute-Vienne et chevalier de la Légion d'honneur, 1838. Largeur, 52 cent., hauteur, 36 cent. Echelle de 1 à 5,000[m];

Plan topographique de la ville de Limoges, chef-lieu du département de la Haute-Vienne, dressé d'après les plans du cadastre et autres documents, publié avec l'approbation du conseil municipal, sous l'administration de M. Edouard de Mentque, préfet, officier de la Légion d'honneur, et de M. Louis Ardant, maire de Limoges, chevalier de la Légion d'honneur, par Emile Grignard, géo-

LES VUES DE LIMOGES.

Un travail sur les plans semble avoir pour complément naturel une étude sur les vues. Les anciens plans n'étaient du reste, à proprement parler, que des vues cavalières. On nous permettra donc de dire un mot des anciennes vues de Limoges.

A défaut de plan, nous espérions trouver une vue de Limoges dans la *Cosmographie universelle de tout le monde*, par Munster et Belle-Forest (Paris, 1571), qui contient des vues très intéressantes des principales villes de France : nous avons dit plus haut que cet ouvrage ne contient qu'une notice très inexacte sur notre ville.

La plus ancienne vue de Limoges que nous connaissions se trouve dans la *Topographie* de Mérian (Francfort, 1656). Elle mesure 31 centimètres de largeur sur 13 de hauteur, et elle est gravée par Peters. On lit en tête, écrit à la main : LEMOVICVM. LIMOGES. Le texte qui l'accompagne n'offre aucun intérêt au point de vue topographique comme au point de vue historique; nous n'avons pas jugé à propos de le reproduire ici, le lecteur ayant plus haut la relation du passage de Jouvin de Rochefort, qui lui donne une idée plus exacte de la physionomie de Limoges au XVIIe siècle.

La vue donnée par Mérian servit de type aux réductions reproduites dans les différents *Voyages en France* qui parurent ensuite et dont nous n'avons pu trouver les auteurs. Nous possédons

---

mètre de première classe à Limoges, 1851. — Limoges, lithographie de Crossas. Largeur 75 cent., hauteur 1 mètre. Echelle de 1 à 2,500^{m}. Dans l'angle inférieur gauche se trouve un plan de la commune et des environs de Limoges à l'échelle de 1 à 100,000^{m}.

Plan de Limoges et de ses environs. Plan spécial tiré des minutes de la carte de l'Etat-Major. Dépôt de la guerre. Publié en 1858. Largeur 25 cent., hauteur 21 cent. Echelle de 1 à 20,000^{m}.

Plan de la ville de Limoges, 1864. Largeur 36 cent., hauteur 46 cent. Echelle de 0^{m}001 pour cinq mètres.

Plan de Limoges, 1873. Publié par Mme Ve H. Ducourtieux. Largeur 46 cent., hauteur 46 cent. Echelle approximative de 1 à 5,000^{m}.

Plan de Limoges, 1874. Publié par Mme Ve H. Ducourtieux. Largeur 46 cent., hauteur 60 cent. Echelle approximative de 1 à 5,000^{m}. Réédité et mis au courant en 1881.

deux de ces réductions, qui mesurent 15 centimètres de largeur sur 11 de hauteur. La première porte dans l'angle supérieur gauche l'indication « page 116 » ; elle nous paraît faite directement sur l'estampe de Mérian, qu'elle reproduit assez fidèlement. La seconde est évidemment d'une date postérieure, peut-être du milieu du XVIIIe siècle. Le mot : LEMOVICVM est écrit à la main par un U au lieu d'un V. Elle paraît être la copie d'une copie. On n'y retrouve ni la vigueur, ni la précision dans les détails de la vue de Mérian et de sa première réduction.

La vue de Mérian a-t-elle été prise à Limoges même, ou bien le dessinateur, flamand d'origine très probablement, l'a-t-il dessinée de mémoire après avoir traversé notre ville ? Nous penchons pour cette dernière hypothèse, car nous ne trouvons de vraiment limousin dans cette vue que la forme du clocher du premier plan.

C'est bien le clocher de l'Ecole limousine que nous voyons, et dont Limoges nous offre trois beaux spécimens dans ceux de Saint-Pierre, Saint-Michel et Saint-Etienne ; le premier, mieux proportionné et plus pur que les deux derniers. D'après M. Anthyme Saint-Paul, qui fait de l'Ecole limousine une subdivision de la région auverno-toulousaine, le clocher limousin pur est une fusion du clocher périgourdin carré et de la tour octogonale auvergnate (1).

En admettant que le clocher du premier plan soit celui de la Cathédrale, pourquoi le dessinateur, qui avait en face de lui la tour démantelée par la foudre en 1571, c'est-à-dire dans l'état où nous la voyons encore aujourd'hui, a-t-il dessiné une flèche ? A-t-il pensé que la bonne volonté des fidèles pour réparer ce désastre l'autorisait à devancer la réparation avec sa plume ? Ceci, joint au défaut de perspective, a dérouté presque tous ceux qui, ayant son dessin entre les mains, ont voulu s'orienter dans le vieux Limoges. Beaucoup se sont demandé si, sous le nom de Limoges, le dessin ne représentait pas une ville quelconque. Il faut, en effet, un examen assez long pour mettre un nom sur chacun des édifices, et, même en s'aidant dans cette tâche par la mémoire des édifices disparus, on ne peut y parvenir. Une promenade du côté

---

(1) ANTHYME SAINT-PAUL, *Annuaire archéologique* pour 1877. — Paris, Hachette.

où la vue a été prise peut en faciliter l'intelligence, mais on doit tenir compte des modifications apportées de nos jours à certaines parties de l'assiette de l'ancienne ville, et les édifices modernes masquent souvent les anciens ou prennent leur place.

L'examen de la vue de Beauménil, qui a suivi celle de Mérian, prise, comme elle, de Saint-Lazare, pourrait nous aider dans une certaine mesure à identifier les édifices, étant donnée la disposition à peu près semblable dans les deux vues des grands clochers de la ville : Saint-Michel-des-Lions, Saint-Martial, Saint-Pierre et Saint-Etienne. Mais alors nous nous heurtons à des objections sérieuses, et c'est sous toutes réserves que nous présentons l'identification suivante :

Le but du dessinateur était d'embrasser tout ce que l'on pouvait voir de la Cité et du Château, au-dessus de leurs enceintes respectives, et de donner une idée de la ville religieuse du XVIIe siècle par les nombreux clochers de ses églises et de ses communautés. C'était Limoges *la Sainte* (1) qu'il voulait représenter.

A droite du dessin, la Cité nous montre la partie de son enceinte qui entourait les jardins de l'évêque, avec les deux grosses tours qui protégeaient la porte du Chêne, près de l'entrée de l'abbaye de la Règle (grand-séminaire actuel), dont nous voyons la chapelle ; seulement cette chapelle paraît bien petite, et nous ne trouvons pas à côté les bâtiments si considérables de l'abbaye.

La grande basilique de Saint-Etienne domine toute la Cité ; mais son clocher était sans flèche depuis 1571, comme nous l'avons dit plus haut.

Le petit clocher qui émerge des maisons de la Cité doit être celui de Saint-André-dés-Petits-Carmes, près de la porte Panet ; les églises Saint-Jean et Saint-Maurice se trouvant masquées par la Cathédrale, et celle de Saint-Domnolet étant placée trop bas pour que le dessinateur puisse la voir.

Dans l'enceinte du Château, l'énorme bâtiment qui s'offre le premier à nous paraît être le Collège, avec sa chapelle flanquée de deux tourelles carrées, dont la construction était achevée depuis 1629. Pourquoi les deux clochetons du transept ne sont-ils pas indiqués ? Le dessinateur a évidemment trop exagéré l'impor-

(1) C'est l'épithète donnée à Limoges par plusieurs auteurs limousins.

tance de cet édifice par rapport à son voisin l'église Saint-Pierre-du-Queyroix, dont le clocher a une hauteur beaucoup trop faible.

Tout près de lui, le grand clocher de l'ancienne basilique de Saint-Martial, surmonté de sa flèche romane un peu écrasée, nous montre distinctement ses trois étages à plein ceintre. Mais pourquoi voyons-nous figurer à la naissance de sa flèche des clochetons qui n'existaient pas, ce qui lui donne l'apparence d'un beffroi d'hôtel-de-ville de la Flandre plutôt que d'un clocher ?

A gauche, c'est le clocher de Saint-Michel-des-Lions, dont la tour élancée devait dominer davantage les édifices du Château et de la Cité. C'est une nouvelle faute de perspective à mettre sur le compte du dessinateur. La petite chapelle de Saint-Aurélien montre la pointe de son clocheton près de la muraille du Château.

Un peu plus à gauche encore, se trouve une église que nous prendrions pour Saint-Gérald, sur l'emplacement de l'hôtel-de-ville actuel, auquel vient se rattacher le faubourg du Pont-Saint-Martial, si la vue n'omettait de nous indiquer le grand couvent des Jacobins, qui se trouvait à côté.

La route qui serpente au premier plan paraît être celle de Toulouse, qui descend des hauteurs de Saint-Lazare, pour se diriger vers le pont Saint-Martial. Les coteaux qui la dominent sont plantés de vignes : on sait que Limoges était entouré de vignobles depuis des siècles.

A droite et au second plan, nous remarquons la petite chapelle du Puy-Lanneau, au-dessus du pont Saint-Etienne, puis, un peu plus loin, l'abbaye de Saint-Augustin-lès-Limoges, devenue de nos jours la caserne des Bénédictins.

Mais, nous le répétons, nous soumettons cette appréciation sans en affirmer l'exactitude.

Cent ans plus tard, Beauménil dessinait une vue qui a été reproduite par Tripon dans son *Historique monumental de l'ancienne province du Limousin,* sous le titre suivant : « Vue de Limoges prise de Saint-Lazare, gravée par feu de Beaumény, correspondant de l'Académie des Inscriptions et Belles-Lettres (vers 1768) ». — Copie de 1786. Elle mesure 66 centimètres de largeur sur 33 de hauteur.

Nous avons souvent admiré le panorama de Limoges des hauteurs de Saint-Lazare, mais nous avouons qu'il n'a jamais laissé dans notre esprit une image aussi précise que celle dessinée par Beauménil. Il est matériellement impossible de distinguer à cette distance tous les monuments qu'il nous indique. Quoi qu'il en soit, la vue de Beauménil est curieuse, et elle a bien sa valeur.

Au premier plan, la Vienne coule entre les deux ponts Saint-Martial et Saint-Etienne. Au-dessus de ce dernier pont, nous voyons le quartier de l'Abbessaille au pied des murailles de la Règle, puis la Cathédrale avec sa tour découronnée. En tirant vers la gauche, c'est le Collège avec ses deux clochetons, les églises Saint-Pierre et Saint-Martial, dont la flèche a fait place, depuis 1752, à une couronne de pierre assez légère ; enfin le clocher de Saint-Michel, qui n'est pas encore surmonté de sa boule de bilboquet.

Beauménil a cherché lui aussi à nous montrer le plus grand nombre des édifices religieux de Limoges : toutes les églises paroissiales, et la ville en comptait treize à cette époque, toutes les communautés, nous montrent plus ou moins, au-dessus des maisons, la pointe de leur clocher. La légende placée au-dessous de la copie du dessin de Beauménil en 1786 assigne 28 numéros aux édifices religieux figurés, sans compter ceux qui n'ont pu trouver place sur son dessin. Il était difficile du reste d'appeler l'attention sur les édifices civils, qui se confondent dans la masse des maisons.

Mais, si les deux plus anciennes vues de Limoges sont prises dans la même direction, et nous la représentent, avec ses nombreux clochers, comme une ville essentiellement religieuse, nous pouvions espérer que par la suite les dessinateurs nous montreraient la ville d'un autre côté, sous un jour différent, enfin avec le caractère qu'elle possède aujourd'hui.

Il n'en a rien été. La vue de Limoges publiée après celles de Mérian et de Beauménil a été prise de Saint-Lazare : c'est celle donnée par M. Albert, professeur de dessin, vers 1830, qui n'offre pas un grand intérêt en raison de la distance où elle a été prise. Elle mesure 30 centimètres de largeur sur 20 de hauteur, et elle a été lithographiée par Villain ; elle porte pour titre : « Vue de Limoges, dédiée à M. le baron de la Bastide, chevalier de l'ordre royal de la Légion d'honneur, maire de Limoges ».

La Bibliothèque nationale (section des Estampes) possède dans le recueil factice sur la topographie de la France, département de la Haute-Vienne, quatre autres vues de Limoges qui ressemblent beaucoup à celle de M. Albert, et qui ont été prises de 1830 à 1840 ; l'une est signée : Fieffé (Paris, Ostervald) ; l'autre :

Le Camus (Paris, Benard); les deux autres sont sans signature et beaucoup plus petites.

Puis est venu le dessin de M. Léo Drouyn, publié en 1862 dans le *Magasin pittoresque*. C'est le même dessin que l'*Almanach limousin* reproduisait en 1863, et que M. Henri Ducourtieux accompagnait de la description suivante :

« Le pont Saint-Etienne touche aux premières assises de l'escarpement granitique au sommet duquel est bâtie l'antique Cité de Limoges, qui succéda à la ville gallo-romaine du Pont-Saint-Martial après l'invasion des barbares.

» L'aspect de ce coteau, que dominent de nombreux édifices, mérite de fixer l'attention. En face, et en débouchant du pont gothique, dont les piles lourdes et massives opposent au fil de l'eau leur angle ogival, grimpe la rue du Pont-Saint-Etienne, la plus rapide des rues de Limoges, et pourtant la seule qui jusqu'à 1740 donnait accès sur le vieux pont.

» Au sommet apparent de cette montée, et à l'angle droit qu'elle décrit pour rejoindre la rue des Petits-Carmes, s'élevait avant 1370 la tour Aleresia, qui commandait à la fois et le pont et cette partie du rempart de la Cité, jusqu'à la porte Panet. Elle faisait pendant à la tour Maulmont, bâtie vers 1270 sur le terrain de l'Evêcaud, et en partie détruite lors du sac de la Cité par le prince Noir.

» L'ancien couvent des Carmes déchaux, ou Petits-Carmes, aujourd'hui couvent de la Visitation, couronne la droite du plateau. Ses nombreuses constructions, que surmonte un embryon de clocher, ses vastes jardins en amphithéâtre, occupent une notable partie de l'enclos contourné par le boulevard des Petits-Carmes, à partir duquel commence le Naveix ou port au bois.

» La gauche de la rue du Pont-Saint-Etienne, en suivant les rues Saint-Domnolet, des Roches et le bord de la Vienne, constitue ce qu'à Limoges on nomme encore le quartier de *l'Abbessaille*, nom qui lui vient des droits féodaux que l'abbaye de la Règle possédait sur lui. C'est un pêle-mêle de constructions moitié cages, moitié masures, étagées en escaliers, coupées de ruelles et d'impasses tortueuses, malpropres, enchevêtrées comme les couloirs d'un labyrinthe antique.

» A côté, et un peu en retraite, s'élève le séminaire diocésain, ancien abbaye de la Règle, que l'Etat fait reconstruire actuellement. La chapelle et l'une des ailes sont déjà achevées. L'ancien séminaire se compose d'un bâtiment principal flanqué de deux ailes en avant-corps, précédées d'une terrasse vaillamment conquise sur le vide, et que soutient un vieux mur tapissé de lierre.

» Derrière le séminaire, qu'elle domine avec majesté, s'élève notre belle cathédrale gothique, dont l'abside se découpe vigoureusement à l'horizon, avec sa puissante ossature, ses aiguilles élancées, ses pignons aigus, ses gargouilles grimaçantes, sa belle tour romano-gothique, récemment affublée d'une sorte de chapeau chinois qui affecte désagréablement la vue.

» Toujours à gauche, et bornés par l'avenue du Pont-Neuf, s'étagent les splendides jardins qui précèdent le palais épiscopal, presque entièrement caché derrière le massif de verdure vulgairement nommé *Jeu d'Amour*.

» Nous avons essayé de photographier la physionomie si romantique de l'un des quartiers de notre vieille cité, mais nous sentons notre impuissance à rendre avec la plume l'harmonie des couleurs, le jeu de la lumière, le mouvement et le bruit qui animent ce tableau, à reproduire enfin le caractère étrange et pittoresque de cette *Abbessaille,* qui commença sans doute par quelques cabanes de pêcheurs jetées çà et là sur la rive, gravit en se cramponnant à toutes les aspérités cent mètres de rochers presque à pic, et finit par devenir, mais lentement, siècle par siècle, une paroisse de 936 habitants.

» La Révolution détruisit l'église de Saint-Domnolet, transforma son cimetière en jardin potager, chassa la suzeraine qui, du couvent de la Règle, lui imposait la loi : l'*Abbessaille* resta la même, et depuis trois siècles ses habitants n'ont guère plus modifié leurs habitudes que changé volontairement une pierre à leurs habitations suspendues. »

Le *Guide de Limoges à Agen,* par M. Célestin Port, la *Géographie de la Haute-Vienne,* d'Adolphe Joanne, et la *Géographie universelle* d'Elisée Reclus, tome II, donnent aussi une vue de Limoges prise du même point, le pont Saint-Etienne. Il semble qu'il en soit des vues comme des descriptions des voyageurs, qui pendant des siècles copient fidèlement ce que leurs devanciers ont écrit.

Certes la vue du quartier de l'Abbessaille est très pittoresque, mais c'est celle d'un seul quartier de Limoges, et nous ne pouvons nous faire une idée par cette vue de l'ensemble de la ville.

Limoges est-elle appelée à voir rééditer constamment la vue

prise du pont Saint-Etienne, comme, aux siècles précédents, les vues prises de Saint-Lazare? Nous espérons que non.

S'il nous était permis de donner un conseil aux dessinateurs, nous les engagerions à se pénétrer que Limoges est avant tout un grand centre industriel, et que, pour reproduire sa physionomie véritable, il faut nous la montrer avec ses fabriques et ses usines.

C'est du Chinchauvaud, à la hauteur de la ligne de l'Etat, que, selon nous, Limoges moderne se montre le plus favorablement. De ce point la ville se déroule en amphithéâtre sur une vaste étendue, des hauteurs de Montjovis jusqu'à la Vienne. C'est de là surtout qu'elle présente l'aspect d'une grande ville.

Les arbres de la place d'Orsay, les clochers de Saint-Michel, de Saint-Pierre et de la Cathédrale, les clochetons du Lycée, le campanile du nouvel Hôtel-de-Ville surgissent des contours du tableau. Dans la masse confuse de toutes ces toitures qui se pressent les unes au-dessus des autres et couvrent le versant de la Vienne, les toits en ardoises mêlent leurs tons noirs et brillants aux teintes rouges et mates des tuiles, et donnent plus de relief à l'aspect général.

Si le spectateur promène plus attentivement son regard, il distingue bientôt au sommet des différents plateaux quelques-uns des principaux édifices : l'église Saint-Joseph, en voie de construction, non loin de la gare de l'Etat, la grande caserne de la Visitation, l'église Saint-Michel et la Préfecture, le Lycée et les belles maisons de la place Jourdan.

La Cathédrale nous offre sa plus belle façade, celle du nord, que décore l'admirable portail Saint-Jean ; elle nous montre aussi l'état actuel des travaux d'achèvement, qui se poursuivent sans trop d'interruption : déjà les baies de la grande nef commencent à se dessiner, et nous font entrevoir le jour prochain où l'on entreprendra la voûte et la toiture.

De l'autre côté de la Vienne, on distingue la nouvelle église Sainte-Valérie, si admirablement située sur le coteau qui fait face aux jardins de l'évêché. Tout auprès se trouve le nouveau groupe scolaire du Pont-Neuf.

Au premier plan, on a la caserne de la Société immobilière, la gare d'Orléans et la caserne des Bénédictins. Derrière cette dernière, on aperçoit un petit coin de la coquette vallée de la Vienne, dont la verdure tranche sur l'aspect sombre de la ville.

Entre les deux points extrêmes du panorama, Montjovis et le

pont Neuf, les nombreux fours des fabriques de porcelaine vomissent une fumée épaisse dans les airs, et semblent envelopper la grande cité d'un immense panache noir.

On a bien sous les yeux la ville laborieuse qui depuis quarante ans a vu doubler sa population, et dont les grandes industries font la fortune et la gloire.

ERRATA

Page 7, ligne 28, *au lieu de* : naissance des évêques, *lisez* : naissance des hérésies.

Page 34, note 1, *au lieu de* : Ogé, *lisez* : Ogée. — Le mot *gué*, du latin *vadum* a fait *ga* par corruption, en patois limousin.

Page 69, ligne 19 et suiv. le nom de *dejects* attribué à deux tours pourrait aussi venir du latin *dejectus*, *dejecti*, nom donné aux lépreux et au quartier habité par eux au moyen âge.

Page 104, ligne 14, *au lieu de* : style des Jésuites, *lisez* : style jésuite.

Page 118, note 3, *au lieu de* : Molière vint à Limoges de 1654 à 1660, *lisez* : vers 1649. (René Fage, *Molière et les Limousins.*)

Page 144, ligne 18, *au lieu de* : le coin de la rue Manigne et de la rue des Pousses, *lisez* : le coin des rues Montant-Manigne et de la Loi actuelles.

Page 162, ligne 9, *au lieu de* : La Grange, *lisez* : La Grange-Poilevé.

Page 179, ligne 16, *au lieu de* : C'est bien le clocher de l'Ecole limousine, *lisez* : C'est bien le clocher roman de l'Ecole limousine.

Page 179, ligne 21, *au lieu de* : auverno-toulousaine, *lisez* : arverno-toulousaine.

INDEX ALPHABÉTIQUE

D

E

F

G

H

I

J

L

M

N

O

P

Q

R

S

Limoges. — Imprimerie de la Société générale de Papeterie.

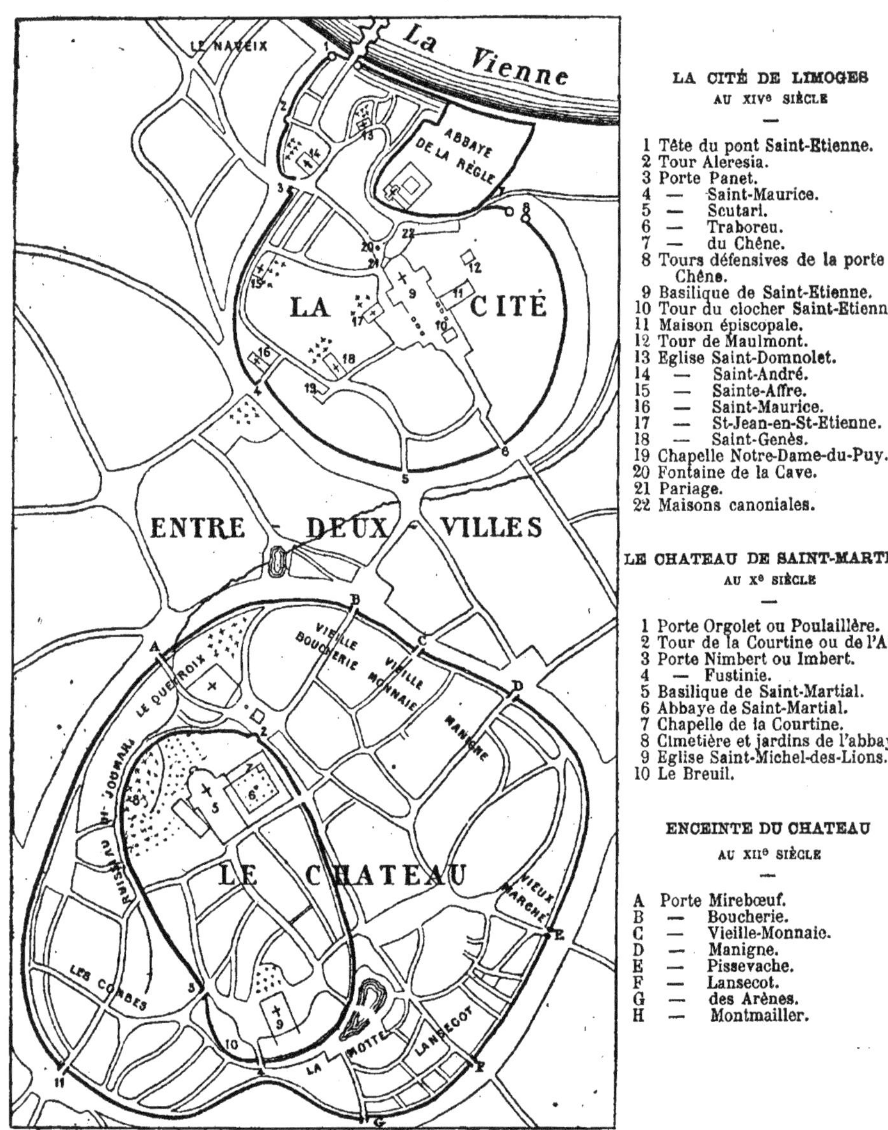

CITÉ DE LIMOGES AU XIVe SIÈCLE.
CHATÉAU DE LIMOGES : ENCEINTES DES Xe ET XIIe SIÈCLES.

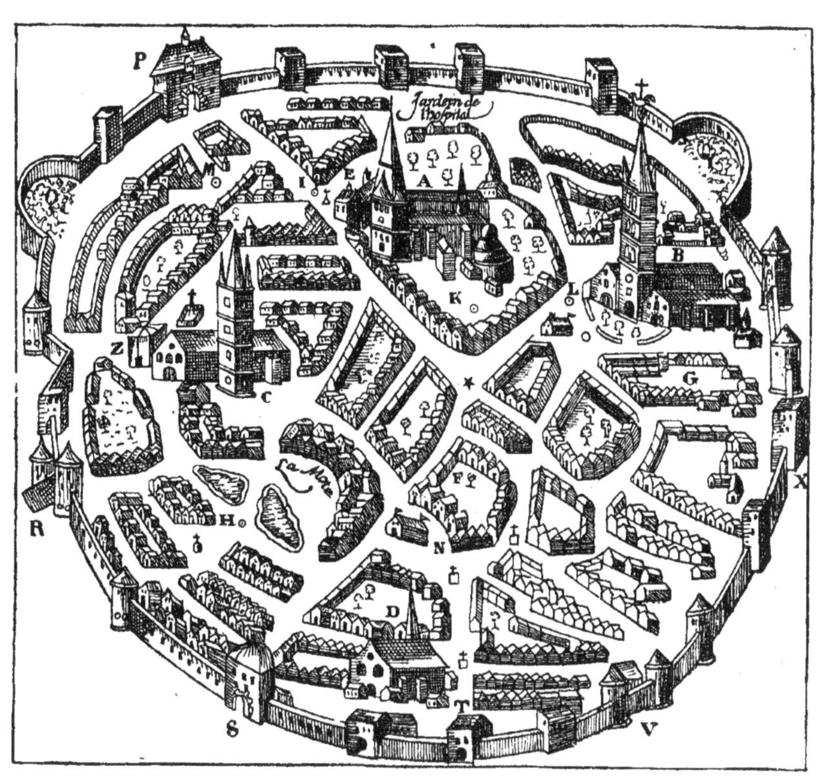

Plan de la Ville de Lymoges en 1594.

A	*S. Martial.*	I	*Fontaine du Chevalet.*	R	*Porte des Arenes.*
B	*S. Pierre.*	K	*Fontaine S. Martial.*	S	*Porte Antiene Muree.*
C	*S. Michel.*	L	*Fontaine S. Pierre.*	T	*Porte Antiene Muree.*
D	*S. Aurelian.*	M	*Fontaine aux Barres.*	V	*Porte Maninie.*
E	*Hospital S. Martial.*	N	*La Boucherie.*	X	*Porte Boucherie.*
F	*Maison de Ville.*	O	*La Poissonnerie.*	Y	*Fort S. Martin.*
G	*Colleige.*	P	*Porte Monmalier.*	Z	*Le Pallays.*
H	*Font. et estans deigonlene.*	Q	*Fort S. Martial.*	*	*Porte Poulaliere.*

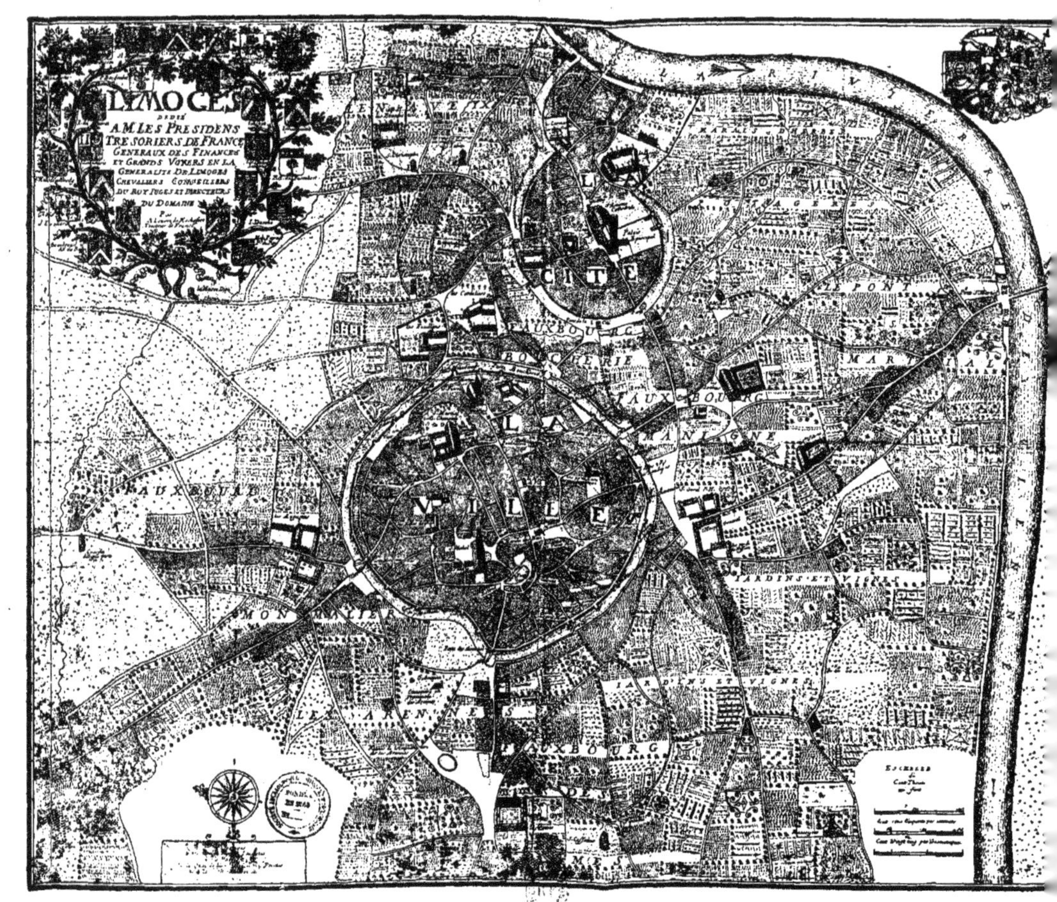

Plan de Limoges, dit « des Trésoriers de France » [1680].

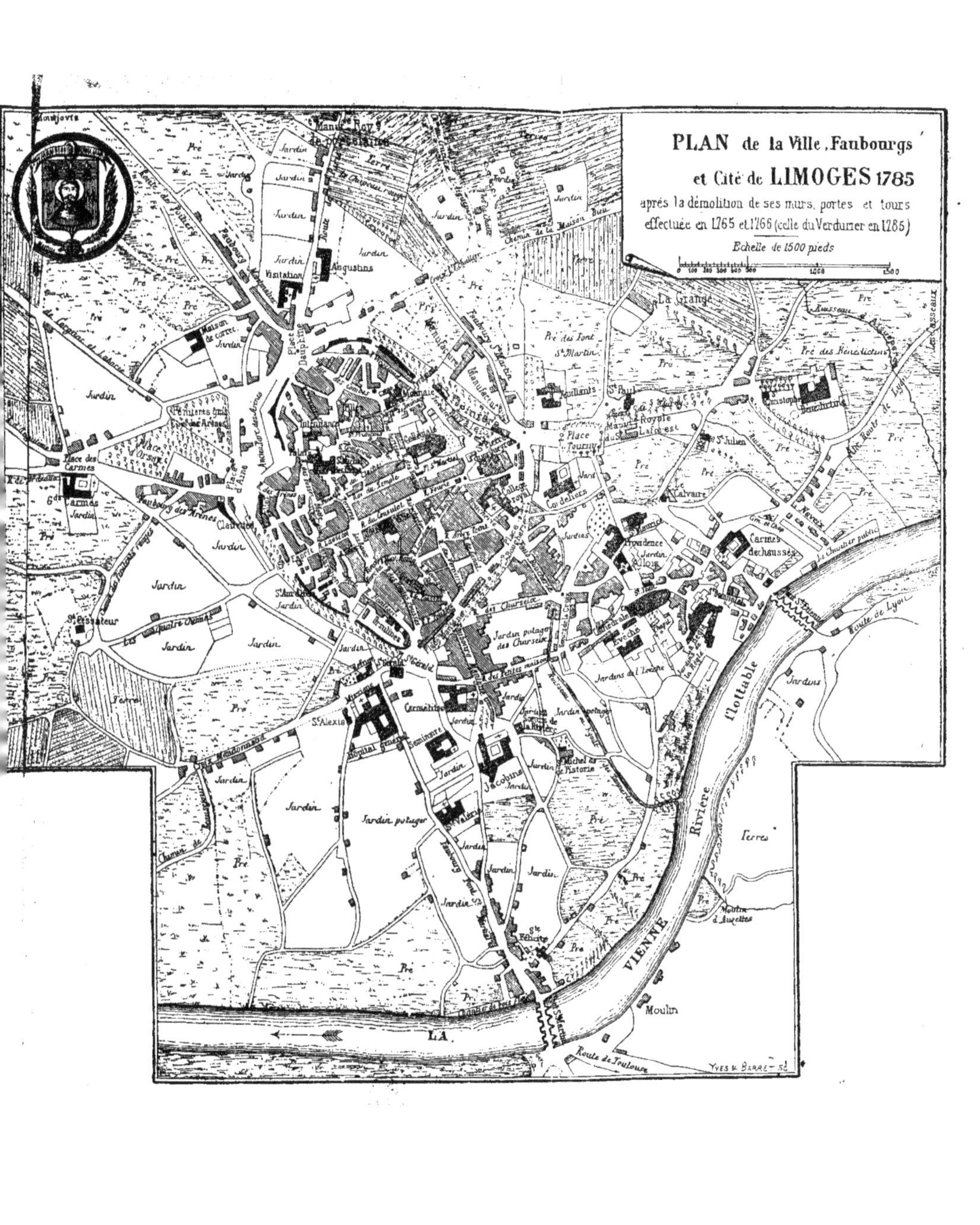
PLAN de la Ville, Faubourgs
et Cité de LIMOGES 1785
après la démolition de ses murs, portes et tours
effectuée en 1765 et 1766 (celle du Verdurier en 1785)
Echelle de 1500 pieds
0 100 200 300 400 500 1000 1500
La Grange
Pré des Font St Martin
Feuillants
St Paul
Place Tourny
Cordeliers
Le Calvaire
St Julien
Carmes dechaussés
Providence
Visitation
Augustins
Place Dauphine
Intendance
Monnaie
Place des Carmes
Faubourg des Arènes
Clarisses
Place d'Aine
Pénitents gris
Ursulines
Carmélites
St Alexis
Hôpital général
Séminaire
Jacobins
Evêché
Jardins de l'Evêché
Ste Félicité
Jardin
Jardin potager
Pré
Terre
Terres
Moulin
Moulin d'Auzettes
VIENNE
Rivière flottable
LA
Route de Toulouse
Route de Lyon
Yves le Barre sc.

www.ingramcontent.com/pod-product-compliance
Ingram Content Group UK Ltd.
Pitfield, Milton Keynes, MK11 3LW, UK
UKHW020142220726
13923UKWH00001B/329